| 光明社科文库 |

中国应对重大危机的宣传动员研究：

1931—1945

吕艳华◎著

光明日报出版社

图书在版编目（CIP）数据

中国应对重大危机的宣传动员研究：1931-1945 / 吕艳华著 . -- 北京：光明日报出版社，2022. 8

ISBN 978 - 7 - 5194 - 6758 - 6

Ⅰ. ①中… Ⅱ. ①吕… Ⅲ. ①中国共产党—宣传工作—研究—1931-1945 Ⅳ. ①D261. 5

中国版本图书馆 CIP 数据核字（2022）第 163271 号

中国应对重大危机的宣传动员研究：1931—1945

ZHONGGUO YINGDUI ZHONGDA WEIJI DE XUANCHUAN DONGYUAN YANJIU：1931—1945

著　　者：吕艳华

责任编辑：杨　茹　　　责任校对：杨　娜　李佳莹

封面设计：中联华文　　　责任印制：曹　诤

出版发行：光明日报出版社

地　　址：北京市西城区永安路 106 号，100050

电　　话：010-63169890（咨询），010-63131930（邮购）

传　　真：010-63131930

网　　址：http：//book. gmw. cn

E - mail：gmrbcbs@ gmw. cn

法律顾问：北京市兰台律师事务所龚柳方律师

印　　刷：三河市华东印刷有限公司

装　　订：三河市华东印刷有限公司

本书如有破损、缺页、装订错误，请与本社联系调换，电话：010-63131930

开　　本：170mm×240mm

字　　数：230 千字　　　印　　张：14. 5

版　　次：2023 年 6 月第 1 版　　　印　　次：2023 年 6 月第 1 次印刷

书　　号：ISBN 978 - 7 - 5194 - 6758 - 6

定　　价：95. 00 元

目　录
CONTENTS

导　论

1931—1945 年整个抗日战争时期，中国共产党面对各种重大危机挑战，一次次绝境重生、化危为机，其原因有多重，而党具有强大的宣传动员力是其中很重要的一个因素，党的宣传动员研究也成为学界多有涉足的领域。然而，应该追问的问题起码还有：中国共产党强大的宣传动员力从何而来？和历史、现实及其周围的世界是怎样的关系？面对重大危机考验又是如何贯彻落实的？为新时代提供了哪些经验借鉴？仍是值得并且亟待深入研究的重要课题。

可以说，14 年抗日战争时期，一方面，中国共产党面临着国际、国内多种力量的较量，危机挑战前所未有，但另一方面，随着中国共产党在思想上、理论上、政治上、组织上以及军事力量上不断成熟和壮大，党对防范和化解重大风险的认识亦趋向成熟，显示出强大的宣传动员力。因而，系统梳理这一历史时期共产党的宣传动员经验具有典型意义。

2021 年 2 月 20 日，习近平总书记在党史学习教育动员大会上的讲话中强调：我们要抓住建党一百年这个重要节点，从具有许多新的历史特点的伟大斗争出发，总结运用党在不同历史时期成功应对风险挑战的丰富经验，做好较长时间应对外部环境变化的思想准备和工作准备。动员是政党应具有的一种主要功能，是指政党采用各种方式方法宣传、发动、组织群众参与或支持政党及其事业，以实现政党的目标。宣传动员的价值在于不但能激发民众的积极性、主动性、创造性，而且能凝聚民众的共识，聚合民众的力量参与政党的事业。回首中国共产党百年历程，宣传动员群众既是中国共产党的优良传统和政治优势，也是最大限度地发动组织群众的工作法宝。尤其在抗日战争时期，运用灵活多样的方式方法宣传动员群众，是中国共产党战胜各种重大风险挑战的重要力量，也是中国共产党获得群众信任和拥戴的一条基本经验。

一、相关概念界定

（一）关于危机

在人类社会中，无论是个体还是组织，在其生命周期中，都无可避免地会遭遇各种各样的突发性事件，如疾病、困境、事故、冲突甚至危险、灾难、动乱……这些描述我们遭遇情形的词汇有着一些共同性特征，它们都具有高度的不确定性、不可预测性以及一定的破坏力和负面影响。中文对“危机”一词的解释恰是强调了这些人类遭遇之“危”的一面，《现代汉语词典》对危机的定义是“潜伏的危险，如危机四伏”，以及“严重困难的关头，如经济危机”①。

其实，“危机”除去“危”的一面外还包含有“机”即机遇。中国传统文化中不乏这方面的论述，老子曰：祸兮，福之所倚，福兮，祸之所伏。事实上，西方外文工具书对这一情形的阐释更能全面概括其含义。“危机”的英文为“crisis”，英文韦伯辞典定义其为“有可能变好或变坏的转折点或关键时刻”②。《牛津袖珍英语词典》则解释“crisis”为“危险和非常困难的时期”，以及“决定性的瞬间或转折点”。《美国传统辞典》则从五个方面较为通俗地解释了危机的含义：1. 关键时刻，决定性时刻，转折点；2. 政治、社会或经济等方面的包含即将来临的突然变化或决定性变化的不稳定状态；3. 病情急转，在疾病或发烧过程中病情转好或恶化的一种突然性转变；4. 人生转折点，剧变，在一个人的生活中使其有感情重压的事件或使其受创的转变；5. 关子，小说或戏剧中紧要关头，冲突达到最紧张状态以及必须解决的转折点。

---

① 中国社会科学院语言研究所词典编辑室．现代汉语词典［M］．第7版．北京：商务印书馆，2018：1357.

② 薛澜，张强，钟开斌．危机管理：转型期中国面临的挑战［M］．北京：清华大学出版社，2003：25.

上述工具书对“危机”的解释具有通俗性、知识性和生活化特点，这些特点更符合个体面临危机时的心理体会。在学术界，国内外学者也从多种角度阐释危机的内涵和界定，比如从危机决策角度、从危机系统角度或者从危机管理的角度进行定义。对于危机的含义，不同的学者从不同的角度做出了100多种的不同定义。在总结整理工具书和学界学者对于危机有代表性的含义界定的基础上，可以综合概括为：危机是指一种危险与机遇并存的形势情境，是人生、团体、社会发展的转折点，具有意外性、聚集性、破坏性和紧迫性。危险形势已对一个社会系统的核心价值造成严重威胁，甚至扰乱社会的准则秩序，而且形势的产生、生长和发展具有高度的不确定性和颠覆性，可能给社会造成不可估量的损失；危险形势成为永久性的破坏还是转化为机遇情境，则取决于个体和组织在极为紧迫、意外和复杂的条件下是否在危机中得以生存，并把危机所造成的损失控制在最低限度内所做出危机决策、危机控制和危机消除的能力。

1931年“九一八”事变以后，一直到1945年抗日战争结束，受威胁主体主要是指中国和中华民族以及中国共产党、人民军队和革命群众，这一历史时期中国共产党所面对的危机主要是由于外部或内部条件变化，给受威胁主体的生存与发展带来过多的不利因素，对主体的生存和正常发展已经构成严重威胁。危机按起因可以划分为内源性危机、外源性危机和综合性危机。内源性危机是由于主体内部或自身原因而导致的危机，如中国共产党因第五次反“围剿”的失败而导致党、红军和根据地遭受严重损失，使革命发展面临重大危机，其根本原因是党内受到“左”倾教条主义的影响。外源性危机则是受到主体外部因素的影响而构成的危机，如日本发动侵华战争，对中华民族的生存和发展构成了危机，其主要原因是日本把战争从中国外部输入中国内部。综合性危机则是因内外因素合力而致的危机，如抗战进入相持阶段后，日本加紧了对根据地的扫荡，国民党制造各种分裂统一战线的摩擦，给中国共产党领导的抗战事业带来了重重危机。还可以按照危机的主导因素性质划分为政治危机、经济危机、文化危机等。

总之，危机的发生具有威胁性和破坏性、突发性和紧迫性以及不确定性和不可预测性等特点。但仔细考究，这些特点只是危机事件发生时的表征而非本质，全面、科学而又深刻地认识危机，需要探讨这些表征背后内在性的、深刻性的和本质性的东西。深入探讨下去就会发现，危机突发性背后有一个长期积累的过程，貌似危机事件偶然性的背后有一个必然的东西在作怪，危机事件不可预测性的特点下掩盖着一种不为人知的逻辑。这些相互对立统一的关系之分析，是带有规律性的东西，是辩证法思想在危机分析中的具体运用，因而要重视危机背后的规律探讨。

（二）关于宣传动员

宣传动员是为了实现特定目的，通过各种形式的高强度的宣传，促使特定对象形成或改变一定的价值观念、态度与期望，从而产生持续性的参与行为，或其他预期行为。本书的宣传动员属于中国共产党思想政治教育工作范畴。宣传动员不但能激发群众的积极性、主动性、创造性，而且能凝聚群众共识，聚合群众力量参与政党的事业。

中国共产党领导的革命坚持以马克思主义为指导，马克思主义为中国先进知识分子和广大人民接受、认同和创新、发展，必然要依赖中国共产党人始终不懈的思想政治教育工作。在党的文献中，就对宣传、动员概念及其内涵和范围做出过明确规定。中国共产党成立初期，频繁使用多种表达方式指称党的思想政治教育工作，如“教育宣传”“宣传工作”“宣传鼓动”“政治宣传”或“政治动员”等，抗日战争时期频繁“宣传鼓动工作”。

从一定意义上讲，宣传鼓动工作也是动员民众和组织民众的工作。在阶级社会里，宣传通常是一定的阶级、党派和团体通过提高民众的思想觉悟和政治认识而同一切敌人进行的思想斗争，是实现政治斗争和其他斗争的重要手段。宣传鼓动工作作为动员民众的首要方式，为党的组织工作开辟了新道路。毛泽东早在1929年就说过，动员群众要先之以广大的宣传，继之以散发财物，然后进行组织。① 毛泽东把宣传放在民众动员的第一位并不是偶然的，因为民众动员的目的是让动员客体接受动员主体的价值观

① 中共中央文献研究室．毛泽东文集：第1卷［M］．北京：人民出版社，1993：56-57.

念和意识形态，从而实现动员主体的政治目的。可见，宣传鼓动工作在革命中发挥着重要的作用。毛泽东在《论持久战》中提到政治动员时说："什么是政治动员呢？首先是把战争的政治目的告诉军队和人民。""其次，怎样去动员？靠口说，靠传单布告，靠报纸书册，靠戏剧电影，靠学校，靠民众团体，靠干部人员。"① 在此，毛泽东所提出的诸多"靠"字不仅可以理解为宣传鼓动的具体手段，也可以理解为多样化的政治动员方式。

1941 年《中央宣传部关于党的宣传鼓动工作提纲》从"宣传鼓动是思想意识方面的活动"的性质出发，明确宣传鼓动工作的任务与范围，"举凡一切理论、主张、教育、文化、文艺等均属于宣传鼓动活动的范围"，这时宣传鼓动的范围是十分广泛的，主要包括"党内教育工作""群众鼓动工作""文化运动""报纸、刊物、通讯社及出版工作"等几个方面，而将"在宣传党的马列主义的理论，党的纲领与主张，党的战略与策略，在思想意识上动员全民族与全国人民为革命在一定阶段内的彻底胜利而奋斗"② 列为具体任务。这种宣传与鼓动包含着联合和斗争两个方面，对共同思想进行联合，对敌对思想进行斗争，一方面揭露旧社会的黑暗，另一方面解释党的政策。尤其是在战争环境下，各种运动与各种动员是很多的，要使群众能够迅速地了解运动或动员的任务和目的，主要依靠群众鼓动工作。

二、研究理念表述

关于中国共产党的宣传动员研究主要集中于历史学科、文学学科以及传播学科，马克思主义理论学科研究较为缺乏，作为中国共产党思想政治教育史的重要研究论域，理应强化马克思主义理论学科视角的研究。

然而，从中国共产党思想政治教育史学科建设的角度审视，其研究方法还存在一些值得反思的地方，还有待进一步深化研究，而中国共产党应对危机的宣传动员研究理应建立在学科反思的基础上。

---

① 毛泽东．毛泽东选集：第 2 卷［M］．北京：人民出版社，1991：481.

② 中共中央宣传部办公厅，中央档案馆编研部．中国共产党宣传工作文献选编（1937—1949）［M］．北京：学习出版社，1996：250.

（一）"据""证"之间的失衡与统一

作为一门历史学科，中国共产党思想政治教育史的研究要以史为据，即"不能离开历史发展的阶段、顺序、线索，不能不以史实为依据去作理论的概括、分析和立论、论证"[①]。因而，在研究方法上学界大多秉承"据""证"相佐的逻辑，即运用大量的历史文献，收集、分析、整理大量的史实，通过去粗取精、去伪存真、由此及彼、由表及里的加工、鉴别，确保资料翔实可靠，从中得出正确的结论。中国共产党思想政治教育的孕育、形成和发展有其时代根源，包括社会经济条件、历史文化传统、理论背景、阶级基础、实践进程等，呈现出阶段性特征。因而在历史进程的梳理与挖掘中，必须坚持历史唯物主义的基本原则，以文献、史料为依据，论从史出。目前，学界在研究过程中，一方面展开了专题文献资料的整理、编辑和出版，如编辑出版《军队政治工作历史资料》（13 册）、《中国共产党宣传工作文献选编》（1—4 册）、《中国共产党思想政治教育史料选编》《思想政治工作文献选编》等，另一方面依托大量文献资料等史料加以提炼、总结和解释，如中国共产党成立以来的重要文件文献、领袖人物文集、亲历中国共产党思想政治教育人物的回忆录、相关各类报刊资料等，通过这些文献资料的研读和整理，提取思想政治教育的重要内容，并加以总结。

然而，就目前研究现状来看，存在"据""证"失衡的现象。一方面，作为史料的"据"占有不足。现有研究第一手文献资料的收集、整理与运用还不充分，还存在没有注释或直接拿第二手资料作为论据的"拿来主义"，体现出原始资料占有不足；另一方面，"证"视角存在局限性。目前中国共产党思想政治教育史研究的主要史料依据是党的文献，重视思想政治教育指导思想、指导理论的研究，以及领袖人物思想政治教育论述的研究；注重对党的思想政治教育的一些重要会议、重大事件、重要人物的研究，以及中央有关思想政治工作一系列文件等的研究。这些的确是中国共产党思想政治教育史研究的重要依据，从中可以得出党的思想政治教育历

① 王树荫．中国共产党思想政治教育史学科建设论［J］．思想教育研究，2006（3）：9.

史演变的脉络认识，并揭示其基本规律。然而，在研究中往往容易陷入“由上而下”的单一视角，即较多从党和国家的层面来看思想政治教育指导思想、政策、制度、目标、原则、内容、任务和方法等的历史演变，而对这些思想政治教育任务与方针政策等是如何贯彻执行的，人民思想活动状况、接受效果究竟如何的研究则明显薄弱。这样就会陷入“上施—下效”“政策—效果”的论述方法定式，无形中就会产生这样的认识：党正确的思想政治教育方针、政策和措施一实行，人民就会接受并产生认同。如此一来，很容易忽略党成立以来各个阶段思想领域斗争的复杂性和艰巨性，忽视人民群众的接受主体性，从而淡化开展思想政治教育工作中的诸多环节和困难。而其中的诸多环节和过程往往更能反映出中国共产党思想政治教育史全貌、更有助于揭示党的思想政治教育规律、更具有启迪意义和现实价值。很显然，中国共产党思想政治教育史研究绝不仅仅展示思想理论的历程或教育制度、措施的历程，更应展示思想实践历程和教育实践所得效果的历程。

综上分析，进一步推进中国共产党思想政治教育史的研究，应实现“据”“证”的逻辑统一，变“由上而下”的单一视角为“上下结合”的互动视角，这也是由研究对象的客观属性决定的。中国共产党思想政治教育史是一门研究党的思想政治教育发生、发展及其历史规律的科学，因此，对党和人民群众开展思想政治教育以及思想政治教育为党的中心工作服务的实践活动是研究的主要内容之一，而这一实践活动并不是单向度的活动，而是党、国家、政府以及思想政治教育机构、教育者和广大党员、人民群众的互动。因此，要从互动的视角来研究中国共产党思想政治教育史。这种互动的视角并不是“上”与“下”的简单相加，也不是平行地一方面研究党的思想政治教育指导思想、目标、方针、政策、任务、原则等要求，另一方面研究广大党员和人民群众的思想动态、接受效果，而是整体研究二者的互动关系，即研究中国共产党思想政治教育社会化的历史过程，梳理党成立以来的指导理论、方针政策、制度规定与实际理论武装、思想灌输和教育运行之间的复杂关系。研究教育要求如何落实于社会实践，以及人民群众如何接受、消化，注重在实际操作层面难以避免的选择、过滤以及困难、问题等，以形成一种全面动态的研究格局，反映中国共产党思想政治教育史的历史全貌。

在具体研究过程中，一方面，要充分挖掘史料。除了要关注领袖人物的思想政治教育思想，还要注重思想政治教育史上群体作用的彰显，重视对思想政治教育做出重大贡献的党的领导干部的影响，突出马克思主义理论工作者、教育者、研究者等理论工作者的贡献，关注具有代表性的党员、民众的作用。例如，在中华人民共和国成立初期，党内有一大批诸如艾思奇、杨献珍、张如心等有深厚马克思主义理论造诣的大学者，他们不仅是理论家，而且是实际的理论教育工作的实践者，对他们的思想政治教育思想资料的挖掘，有利于全面把握当时思想政治教育的历史状况。

另一方面，要展开多学科的历史研究。综合运用多学科理论与成果，重视地方史志资料和口述史的运用和挖掘，结合社会史、人类学、社会学和心理学多学科研究成果，从更宽的理论视野来展开研究。还可以借鉴社会学、人类学的实证研究方法，充分利用社会史对普通大众思想、风俗、礼仪等方面的研究成果，在考察党和国家上层思想政治教育思想、理论的发展与实践的开展的同时，研究群众思想的影响条件与波动状态，开展对日常生活中思想政治教育的历史挖掘。

（二）“承”“鉴”下的检视与提升

中国共产党思想政治教育具有鲜明的阶级性和实践性，其历史研究也相应兼有学术性与政治性双重属性，在研究中既要注重历史事实描述和线索梳理的“承”，也要注重对现实启示的“鉴”。随着中国共产党思想政治教育史研究的深入，学界越来越注重在史料梳理的基础上，运用分析归纳的方法，分析思想政治教育矛盾运动、发展进程，进而概括总结中国共产党思想政治教育的历史经验。同时在归纳总结作为主流成功经验的基础上，汲取了失败的教训，这也是历史经验的重要方面，分析党的历史上思想政治教育的某些失误及其所造成的损失，对于后人吸取历史教训具有非常重要的意义。目前，学界分期或者分领域总结历史经验与启示，“已有研究成果主要有两种类型：一是关于整个历史时期或某个历史时段思想政治教育历史经验与启示的总体研究；二是研究某个领域或群体思想政治教育历史经验与启示的专题研究”①，大体包括新民主主义革命时期、新中国成立以来，高校、军队、农村等思想政治教育的历史经验与启示的研究。

在研究过程中，分析与归纳总是相辅相成的。归纳法是以事实判断为前提而进行一般性结论的推导，要将分散的史料归纳在一起，才能赋予其意义；而要将看似不相关的史料归纳在一起必须具备高度的分析能力，不做精细的分析，难期逻辑的归纳，所以应用归纳方法要同时应用分析方法。然而，对于史料的分析归纳有多种方法和思路，既有描述性的，也有反思和评价性的分析归纳。描述性研究侧重“承”，回答“是什么”，即要通过史料与史实的加工整理，梳理中国共产党思想政治教育地位作用、制度机构、目标任务、内容要求、政策原则、途径方法等的演变历程与发展变化。反思性研究和评价性研究侧重“鉴”，反思性研究回答“为什么”，即联系当时错综复杂的社会矛盾及政治、经济、文化等多方面的新变化，在宏大的国际国内条件、党的历史背景中寻找思想政治教育产生、存在和发展的历史根源和发展脉络等；而评价性研究回答“怎么样”，即对不同历史时期思想政治教育所处地位、所起作用和价值实现、经验教训进行全面客观的评价，并进行规律性分析。

纵览中国共产党思想政治教育史现有研究成果，存在描述性研究居多而反思性、评价性研究薄弱的重“承”轻“鉴”的现象，从现实问题出发回溯历史、总结经验的反思性研究不足，更缺乏规律性总结的评价性研究，不利于研究的深化。我们把中国共产党思想政治教育产生和发展的历史作为一门科学来研究，就是要以现实问题为出发点，从历史中总结思想政治教育成功的经验和失败的教训，并努力从中揭示思想政治教育的规律，以指导思想政治教育在21世纪新阶段的发展和完善，更有效地解决现存问题。也就是要在理清“是什么”的基础上，进一步明确“为什么”和“怎么样”，才能给我们今后“怎么做”以启迪。因此，在现有对“是什么”的研究已相对成熟的阶段，进一步强化“为什么”和“怎么样”的反思性和评价性研究对于深入推进研究意义更大。

① 冯刚，郑永廷．思想政治教育学科30年发展研究报告［M］．北京：光明日报出版社，2014：132.

具体而言，深化中国共产党思想政治教育史研究要带着对现实问题的思考和现实问题的解答去重新探究历史，强化以问题为中心的反思性、评价性研究，提升以“承”为基础的“鉴”。作为应用性很强的思想政治教育学的分支学科，中国共产党思想政治教育史研究应从问题出发、从思想政治教育现实出发，寻找现实问题产生的历史根源及发展轨迹。但问题并非凭空产生的，而是来自对研究人员的深入思考、对研究成果的充分把握以及对现实问题的密切关注。把思想政治教育现实中需要解决的重大问题放到党的历史中去认识、寻找它赖以产生、存在和发展的历史根源，弄清它的来龙去脉，研究它的发展变化，以理清“为什么”。以此为基础，在历史与现实统一的基础上总结历史经验和教训，并上升为规律性的认识，揭示偶然性中的必然性，以分析“怎么样”。以问题为中心研究，以增强思想政治教育实效性为旨趣，使历史研究与思想政治教育学科目的相契合。

（三）“史”“论”结合的失度与调节

“史”与“论”的结合与统一是中国共产党思想政治教育史研究的重要方法。在坚持史论统一的前提下，学界在研究方法上又各有侧重。早期中国共产党思想政治教育史研究大多侧重“史”的研究，较多地采取“以史为主，寓论于史”的方法；而20世纪90年代以来，随着研究的深入，出现了一些重要教材和论著，侧重于“论”的研究，比如张耀灿的《中国共产党思想政治教育史论》（高等教育出版社，2006）、王树荫的《中国共产党思想政治教育史纲（1919—1949）》（党建读物出版社，2002）和《新中国思想政治教育史纲（1949—2009）》（人民出版社，2010）等，这些研究成果较多地采取“以论为主，以论带史”的方法。一方面要坚持以史为线、以史为据，依据历史发展的线索、经历的不同阶段以及时间顺序，依托史实、史料做理论概括和合理论证。另一方面又以论为主、以论带史、以重点做专题研究，而不是大事记式的面面俱到的历史记录。这种以论为主、以论带史的方法，推进了中国共产党思想政治教育史研究的深层次发展，因为这不但要求更加深入细致地挖掘史料，而且要把历史发展的各个阶段的史实按一定论题的需要加以集中、深入地展开论证并进行总结。

“史”“论”的结合应保持各自研究的均衡适度，其中，论为史提供基本框架、范围限定与理论及方法指导，史的研究不能脱离论的框架；但论从史出，论是从史中提炼概括而来的，论根植于史。然而，在实际研究中，尽管史论结合、以论带史研究方法的引入推动了中国共产党思想政治教育史学科的进一步发展，但理论研究还是明显不足，论更多地停留在论证和总结，缺乏理论高度，存在史论结合失度的现象。目前，“有关中国共产党思想政治教育史的研究相对多一些，但对中国共产党思想政治教育理论研究仍然是个薄弱环节，至今仍没有中国共产党思想政治教育理论研究的专著面世。中国共产党思想政治教育理论研究是个难度很大的课题”①。除此以外，理论研究的不足还表现在：一些基本概念还需进一步厘定和廓清；提升到规律性的理论概括不足，目前研究史实叙述成分较多，进一步的理论提升与思考也较多集中于经验总结和概括，虽然基本经验包含着某些规律性的东西，但是，经验往往局限于特定的主体与历史条件和过程，而规律处在更高的理论层次，是对事物更普遍的现象和本质的把握，其作用具有一般性和普遍性。目前，虽然也有规律性探索的成果，比如许启贤教授主编的《中国共产党思想政治教育史》（人民大学出版社）考察了思想政治教育概念提出和演化的规律，并提出了广泛性和重点性相统一等党的思想政治教育形成、发展的五条规律。但规律性的研究只占极少数，这种研究中的不平衡现象不利于学科的纵深发展。因此，中国共产党思想政治教育史的研究不应只停留在史实的梳理和经验的总结，更要进一步上升到系统化的规律层次的理性认识。作为史学与理论学科交叉的分支学科，中国共产党思想政治教育史的研究如果没有宏观的理论视野，那么史的研究必然会流于平庸、趋于琐碎。

由此，应深化中国共产党思想政治教育史理论研究，使“史”“论”协调发展，真正实现史论结合与统一。进行理论的思考，就是要用思想政治教育学科理论指导中国共产党思想政治教育史研究，对思想政治教育理

① 王树荫．中国共产党思想政治教育理论研究需要明确的六个关系［J］．思想理论教育导刊，2009（3）：10.

论与实践的历史发展进行理性考察，并把研究结论上升到理论高度，在历史与理论的逻辑统一上认识历史。经过30年的发展，中国共产党思想政治教育史研究应把规范化和学科化发展作为进一步深化的目标，深化研究要更加注重经验总结基础上的理论概括。中国共产党思想政治教育实践经验是发展理论的基础，理论是对经验的概括，通过总结经验、概括提炼，上升为理论，才能进一步指导实践。在具体研究中，需要从以下几方面着手：比如对相关概念的厘清，中国共产党思想工作史与中国共产党思想政治教育史的概念在研究中仍交替使用，尚有待明确概念内涵与外延；对中国共产党思想政治教育本身产生发展的历史规律的揭示；对中国共产党思想政治教育史学科属性、研究对象、研究领域的进一步廓清，以正确处理中国共产党思想政治教育史与党史之间的学科交叉关系；加强中国共产党思想政治教育史的地位作用论、目标任务论、内容要求论、方针原则论、方法途径论和领导管理论等的研究；对中国共产党思想政治教育史创新的要素、机制、动力等的理论揭示。通过理论研究的深入，才能促进学科的规范研究和科学发展。

（四）“纵”“横”交错的反观与拓深

目前，学界对中国共产党思想政治教育史展开分阶段、分专题的研究，既有纵向地把历史进程划分为不同阶段的研究，也有横向地围绕某一专题的充分展开，呈现纵横交错的研究方法格局。关于中国共产党思想政治教育史的研究框架，从纵向研究来看，学界集中了对中国共产党思想政治教育史历史分期的探讨，并以此为研究框架展开各具特色的研究，主要有：一是以中共党史的历史分期界定中国共产党思想政治教育史阶段的研究；二是以党的思想政治教育自身的发展历程和特点规律划分其历史阶段的研究；三是以思想政治教育的属性为主线并结合党史、党的思想政治教育的自身发展规律进行历史分期的研究。从横向研究来看，学界展开不同人物如毛泽东、邓小平、江泽民、胡锦涛、习近平等领导人思想政治教育思想理论研究，不同事件如古田会议决议、延安整风运动、历次思想解放运动等，不同对象如军队、学校、农村等的思想政治教育史研究，已取得众多研究成果。当然，在具体研究中并不是单纯采用一种线索和方法，在纵向的研究中也有横向的展开，在横向研究中同样有纵向的发展，呈现纵中有横、横中有纵的纵横交错的研究方法取向。

毋庸置疑，中国共产党思想政治教育历史是系统的，相对应的历史研究也应从整体视野还原历史系统的原貌，横的截取与纵的分割都是整体中的部分。“横的方面最注意于其背景与其交光，然后甲事实与乙事实之关系明，而整个的不至变为碎件。纵的方面最注意于其来因与其去果，然后前事实与后事实之关系明，而成套的不至变为断幅。”① 在中国共产党思想政治教育史研究中，做纵的切割或横的划分，是细化历史研究的必然，但具体研究中容易陷入时间上的断裂化和专题的片段化误区。例如学界对于中共十六大以来思想政治教育的研究产生一大批理论成果，但其中不乏只摘取这一历史时期的具体历史的研究而没有把这一历史时期作为整个中国共产党思想政治教育历史发展的一部分，放到宏大背景中做考察。

因而，深化中国共产党思想政治教育史研究需要“纵”与“横”的拓深，从整体和系统的视野进行纵横交错的研究。具体而言，中国共产党思想政治教育史研究必须有整体视野并做深邃的历史思考，把思想政治教育放在百年党的历史中去把握，并结合当时特定的国际国内背景去考察，考虑到古今中外思想政治教育的贯通和接轨中去研究，防止静止、孤立、片面地看问题。在这样一种“古今中外”的视野下需要我们对党的思想政治教育发展的各个历史阶段进行更加细致的划分，就不同的阶段展开更加深入的研究；同时针对现有急需解答的问题加强专题史的研究，如对思想政治教育某一原则或具体方法等进行专门性的历史研究。

总之，中国共产党思想政治教育史的研究已取得了显著成就，但从学科发展的高度来看，相对于本学科的重要性和本领域为我们提供的丰富资料和广阔研究前景来说，目前的研究尚有不足。在自觉地对学科自身进行反思和追问时，研究方法问题显得尤为重要，这也是目前研究中鲜有涉及和欠缺的领域。当然，对研究方法的反思，正是本书研究推进的起点，是在已有成熟的研究方法上进一步开阔思路、拓宽视野，实现研究方法的创

① 梁启超．中国历史研究法［M］．上海：上海古籍出版社，2006：37.

新发展，开创中国共产党思想政治教育史研究的新视野。

三、选题价值和意义

习近平总书记在党史学习教育动员大会上强调：我们党一步步走过来，很重要的一条就是不断总结经验、提高本领，不断提高应对风险、迎接挑战、化险为夷的能力水平。① 要想更好应对前进道路上各种可以预见和难以预见的风险挑战，我们必须从历史中获得启迪，从历史经验中提炼出克敌制胜的法宝。按照这一指导思想，梳理中国共产党应对危机的宣传动员历史经验，便是其中之意，具有重要意义。

而关于此专题，国内学界相关研究呈现出两条鲜少交叉的进路展开：

一条进路展开抗战时期党面临的危机困局及其化解策略研究。代表性的专著有《百炼成钢：中国共产党应对重大困难与风险的历史经验》（柳建辉等著，人民出版社 2017 年版），其中的部分章节对 1931—1945 年中国共产党遇到的重大风险和应对策略进行了阐述。除此以外，学术成果还体现在一些期刊论文中，学界认为延安时期党主要遭遇政治、经济、社会、文化发展以及党自身建设五大困局，并具体指出抗战时期诸如第六次“围剿”等 6 个危局困境及其应对策略和经验（吴永，2014）；也有研究集中于应对第五次反“围剿”失败后的困境，推动全民族抗战新局面兴起（曹普，2017）等。同时，学界总结党在抗战时期成功应对危局和化解困境方面积累的宝贵历史经验，包括强烈的忧患意识、革命乐观主义精神，还有正确的战略方针和“学会如何工作”的基本思路等经验，这些经验对于今天党应对现实严峻考验和危险具有重要的启示和借鉴价值（扎那，张磊，2012）。

另一条进路展开抗战时期宣传动员研究，主要集中在：动员方式研究，如报刊《新华日报》、周刊《群众》、大公报抗战文艺、青年月刊、文艺、口号；宣传动员对象研究，如青年、妇女、敌军、民众等；党的领袖

---

① 人民日报评论员．进一步总结党的历史经验——论扎实开展党史学习教育［N］．人民日报，2021-11-15.

人物宣传思想研究，聚焦毛泽东、周恩来、张闻天、朱德等代表人物。

在学界研究中，肯定了宣传与动员对党应对危机的重要意义，如有学者把社会动员作为中国共产党转化危机的重要方法，认为我们党一直以来就有社会动员的传统。回顾党的历史，我们不难发现，党就是靠发动群众、组织群众起家的，可以说，社会动员是我们党的一大优势，这一优势贯穿于党领导革命、建设和改革开放的全过程。因此，社会动员作为我们党最基本的工作方法，也是应对危机、摆脱危局的强大武器（石建国，2020）。

综合国内外研究现状，相关研究缺乏对本专题的系统研究，且研究多集中在全面抗战时期，或者苏区研究，而鲜有14年抗战的系统研究，不利于把局部抗战和全民抗战两个前后相继、相互联系的阶段结合起来，深入考察危机演变和共产党宣传动员的日渐成熟过程；学科以史学学科和文学学科为主，马克思主义理论学科研究缺乏，作为思想政治教育史的重要研究内容，理应强化马克思主义理论学科视角的研究；尤其缺乏对共产党宣传动员工作的微观细致考察，相对于党的政策、决议和讲话等的宏观梳理而言，党的宣传动员是如何贯彻落实的，中间经过怎样的过程，有哪些人起了传达、宣传和动员的重要作用，作用又是如何发挥的，效果怎样，缺乏这样细致的微观化研究，以至于产生政策一经制定，就得以贯彻实施的简单逻辑，从而淡化了宣传动员工作的艰难过程，不利于从中吸取历史经验教训。

本书正是基于以上反思分析，在梳理抗日战争时期党的宣传动员时进行了一些尝试性努力，展开更为系统和微观细致地分析，形成了以下理论和现实研究价值：

第一，拓深和细化中国共产党思想政治教育历史研究。对整个14年抗战中中国共产党应对危机的宣传动员进行系统考察，弥补局部抗战研究不足，使局部抗战和全面抗战两个阶段前后相继；通过对共产党文献中的宣传、鼓动等概念的梳理，以及展开多史料研究，包括《红色中华》《新华日报》《解放日报》等报刊史料、国民党史料、美军考察团和记者见闻、日记、回忆录、口述史料等，着重剖析典型历史案例，达到细化宣传动员具体过程及其贯彻落实的考察。以期推动中国共产党思想政治教育史学科理论研究发展。

第二，丰富中国共产党宣传动员相关研究的理论观点。本专题探讨抗日战争时期中国共产党如何通过宣传动员形塑群众应对危机的认知、情感和意识，从而影响他们的行为选择，参与战胜危机的各项任务和工作中，达到共同战胜危机的目的。在开展具体研究的过程中，形成了以下基本观点：其一，抗日战争时期，中国共产党宣传动员工作是战胜重大危机挑战的强大武器，其发挥的作用应受到重视；其二，党的宣传动员工作中很重要的一点是准确理解和传达党的方针政策，实施者的作用是关键，对实施的考察至关重要；其三，党的宣传动员工作促使人们增强危机意识的沟通，由于群众会在不曾经历过的情景中高估控制能力或低估伤害范围，因而宣传动员工作可以对危机做出警示，使群众具有应对危机意识，增强与重大危机做斗争的勇气和信心，党的方针和政策的宣传与任务动员，还指引并传达给他们抵御危机的策略和方式。这些具有一定创新性观点和认识，进一步丰富了中国共产党宣传动员相关研究的理论观点。

第三，强化党的宣传动员工作历史经验的梳理和总结。宣传、动员在社会主义革命、建设和改革发展进程中，从来都是一个关系党和国家全局的重大理论和实践问题。中国共产党自成立起，就把宣传思想工作放在十分突出的地位。抗日战争时期，中国共产党先后遭遇过各种重大风险和挑战，中国共产党、中国革命、国家和人民的命运都面临生死存亡的考验，党的宣传动员工作保证和服务在风险危机的化解方面发挥了重大作用，积累了宝贵的历史经验，对新时代加强和改进宣传思想工作有着深刻的启示。因而，全面总结和梳理其历史经验，具有重要意义。然而，目前专门性的系统研究仍缺乏，不能满足现实借鉴需求，需进一步深化研究。

第四，对新时代应对各种风险挑战中强化党的宣传动员能力提供借鉴。1931—1945 年的中国共产党相对于反革命势力来说是一支弱小力量，要战胜强大的敌人，所依靠的只能是群众，争取广大人民群众的支持。把根深扎于人民群众之中，要善于宣传群众和动员群众，这是共产党应对危机、化解困境的一个关键性因素。宣传动员就其本质而言在于充分发挥人的精神作用，是一种精神动员。在中国共产党看来，思想政治工作是一切工作的生命线。党尤其强调通过行之有效的宣传动员来提升广大民众的政治觉悟和革命热情，以此作为应对各种危机的强大思想武器。通过梳理大量相关史料，归纳分析中国共产党在风险应对中的宣传动员方法举措，以期对当前防范和化解重大风险挑战有所助益。

四、研究思路与结构

本书以抗日战争时期中国共产党面临的重大危机挑战的历史顺序为脉络，紧扣应对历次危机中的宣传动员进行分阶段和分事件的深入研究，按照“危机—应对策略—宣传动员过程—结果”的逻辑进路，对中国共产党应对危机的宣传动员过程进行剖析，结合历史事件个案分析，力图展现宣传动员工作全貌。

本书由导论、正文五章和结语构成。

导论部分主要是从宏观整体上对本研究的基本概念、研究理念、方法原则和基本框架等进行概括论述，以充分展示本研究的主旨、内容，并从多角度论证本选题的研究价值。

第一章是考察苏区内外交困下的群众宣传动员。中国共产党建立的苏区红色执政面临着内外部危机环境，维护、巩固和发展红色政权需要依靠和发动群众的力量，因此，宣传动员群众工作显得尤为重要。基于此认识，着重梳理和分析苏区宣传动员的落实过程，从苏区宣传动员工作由谁落实、宣传动员作用因何发挥以及宣传动员作用如何发挥三个方面，展开较为细致地分析，试图展现苏区群众宣传动员的作用机制。

第二章是考察反“围剿”失败后的宣传动员。反“围剿”失利后，中国共产党面临几乎陷入绝境的危机，集中分析在长征中党的宣传动员工作如何坚定理想信念，如何通过党的正确路线和抗日主张宣传，纠正党内错误思想、扭转革命危机，保障党的事业化危为机、绝境重生，实现从涣散到聚合的转折。

第三章是考察应对日本全面侵华的全民抗战宣传动员。着重梳理面临日本全面侵华带来的民族存亡危机，中国共产党围绕自身提出的一系列抗日救国政策主张，积极展开宣传动员，以广泛的民众动员实现抗战的胜利。梳理总结这一阶段宣传动员对象的广泛性、内容与方式的融合方面的特点。

第四章是考察抗战后期应对“反共”与扫荡的宣传动员。抗战进入相持阶段尤其是抗战后期，中国共产党处于政治、经济以及文化等全方位的危机环境中，通过史料梳理，发现此时应对政治危机在本质上是一场宣传舆论战；而经济困境的应对更需要军民空前的凝聚力和积极性；新民主主义文化主张的落实以规避文化奴役风险，则是党的宣传动员工作的主要任务。对此三方面展开横向结构性剖析，充实并细化党的宣传动员内容研究。

第五章是对中国共产党宣传动员的经验与启示的梳理和总结。1931—1945 年，中国共产党面临重重危机，但同时能不断战胜危机。在此过程中党做了大量宣传动员工作，并且形成了宝贵经验，包括党的领导有力量、宣传动员工作的自我革新、有效的宣传动员贯彻机制以及调动群众积极参与等，深刻总结经验有利于当代借鉴。

结语主要针对当前面临的各种重大风险挑战，从历史中获得启迪。

第一章

依靠和发动群众：苏区内外交困背景下的宣传动员

1931年11月，中国共产党在江西瑞金召开了中华苏维埃第一次全国代表大会，作为选举结果，产生了中华苏维埃共和国临时中央政府，标志着中国共产党第一个工农民主政权正式建立。而苏区红色政权面临着内部和外部危机环境，就外部而言，一方面有日本军国主义步步紧逼、频频挑衅，另一方面有国民党反动派先后发动五次“围剿”，在具体策略上有所不同，但目标都指向消灭工农红军和中国共产党建立的革命政权，最终维持其独裁统治的目的。就内部而言，中华苏维埃共和国作为中国共产党局部地区执政的首次政治尝试，成为中国历史上第一个全国性的工农民主政权，在国民党经济封锁下，军民占有物质资源匮乏、生活艰难，政权组织构建、经济生产建设、保障和改善民生等方面都需要全面探索，加之党内受“左”倾错误路线影响，内外交困。面对内外危机，中国共产党着重研究开展关于应对“围剿”危机、获得新的生存、求发展的工作，进行土地革命、依靠人民开展革命斗争，并且深刻认识到，在苏区群众中蕴含的强大革命力量是战胜苏区面临内部性危机和外部性危机的坚实后盾，只有广泛动员苏区各界群众参与苏区经济、政治、文化建设和军事斗争，才能打赢一场“维护红色政权、巩固红色政权、发展红色政权”的人民战争。为此，积极开展群众宣传动员工作便显得尤为重要，“没有群众的宣传鼓动工作，就不能有群众的组织与群众的行动”①。那么，苏区宣传动员是如何开展的？党的方针政策是如何贯彻落实的？中间经过怎样的过程？有哪些人起了传达、宣传和教育的重要作用？作用又是如何发挥的？效果怎样？如果缺乏这样细致的微观化研究，就会产生政策一经制定，就得以贯彻实

① 张闻天．论我们的宣传鼓动工作［N］．斗争，1932-11-18.

施的简单逻辑，从而淡化了宣传动员的艰难过程，不利于吸取历史经验教训。本章依托苏区党办刊物《红色中华》的挖掘，试图呈现苏区宣传动员贯彻执行的具体过程。因为《红色中华》作为“中华苏维埃共和国临时中央政府的机关报”，是中央苏区发行量最大、影响力最强、传播最广的一份报刊，被誉为“中华苏维埃运动的喉舌”。而且《红色中华》自创办之日起，就以民众“了解苏维埃国家的政策、法律、命令，及一切决议”①为己任。对此进行研究，可窥一斑而知全貌。

第一节　宣传动员的实施主体

在中国共产党革命政权蓬勃兴起之初，思想宣传动员起着举足轻重的作用，可以说各项政策和工作的落实都需要经过宣传动员获得群众认可。也正是因为苏区群众的支持和信任，中国共产党才得以成功击退国民党四次“围剿”，并在苏区进行了革命政权的成功实践。那么把党的信念和主张传达到乡村的角落和农民的心底，使他们参与到党的革命号召和行动中，在此过程中谁起重要宣传动员作用，却是一个需要进一步深入探究的问题。

一、党员干部

中国共产党是具有严密组织的革命党，十分注重基层组织特别是支部的建设。随着中央苏区的发展，中国共产党组织在江西迅速发展，1932 年 3 月，苏区归属江西省辖的 16 个县全部建立了县委，成立 124 个区委、998 个支部。② 此后，中央苏区又开展大规模发展党员的冲锋运动，1933

---

① 毛泽东.《红色中华》发刊词［N］. 红色中华，1931-12-11.

② 江西苏区中共省委工作总结报告［A］//江西省档案馆，中央江西省委党校党史教研室. 中央革命根据地史料选编（上）. 南昌：江西人民出版社，1982：490.

年6月，全省党员67904人，9月，党员达到97451人，[①] 这还仅是江西省范围。强大的党组织在宣传动员工作中起着核心作用，而党员和干部无疑是宣传动员的关键力量。例如1933年中央局提出在红5月中旬扩大新党团员一倍的号召，瑞金县各区的党组织都积极动员，武阳区的突出成绩是"由于党的政治影响的扩大，和支部同志都能负起责任来，特别是在小组会议上每个老党员都具体分配了工作"[②]，区委组织征收新党员的口头宣传队到从各乡来的赤少队中做充分的宣传鼓动工作，解释党的主张、政纲和策略等，使每个工农群众都了解中国共产党的主张、政纲和策略，这应该算是发展党员的新的工作方式。此外，红校党团动员了支部同志，在列宁室会议与军人大会上都有中国共产党的代表报告和解释党的主张和策略，并开展支部与支部小组之间竞赛，做深入的宣传动员工作。党员的宣传动员作用同样体现在其他工作中，比如长洛区委在动员参加红军工作中，以革命竞赛和深入的政治鼓动，动员模范营、赤少队整营整连加入红军。

干部是共产党组织的坚强骨骼，除了党员，中国共产党还培养了一支高质量的干部队伍，党所体现的强大组织力，更多地依靠有效上传下达的中低级干部的支撑力量得以实现。

从《红色中华》的报道中可以看到，苏区各项工作的开展都有干部的身影，如西江粮食突击与赤少队突击同时完成，关键在于"动员了全体干部在群众中做了深入的宣传鼓动工作"[③]。福建扩红动员中干部做了很细致的宣传动员工作，比如汀州派了得力的干部分别承担一个区的动员，最初召开干部会做了充分的政治鼓动工作，于是在最好的干部首先报名的影响下，全体干部都报了名，接着就怎样去领导队员、怎样去向别区赤少队挑战展开讨论，并派出自己代表到别区赤少队去，又经党团员会议上的个别报名，然后全体通过。最后就开动员大会又做了一次政治报告，没有报名的个别分子也经过个别谈话中的说服解释工作，都自愿报名加入了红军。

---

① 党的组织状况［A］//江西省档案馆，中央江西省委党校党史教研室．中央革命根据地史料选编（上）．南昌：江西人民出版社，1982：674.

② 汝南．对于"五一"征收党员运动的回答［N］．红色中华，1933-05-11.

③ 良．西江粮食突击与赤少队突击同时完成［N］．红色中华，1934-07-24.

在开展各种具体工作中，各类委员会、区委区苏工作人员以及机关工作人员都发挥着举足轻重的宣传动员作用。例如博生城市区各郊的粮食委员会在粮食突击中起了很大的作用，“每个委员能负专责领导群众节省粮食，分工做挨户宣传的工作，且能在各个群众团体会议中做鼓动宣传，造成了群众节省粮食的热烈空气”①；兴国上社区区委区苏工作人员不但自愿加入了红军，还组织了一个突击队，用竞赛的精神分头出发到各乡做宣传鼓动工作，带动各乡的干部和精壮勇敢的工农群众全体一致加入红军；长汀县赤峰区县委县苏加强了工作领导，以及抓紧该区委区苏自身工作，在粮食突击和赤少队突击运动中发生转变，都采取了新的突击方式，如组织各样各色的宣传队、推销队、妇女鼓动队，开晚会，乡与乡、村与村、个人与个人订立竞赛，发小传单，做墙报表扬先进；在公债退回的经济动员中，瑞金县武阳区一级的机关工作人员分工下乡去做宣传，因此全区的工农群众都热烈赞成，单下州乡就收集了二百左右银圆。

二、团体组织

苏区成立了各式各样的团体组织，在思想宣传领域中尤其起重要作用的是文化团体组织。中央苏区的宣传动员形式活泼多样，而丰富多彩的群众性文艺活动是共产党擅长的方法，文化团体组织自然尤为重要，如工农剧社和蓝衫团（苏维埃剧团）、美术社，以及为群众文化活动提供场所的俱乐部。苏维埃剧团各县皆有，工农剧社会组织大规模的公演，如“我——红军”剧目的演出，剧情是红军积极进攻，配合着地方工农的暴动与白军士兵的哗变，获得了光荣伟大胜利，可以说“这是苏维埃文化与工农大众艺术建设的开端”②。为培养工农演剧干部，工农剧社还创办了蓝衫剧团学校，从事训练青年工农。在各种纪念日活动中，工农剧社发挥宣传的重要作用，如在“五一”“八一”纪念工作中，一般都会编剧本和活报，举行纪念晚会；蓝衫剧团学校的大多数学生去博生、兴国、于都等地举行

① 博生城市超过原定计划［N］．红色中华，1934-06-23.

② 工农剧社公演巨剧［N］．红色中华，1933-04-08.

讲演，并帮助当地俱乐部组织“五一”晚会及化妆宣传队。

俱乐部也相当普遍。中央苏区规定每乡应设俱乐部，“俱乐部不是少数会弹琴唱曲人的机关，而是广大群众集中的地方，教育群众的集会场所”①。1934年年初，江西、福建、粤赣及瑞金共有俱乐部1917个，参加俱乐部活动的固定会员达9.3万余人。② 传统社会中，民众娱乐活动十分欠缺，看戏几乎是他们最高的精神享受，俱乐部和戏剧演出寓教于乐，可以达到事半功倍的宣传动员效果。中央政府俱乐部是由中央政府及中央局工作人员组织起来的，他们在“五一”纪念中，一面参加一般政治宣传鼓动工作，一面决定于“五一”晚上开一个盛大晚会，除他们自己准备各项节目，还写信给附近各机关，要求参加表演，并提出竞赛。而列宁室是各组织内建立的一种俱乐部，在列宁室组织干部、战士学习马列主义，开展政治讨论，向群众宣传革命道理等。比如汀东新桥区模范营的列宁室，以屋为单位进行了看图识字两次，每次读两个，特别是组织有教员的识字班，同时组织山歌队经常唱革命歌曲。党中央提出了对日作战五大纲领，列宁室运用问答晚会的形式，把这个问题送到了本列宁室和机关周围的群众的脑海，晚会先做一个5分钟的目前形势与胜利消息的报告，然后问答，最后玩游艺、拉胡琴、唱小调、山歌、魔术……把那不肯出房门的人都吸引来了。

除剧社和俱乐部以外，苏区还成立工农美术社，并开办“工农美术展览会”，开辟了中国无产阶级美术运动的新纪元。还有其他文化团体，包括马克思主义研究会及马克思主义学校等，1933年马克思主义研究会成立，该会旨在“研究马克思列宁主义，在思想上为共产国际与中共中央的总路线而斗争”③。入会门槛低，手续也很简单，凡党员团员、工会会员或苏维埃工作同志，愿意研究马克思列宁主义理论的，只要经过该会会员工人的介绍，便可加入。该会除研究理论与实际问题外，还经常举行学术讲

① 闽西各县区文委联席会决议案（1931年7月8日）［M］//江西省文化厅革命文化史料征集工作委员会，福建省文化厅革命文化史料征集工作委员会．中央苏区革命文化史料汇编．南昌：江西省人民出版社，1994：150.

② 毛泽东．苏区教育的发展［N］．红色中华，1934-09-29.

③ 马克思主义研究会成立［N］．红色中华，1933-04-14.

演。随后又成立了马克思主义研究会江西分会，11 月 15 日还成立了马克思主义研究会文化研究组，文化组的研究方向主要侧重于文艺理论与创作的具体问题，试图在这当中创造与培养工农大众自己的文艺作家。

三、普通民众

广大群众也参与到思想宣传教育中，成为宣传动员的重要力量，尤其以教育文化战线的师生、妇女和红军家属最为活跃。

（一）教育文化战线的师生

党对苏区教育高度重视，既是为了提高群众文化水平和丰富精神生活，也是为了宣传共产党的政治主张，破除愚民专制统治的影响，加深人们对革命的理解。在此影响下，教育文化战线的师生积极参与党的宣传动员工作。红军医学校普遍参加耕田队以协助春耕、夏耕，“耕田队也是宣传队”①，他们把红军的胜利、苏维埃的发展的消息很清楚地传达到群众中去，同时更能调查与宣传节省运动、增加生产、帮助提供红军的战费等经济动员工作；党校全体学生、马克思主义学校学生在“扩红”等动员中，组织宣传队下乡到各农村进行宣传工作；红校在“八一”全校举行晚会，请单命领袖报告红军历史、表演有实际意义的新剧话报和歌舞等，还在查田运动中编印了许多关于查田的活报、歌、画报和一些通俗简单的标语口号，对文化水平较低的同志们做普遍的宣传和说明解释，同时，每逢星期日附近各个农村都布满了红校的挨户宣传队、口号队、化装宣传队等，向农民群众解释并宣传查田运动的伟大意义。

此外，列宁小学师生也活跃在党的宣传动员工作中，武阳区各列宁小学校教员一致参加扩大红军、归队突击队工作，同时各校的学生每天都调出 4 个小时工作，到农村中做宣传鼓动；1934 年第五次反“围剿”准备中，兴国江背区赤茂乡茂源列宁小学全体学生给兴国红色指战员致信，表明他们虽然年纪小，却能切实担负起应有的职责，希望战士们不要焦虑家里的事情，集中火力，以百倍的英勇彻底粉碎敌人的第五次“围剿”。列

---

① 张明云．红军医学校的生产运动［N］．红色中华，1933-06-11.

小师生的宣传动员成效明显，如清涧县高杰村列小教员，将该校全体学生召集到堂上，把春耕运动的重要性和学龄儿童应在春耕运动中做些什么工作解释了一遍，于是学生便自动组织了学习生产小组，又开了一个组长联席会议，决定今后参加生产的几件事。瑞金县黄柏区各列小学生每日下乡宣传，每个屋子每日都见到小学生的活跃，砍了比他们的身体还重的柴草送给新战士的家属；募集了许多青菜、果子，开茶话会开晚会招待新战士。该区在这样热烈的宣传鼓动之下，9 月 10 日统计，已动员了四百多名后备军到红军中去了。① 1933 年 11 月 23 日，瑞金县下肖区七堡乡塘屋列宁小学校学生委员会沈耀芳、沈唐芳在扩红突击运动中领导了全校的学生，组织了突击队经常出发到各屋去做宣传鼓动工作，短短的十几天，经过他们动员带到乡政府报名当红军的竟有 49 名。②

（二）妇女

苏区妇女占劳动群众的半数，劳动妇女积极参加革命战争的各种动员工作，对于革命有很大的推动作用。在扩大红军工作中，江西省模范县兴国的劳动妇女除在区乡各个会议上充分地进行扩大红军的政治动员，还能够深入到模范赤少队的干部与队员中去动员，所以在群众中造成了扩大红军的热烈空气，同时妇女积极做草鞋、举行茶话会来慰劳新战士；归队运动与优待红军家属活动中，妇女组织了反逃兵突击队与慰劳队，进行归队运动的突击与慰问，并进行个别谈话，加紧优待其家属及宣传，更能经常发动妇女替红军家属做力所能及的实际工作，如砍柴、割草、捡肥料等；在慰劳红军工作中，抓住了东方军与中央军几次的伟大胜利，来动员广大劳动妇女热烈慰劳红军。③

此外，妇女还参加募集物资等战争动员，如才溪妇女像红军在前线上打冲锋一样去募集慰劳品，不仅自己做女英雄，而且在群众中进行广泛的宣传解释工作，利用晚会表演新剧等各种各样的方式，动员群众节省所有

---

① 王昌期．开展文化战线上的扩红动员［N］．红色中华，1934-09-18.

② 陈建勋．瑞金下肖区儿童团积极参加扩红突击［N］．红色中华，1934-06-28.

③ 钟平．战争动员中的革命妇女［N］．红色中华，1933-11-23.

的财力来帮助红军。① 为了充实国家现金，改善群众生活环境与条件，特在执委扩大会和县委妇女活动分子会上讨论收集银器，号召妇女剪发，以无用的装饰品来支持战争和换取生活必需品等问题。具体落实中，瑞金县各区妇女代表组织突击队、宣传队，利用各种会议进行广泛的宣传工作，让每个劳动妇女都了解这一意义。而龙岚县的妇女则抓紧了“扩红”和粮食突击，进行“三八”动员，组织妇女突击队宣传队进行村屋的宣传，在广大劳动妇女群众中造成了一切力量给予战争的空气。②

妇女作用也有数据显示，比如兴国、博生两县的革命妇女，在选举运动中都非常活跃，特别是在宣传鼓动调查登记等工作，获得了不少的成绩，每次大会，妇女到会的都特别多，“该两县的候选代表，妇女均占百分之三十”③。从数字上看，瑞金模范县 1934 年 6 月统计“扩大的普通赤少队中妇女竟占一半以上的数目，在模范赤少队中，亦占百分之二十以上”④。

（三）红军家属

红军家属（简称红属）具有典型性，他们现身说法参与战争动员，具有特殊的宣传意义。为此 1934 年 7 月瑞金召开红属代表大会，红属纷纷签名通过了 7 条模范红属的重要工作，其中包括每个月至少要给前方的战士写一次信，鼓动自己的父子兄弟和丈夫在前线勇敢对敌，彻底粉碎敌人的“围剿”。在临时中央的带动下，各县召集红属代表大会，兴国的红军家属发挥模范作用利用各种口头宣传、新剧晚会、化妆宣传，及挨门挨户地宣传，使广大群众了解红属代表大会的意义，实现瑞金所提议的模范苏维埃公民 7 项工作。同样，在为充实红军给养而进行的秋收借谷运动中，许多红属宣传队用化妆演剧、问答晚会等宣传方式，从工农群众的切身利害出发，向群众解释帝国主义瓜分中国和国民党出卖中国、苏区盐与布匹昂贵的原因，激起了他们无论如何要迅速粉碎第五次“围剿”的决心，使每一

① 才溪妇女的战斗动员［N］. 红色中华，1934-06-23.

② 廖平三 . 革命妇女的模范［N］. 红色中华，1934-03-17.

③ 表水玉 . 各地选举珍闻［N］. 红色中华，1933-11-23.

④ 完 . 瑞金在加紧赤少队突击中［N］. 红色中华，1934-06-28.

个群众都了解了秋收借谷的重要意义，因此能获得群众的拥护。

此外，1934 年 8 月，瑞金全县红军家属代表大会发出通电，号召全苏区的红军家属都应当积极参加群众团体、工会、贫农团和女工农妇代表会等，做一切动员工作。让红军家属了解这些群众团体是苏维埃的基础，作为有觉悟的公民，应当到群众团体中间去进行广泛的宣传鼓动，动员极广大的群众，形成拥护革命战争和红军的猛烈潮流。

思想动员往往是整体群众性的，全体群众的动员在《红色中华》报道中频频出现，瑞金突击运动的开展首先就是抓紧了宣传鼓动工作，利用各种方法深入群众中做宣传鼓动。而下肖区能够利用五分钟时间的报告，朗读中革军委宣言，解释博古同志的文章，并且利用口号、读报组、儿童团作广泛的宣传，说服个别的“落后分子”。他们这种通俗的解释和热情的鼓动，激发了广大群众保卫苏维埃的热情。同样在下洲区突击线上，妇女形成了主要的力量。尤其是红军家属，他们组织了宣传鼓动队，到处突击，成了一支动员生力军。

第二节 宣传动员的组织协调

苏区新生政权为什么在国民党不断“围剿”中能自上而下显示出强大的宣传力和动员力，其原因从《红色中华》的报道中也可窥一斑。

一、训令规定职责

临时中央政府就各种动员的训令，对各项动员工作做出指示和规定，不仅提供政策保障，而且对具体的宣传动员工作予以指导。从妇女在宣传动员中起的积极作用来看，跟临时中央政府实施解放和保护妇女的法令密不可分。早在 1932 年临时中央政府发布人民委员会训令，指示各级苏维埃政府应认可妇女在革命战争中的作用与意义，“坚决实现保护与解放妇女的法令，领导与兴奋劳动妇女群众来积极参加革命战争，使与妇女运动密切的联系起来并很好地配合起来，以增快革命胜利的速度”①，并决定从中央到地方建立妇女生活改善委员会，除承担改善妇女生活状况、考察妇女政策执行等任务外，还要注重提高妇女政治文化水平，督促妇女的文化工作，规定各级文化部应设立妇女半日学校组织妇女识字班，也可办家庭临时训练班、田间流动识字班，教员由政府及各地学校教员及群众团体的干部来担任。计划培养妇女干部，吸收妇女到各机关工作，以及在劳动妇女代表会议或妇女学校及俱乐部中，实行政治教育等号召妇女积极参加苏维埃运动，参加革命战争。一系列的法规规定了妇女独立的经济地位，为妇女参与党的工作奠定了政策和物质基础，尤其是乡村妇女很少有受教育的机会，苏维埃政府为妇女提供了享受文化教育的权利和机会，大大扩展了妇女知识视野和社会活动范围，极大地调动了妇女参与革命工作的积极性。毛泽东也曾在第二次全国苏维埃大会上谈道：“兴国等地妇女从文盲中得到了初步的解放，因此妇女的活动十分积极起来。”②

二、经过训练培养

中国共产党投入相当大的精力，开办党校、举办训练班，并且十分注重对干部的宣传教育，因而苏区时期的干部很少沾染官僚作风，工作认真、能吃苦、深入民众，尤其是中高级干部多为理想信仰加入革命，有很强的献身精神，也会对基层干部起潜移默化的影响。千百年来，习惯于高高在上统治者的普通民众，骤然看见这样的“官”，其反应可想而知，对于他们开展的宣传动员任务自然容易产生认同。

对党员、干部的思想教育是共产党保持和发挥自身特质的举措，相应的党员、干部训练也成为指导他们发挥宣传动员作用的核心问题。随着苏区的发展，各级党员教育机构次第设立。首先，1932 年春，中共苏区中央局开办中央党校。随后，1933 年春起，中央苏区开办了一系列正规干部学校，主要有马克思共产主义大学（即中央党校）、苏维埃大学、列宁团校

① 人民委员会训令第六号［N］. 红色中华，1932-07-07.

② 毛泽东. 对第二次全国苏维埃代表大会工作报告［M］// 中国现代史资料编辑委员会辑. 苏维埃中国. 北京：中国现代史资料编辑委员会，1957：283-284.

等。同时，开办各种短期训练班，随时随地开展对党员的教育、训练。1933年8月，中共中央组织局专门致信各级党部，对党内教育做出规划，要求从中央到省委、县委，将举办各类短期训练班作为培训干部的一项重要措施。省委训练班负责训练造就县一级干部、巡视员、县委训练班的教员及区一级主要干部，训练时间以四星期为限。县委举行流动训练班训练区一级干部和部分支部书记及支部流动训练班的教员。这些经过培训的干部充实到各级机关后，对提高干部队伍的素质及忠诚度、严密组织、加强中共党组织和干部体系的领导能力有重要意义。江西永新1934年6月设班培训的干部（包括任支部书记、县区常委及开展新区工作等）达104人。①

短期的培训班还会配合具体的工作任务专门展开，比如江西省苏维埃为了供给全省各县，特别是边区新区干部的需要，连续开办了土地训练班、财政训练班、裁判训练班、选举运动训练班等；瑞金动员模范赤少队武装上前线前，各区委首先开办3~5天的模范赤少队干部训练班；为提拔工农干部开展文化教育的工作，公略县教育部于1933年举行了一个月的列小教员训练班，从农村中调来40多个教员，这些短期训练结束后，他们都会回去负责地方工作。为了搞好苏区群众文化运动，基于文化运动是广大群众的，要发动群众自己来干，政府领导运动的认识，1933年5月2日中华苏维埃共和国临时中央政府教育人民委员部第一号训令《目前的教育任务》发布，规定一切俱乐部、识字运动、夜学、小学的干部，都要从劳动群众中挑选，为发展文化运动供给优秀的领导干部。还特别强调不是靠上级派人去，而是从群众中挑选积极分子来训练，各级教育部或教育科应自己培养干部，尤其是在短期训练班及工作中培养他们。

党的动员任务能否顺利完成，党的政策要求能否准确传达，党员、干部的认识和宣传动员能力都起着决定性作用，正是由于党员、干部在思想宣传动员中的重要作用，苏区党中央给予训练足够的重视，并做出较细致的安排。比如支部流动训练班是训练一般党员的学校，是利用党员空闲的时间不脱离生产地给党员进行各种必要的教育，被当作宣传部的一个中心

① 赵可师．赣西收复区各县考察记（四）［N］．江西教育旬刊，1934-08-11.

工作看待，目的是要“尽可能地随时把全国工农的革命斗争和全世界无产阶级的革命运动，特别苏联工农的努力，教育一般党员”。那么支部流动训练班是如何开展的？由区委宣传科召集教员，几个支部的教育干事和这几个小组的积极分子几人，组织一个流动训练班教育委员会，分配教员，选定科目，决定上课地点与开课日。每次上课前一天，区委宣传科召集各教员训练一次，检阅上次训练班工作，讨论教课方法，并详细研究下次要讲的课。其中支部教育干事是支部流动训练班的实际的指导者，要经常地检查各班的工作，要在每次上课后马上召集教员和正副班长检查工作，把结果报告区委宣传科。与此同时，区委宣传科要经常派人到各乡去实际地检查训练班的工作，在每期结束时区委宣传科要召集流动训练教育委员会开一次总结会来总结这一期的经验与教训。①

三、模范示范指导

红军带动。共产党领导的红军从建军起就树立了良好的政治教育传统，具有清晰的政治目标和严明的纪律，红军具有良好的组织和宣传系统，十分注意对官兵进行政治和文化教育，有一系列提高官兵政治和文化素质的措施，因而能获得民众的信任，保持亲密的军民鱼水关系。红军对民众的友爱表现，自然得到了民众的回报。在扩大红军的宣传动员中，民众表现出罕见的参军的积极性。送儿、送夫参加红军的事迹在苏区常常可见。福建上杭官庄区余坊乡林东姑不但动员自己的儿子去当红军，而且动员别人叫儿子去当红军，对着被动员说：“你的儿子能去当红军，群众同（给——引者注）我作冲锋劳动工、同我砍的柴都给你。”旧县区新坊乡的李永春，“父子两人一起报名当红军”。② 长汀的吴秀英为动员自己的未婚夫当红军，主动与其结婚，然后动员其加入少共国际师。③ 虽然随着苏区的发展，国共之间“围剿”与反“围剿”战争深入持久进行，战争的残酷性凸显，加上其他一些原因，民众参军的热情在逐渐下降，但处处仍可看

① 中央宣传部．怎样办支部流动训练班？［N］．红色中华，1934-04-19.

② 复光运动周中上杭劳苦青年的光荣［N］．青年实话，1933-06-18.

③ 唐铁海．中央老根据地印象记［M］．北京：劳动出版社，1952：68.

出红军受到苏区人民的真心支持："当红军与敌人持久战的时候，广大群众送饭到火线上去给红军吃。在送饭、送菜的时候，路上是成千成万的饭担子，群众送的饭，红军主力还吃不完，并且群众把自己的油盐、瓜菜不吃，都弄去送给红军吃。"①

模范示范。受教育者如果发现正面典型得到社会成员的认可，并能获得一定的表彰或者奖励，会极大地激励和鼓舞他们产生向往与学习正面典型的动力，效仿正面典型的行为。苏大工作组即沈泽民苏维埃大学在粮食突击中的宝贵经验，有一条即发捷报，贴红榜表扬光荣的模范。某个地方的粮食动员获得很大的成绩或个别群众的模范，立即发出捷报到各乡去，同时把这些光荣的成绩写在红纸上，张贴到各个交通要道，并且把收到群众的谷子和姓名公布出来，以表示谷子已经交到仓库，以此来提高群众的积极性。与此同时，因为模范是身边的真实事例与人物，其品质和行为能被其他人直接观察和感知，因此也产生了一种直接的影响力。如在博生梅江区扩大红军动员中，梅江模范妇女的宣传工作就起了这样的作用，特别是该区的赖珍秀，一个人就宣传动员了 7 名男同志参加红军，还做了十双布草鞋欢送这 7 名新战士。其他如黎玉秀、杨凤山等也送丈夫当红军，所以带动了其他女同志宣传丈夫当红军，共有 24 名男同志都是妇女亲自到乡苏报名的。这样的事例在归队运动、经济动员等处处可见。

办法指导。《红色中华》作为"苏区千百万群众的喉舌，是我们一切群众的集体宣传者与组织者"，将扩大红军、经济战线的动员等模范经验和光荣事例进行广泛传播，诸如《他们怎样集中的?》《怎样去创造模范红军家属?》等文章，给苏区宣传动员工作提供了模板，指导他们如何去做宣传工作。以列宁师范学校学生在瑞金九堡区开展"创造模范红属"的宣传动员为例，其经过是先争取红军家属中的积极干部，再由红军家属干部起领导作用，积极参加生产，还踊跃加入赤少队，进行一切战争动员。除此以外，还积极进行文化工作和剪发运动。在乡苏召开了乡一级各机关的干部会议，先把全乡红军家属的生活情形调查清楚，第二天就召开红军家

① 关于湘鄂西具体情形的报告（1932 年 12 月）［A］//中央档案馆，湖南省档案馆，湖北省档案馆．湘鄂西苏区革命历史文件汇集（第 1 册），1986：312.

属妇女会议，用极通俗的说法向红军家属解释目前的政治形势，说明红军家属在后方应当担负起的光荣的任务，在有力的动员下，就有十四个红军家属妇女自动报名加入耕田队。报名之后，就立刻组织起来加以训练，再派到每个红军家属去进行个别的宣传动员工作，并在群众大会上向全乡群众宣传。经过这样的宣传工作之后，三海乡的红军家属及全乡群众除了不能劳动的以外，一致加入了耕田队。①

四、制定优待政策

中国共产党要克服局部执政面临的危机，苏区民众革命的信念能够生根发芽至关重要。当然，首先是因为党的革命理念符合时代趋势，具有强大的说服力，而中国共产党从民众实际需要出发，展开艰苦的工作、持续的灌输、情感的调动也在其中起了关键的催化作用。

小学教员在宣传动员中起带头作用，跟苏区重视和优待他们有很大关系。1934 年 2 月 16 日临时中央政府专门颁布《小学教员优待条例》，明文规定小学教员的生活费与当地政府工作人员同等，并同样享受群众帮助耕田和减纳土地税、免费治病等待遇；城市没有分田的小学教员，可给予其他物质上的帮助或资助其家属；小学教员每年给奖一次，连续取得一等奖金两次者，按年增加原有奖金十分之二至十分之三。通过苏维埃政权的努力，中央苏区小学教育发展相当迅速，承担了许多重要的宣传动员任务。

针对妇女，中国共产党秉持男女平等、提高妇女地位的理念，通过强有力的政治推动，大力提高妇女权益。苏区政府颁布法令，禁止虐待童养媳并废除童养媳制度，禁止翁姑丈夫虐待妻媳，禁止幼女缠足、穿环，30 岁以下妇女应剪发、放足；严禁贩卖女子，违者枪决；取消蓄婢制度，一切婢女即行解放并由主人给予工资维持生活；女子被压迫为娼妓者，即行解放，恢复一切自由。同时，苏维埃采取男女平等的社会经济政策，所有城乡女工都得到一份与男工同样的劳动工资。农村妇女、小孩都得到按人口平均分配的一份土地和山林。妇女对分到的土地有权自由处置，不受任

① 怎样去创造模范红军家属？[N]．红色中华，1934-07-28.

何人的约束。1932 年临时中央政府发布训令，决定从中央到地方建立妇女生活改善委员会，承担调查、统计和研究苏区妇女生活状况，拟定改善妇女生活的建议和办法，考察有关妇女政策、法令执行情况等任务。一系列的法规规定了妇女独立的经济地位，为妇女争得与男子平等的社会经济地位奠定了政策和物质基础。苏维埃为妇女提供了享受文化教育的权利和机会。中央政府专门要求各级政府文化部设立妇女半日学校，组织妇女识字班、家庭临时训练班、田间流动识字班，有计划地实施妇女的文化工作。规定 7~18 岁的女子应接受小学教育，19~30 岁的入夜校学习，失业女工到妇女工读社受教育，其他妇女也要参加识字运动。毛泽东在第二次全国苏维埃代表大会上谈道："兴国等地妇女从文盲中得到了初步的解放，因此妇女的活动十分积极起来。妇女不但自己受教育，而且已在主持教育，许多妇女是在做小学与夜校的校长，做教育委员与识字委员会的委员了。"① 苏区妇女地位的提高，激发了她们参加社会政治经济生活的热情，无论是在后方生产还是在宣传动员工作上都发挥着越来越重要的作用。各地在乡苏维埃政府之下，设立妇女劳动教育委员会，积极推动妇女参加生产劳动，许多妇女掌握了犁耙、莳田技术，担负起原来由男人承担的繁重劳动。兴国全县参加生产的妇女更高达 2 万人以上。青年妇女则参加少先队等群众组织。组织化的生产生活，也使妇女走出家庭，在更广阔的空间发挥作用，促进了妇女宣传动员力的提升。

以红军家属为例，红军家属能在宣传动员中起作用，跟中国共产党对其的情感关照密不可分，红军家属一直是党特意照顾和着重突出的对象。党中央与人民委员会特地颁布了《关于优待红军家属的决定》，《中华苏维埃共和国人民委员会训令（中字第二号）》中进一步决定强调各级主席团必须立即检阅过去每条优待红军家属条例的执行状况，要对此工作负起绝对的责任。中央劳动部还建立了红军家属夜校，校园里有三个教员，一个担任识字课，一个担任唱歌，一个担任读报。每天晚上规定上课 1 小时、

① 毛泽东．对第二次全国苏维埃代表大会工作报告［M］// 中国现代史资料编辑委员会辑．苏维埃中国．北京：中国现代史资料编辑委员会，1957：263-284.

谈话半小时，红军家属需要的书纸笔墨等都由夜校供给。① 苏区还不定期举办红军家属慰问大会，有的慰问制造热烈的气氛，增强红军家属的荣誉感，扩大影响。比如上杭才溪区，于8月15日举行全区慰问红军家属运动大会，事前就经过了十分充足的筹备，并准备了丰盛的酒食，用筵席款待红军家属。各乡都号召了少先队、军乐队，热情欢迎红军家属到会，他们沿途高呼口号，张贴标语，鼓乐齐鸣，一路敲锣打鼓非常热闹。在筵席正式开始以前，由主席团宣布开会并举行化妆演讲，报告提出大会意义，分析目前革命形势，以及红军长征的光荣历史价值，然后，继续由各机关团体代表演讲，最后由少先队和军乐队进行文艺演出，大家一边吃席，一边观看节目。全场鼓乐悠扬、响彻云霄，全体到会群众皆喜气洋洋，欢呼雀跃。大家都说"当红军真是光荣伟大的事实，今天备了这样肥美的酒食，安慰我们红军家属，可见当红军，不惟他们个人的荣耀，而家属都能享受苏维埃的优待与安慰，这是何等价值呀"②。慰问大会使红军家属感受到苏维埃的优待与安慰，增强了人们当红军的光荣感和使命感。有的慰问贴近红军家属实际情感和需求，比如1933年3月，省苏、市苏特意召集汀州市红军家属，举行慰问大会，分配好负责人分别和红军家属谈话，征询他们的意见，同时传达前方红军胜利的消息，给予广泛的政治宣传鼓动，安定红军家属思念儿子、丈夫的心灵，还解决了红军家属的春耕等困难。同时，对红军家属的实际困难进行帮扶，解决红军家属的实际生活困难，《红色中华》1934年5月16日第三版整版专门登载了优待红军家属的训令和文章，从《时时刻刻帮助红军家属》《兴国长岗乡优待红军家属的优点》等报道中可以看出帮扶红军家属的方方面面，如帮助红军家属耕田、供给肥料、日用品。各村建立了一个优待红军家属委员会，经常会慰问红军家属，负责解决他们生活上的一切问题。而警钟栏目还列举了对优待红军家属工作怠工的现象，对各地政府忽视优待红军家属工作的现象进行了抨击，监督完善红军家属工作。优待红军家属不仅可以打消前线红军的顾虑，更能使红军家属产生一种使命感，因而愿意加入扩大红军等工作的宣

① 介绍中央劳动部的红属夜校［N］．红色中华，1934-07-21.

② 慰问红军家属运动大会的盛况［N］．红色中华，1932-09-06.

传动员中。正如瑞金九堡区山下乡坝溪乡的红军家属妇女，在参加苏维埃各方面的工作及参加生产都表现了她们的积极模范作用，主要的原因是“在这两个乡的代表会中真正能解决妇女本身的困难问题，虽然是很小的困难，代表会也是负责解决的”①。可见，找到个人诉求和组织目标的契合点，帮助群众找到参与中国共产党工作的意义，这是组织力的核心，还可以使组织内部团结在一起。

第三节 宣传动员的路径方式

中国共产党在苏区能应对危机，获得生存和发展空间，跟其强大的群众宣传动员力分不开，党的宣传动员作用如何发挥也就成为需要重点考察的内容。

一、利用有效的组织推进

将社会群体组织起来是中国共产党的一贯工作方针和动员方式。事实上群众组织往往成为民众参与宣传动员工作的中介和桥梁。1931 年，中央苏区在横南、闽西区域形成时，在这块 5 万平方千米的土地上，拥有高度组织起来的民众 250 万人。此时的群众组织主要有苏维埃、工会、贫农团、青年团、赤卫队、少先队、儿童团、反帝拥苏大同盟、互济会、女工农妇代表会等。这些群众组织主要是按其功能或成员的职业、年龄、性别分门别类、自上而下建立的。它们既相互交织又层次分明，构成了中央苏区宣传动员的组织网。②

（一）政权组织是宣传动员强力的保障

苏维埃深入乡村一级的政权组织，使党的宣传工作的有效开展具有了强有力的保障。中华苏维埃共和国的地方政权实行“议行合一”制。苏维

① 瑞金九堡区红军家属的活跃［N］．红色中华，1934-07-21.

② 刘荣刚．中央苏区政治动员述论［J］．党史文苑，1997（1）：5-6.

埃政府基层政权分县、区、乡三级，均通过选举产生。省、县、区苏维埃政府均设立与中央政权相应的人员和办事机构。乡苏维埃政府机构较简单，但一般都设有各种经常的和临时的委员会，如扩红、土地委员会等，在一些工作先进的乡，如长冈乡的常设委员会多达 12 个，包括扩红、土地、山林、建设、水利、桥梁、国有财产、仓库保管、没收、教育、卫生、防空防毒等委员会，这些委员会有许多一直设立到村，乡委员会的委员多由各村相关委员会主任代表组成，各村的工作可通过各委员会得到有效沟通。对此，毛泽东十分赞赏，他认为：乡的中心在村，故村的组织与领导成为极应注意的问题。将乡的全境划分为若干村，依靠民众自己的乡苏代表及村的委员会与民众团体在村的坚强的领导，使全村民众像网一样组织于苏维埃之下，去执行苏维埃的一切工作任务，这是苏维埃制度优胜于历史上一切政治制度的最明显的一个地方。①

村代表制度使苏维埃政权的触角有效深入村一级，宣传动员模式主要是按组织的层次“由上而下一级级推动下去”，使上层的动员能得到下层的反应。党通过组织化的力量将工农群众纳入宣传教育工作中，借助这些组织使群众宣传动员工作得以开展。如 1933 年八县区以上苏维埃负责人员查田运动大会就曾得出关于组织上的动员的结论：乡一级的动员方式应注意乡代表会、工会、贫农团、妇女代表会、赤卫队与少先队、其他革命团体以及村屋群众大会，必须经过这些机关、团体与群众大会，向一切积极分子解释明白，经过他们向广大群众做普遍深入的宣传。② 而这种组织化结构在抗战时期的陕甘宁边区得到了更充分的实践和发展。

（二）组建临时组织开展宣传动员

根据工作任务需要组建临时组织，展开专门的宣传动员。在党团领导下，组织宣传队、慰问队、突击队等，围绕重点任务进行深入的政治宣传和说服工作。如在兴国崇贤区，当地教育部为阻止封建迷信活动，召开各

① 毛泽东．才溪乡调查［M］// 毛泽东：毛泽东农村调查文集．北京：人民出版社，1982：336.

② 八县区以上苏维埃负责人员查田运动大会所通过的结论［N］．红色中华，1933-06-29.

乡俱乐部和教育委员主任联席会议，组织宣传队到各农村中口头做广大的宣传，又用化装演讲进行宣传。而在少共国际师，注重新战士对扩大红军的作用，因而发动妇女儿童组织慰劳队，送草鞋和食物给他们，还组织了很多宣传队，提高新战士的战斗情绪，加倍增强他们的杀敌勇气。瑞金九堡区的防疫工作组织卫生宣传队、消毒队、掩埋队等，对群众做挨户的宣传工作。

扩大赤少队与红军、进行粮食动员，都是苏区反“围剿”中的重要任务，组成突击队直接深入群众做广泛的宣传动员起了关键作用。如在扩大红军突击工作中会昌的成功就是由于派突击队去宣传，“进行了艰苦的政治宣传与说服工作”①；龙岗扩红突击的超额完成，主要的原因也是各突击队充分地做了艰苦说服的工作。瑞金的突击队抓住了群众愿意武装起来的热情，给了充分的宣传鼓动。在各种干部会和群众会中，充分地通俗地解释了“全体壮年和青年的男女选民完全武装起来，赤少队，特别是模范赤少队应当成为工农红军的后备军”的意义与目前帝国主义瓜分了半个中国、进攻苏联、帮着国民党动员全国兵力残酷“围剿”苏区和红军的战争形势，以及工农群众自己的地位。这样极大地坚定了群众武装起来的决心。同样，在瑞金县粮食动员中，突击队找到最顽强的分子，用两三个小时的谈话说服他。说服顽强分子，其余便无问题了。由于突击队深入群众，展开细致的说服和解释往往能起很好的宣传动员作用，比如中央提出苏区每位群众节省三升米捐助红军的号召后，经过突击队的宣传解释，各乡的工农群众立即热烈地响应这个号召，大部分的群众都是这样说的：“我们节省三升米供给红军是为自己的利益，假使没有红军在前线抵抗敌人，我们的春耕也做不得，而且还要受到敌人许多摧残和损害呢!”② 可见，让群众明白所进行工作的意义，是他们愿意积极配合的重要前提。

为了保障战争物资的需要，改善群众生活的春耕运动，苏区党组织进行了妇女劳动教育委员会的组织工作，春耕委员会已普遍组织了春耕宣传

① 完．急起直追的会昌县扩红突击［N］．红色中华，1934-06-19.

② 杨志湖．战区群众涌〔踊〕跃的节省三升米捐助红军［N］．红色中华，1934-05-21.

队等，至于团体的动员、农业工会、共产青年团、儿童团、工会、剧社均从他们组织动员了群众，有的还派了专员到下屋去实际检查执行。①

（三）有组织的群众动员确保全员参与

有组织的群众动员使全员参与宣传教育。党的各项工作借助有组织的群众宣传动员得以实施，如夏耕运动的关键是群众动员，“办法就是有组织地动员群众”，武阳区石水乡夏耕动员展现了典型的有组织的宣传动员场景，动员的开始：乡苏主席参加区苏讨论春耕的会议回去之后，连同区苏区委派去的指导员，首先开了党团员大会，随即开了乡苏代表会，接着开了贫农团大会，最后开了妇女代表会。赤卫军、少先队、儿童团下操时，都着重讲了春耕。县苏和妇女代表会都组织了宣传队，男女两个宣传队队员 9 人，队长 1 人，都做了春耕的宣传，贴了标语。这样就在全县营造了春耕的热烈氛围，大家都明白春耕的意义、目的计划与方法了。其中，乡代表会起了极大的领导作用，贫农团的领导、妇女代表会的领导、党在春耕中起了极强的总的领导作用，儿童、耕田队、突击队、全区发动了生产比赛，激励了群众极大的革命热忱。由此可见石水乡的特点是党、团、政府及各种群众团体同时动员起来，也因此得出结论：“党与政府当然是领导的中心，但若不推动群众团体，尤其是贫农团与妇女代表会，决不能造成伟大的运动。”② 由此可见，组织上的动员与干部的领导作用成为宣传动员显效的重要经验，瑞金将扩大赤少队突击中的经验总结为：“从工会中动员工人，从党团中去动员党团员，从贫农团中去动员贫农团会员，从女工农妇代表中去动员妇女，以及从村屋的选民大会去动员所有选民。”③

二、通过会议贯彻落实

会议是苏区开展宣传动员的便捷手段，开会在很大程度上是统一思想、达成共识的重要方式。党的各项政策、主张以及各种工作任务的宣传

① 高自立．春耕运动的检查与土地部工作的改善［N］．红色中华，1934-04-05.

② 怎样领导夏耕运动［N］．红色中华，1933-04-26.

③ 昭良．瑞金扩大赤少队突击中的经验［N］．红色中华，1934-07-14.

和贯彻，都需要在不同层面统一思想，并且层层完成落实，因此苏区大大小小、不同部门、不同层面的会议，就成为苏区各级组织经常性的工作，并在后来延续为中国共产党的一大特色，毛泽东在抗战时期也曾说：开会是根据地最重要的工作方式。

一方面，各种工作的宣传动员通过会议贯彻。反“围剿”中的中心工作是战争动员，包括扩大红军、经济（公债）、耕田运动、选举、查田、文化教育运动、反宗教迷信斗争、党员突击、节省运动、归队运动以及支前动员，党的宣传动员工作通过各种会议的形式得以贯彻。《红色中华》中处处可见这些会议的报道，包括联席会、党团大会、委员会、支部会议以及各种群众团体的会议等。为了解决粮食短缺问题，满足苏区生活和促进反“围剿”顺利完成，苏区开展春耕、夏耕等生产运动，如福建省春耕运动进行了全体动员，区苏开了主席团会议，并召集了各乡苏主席及土地委员的联席会，曾组织了宣传队，散发了春耕的小传单，演了春耕的戏剧，乡开了党团员大会，代表会贫农团会、妇女代表会、少先队会议、儿童团会议、村开了群众大会等，充分地阐释春耕运动与争取战争胜利的意义，经过详细的讨论，有组织地去动员群众。①

选举运动亦是如此，选举运动中涌现的模范做法都经过了开会动员，如 1933 年 11 月，福建上杭才溪区选举运动开展广泛而深入的动员工作，先召开党的团的区委扩大会、支部大会，再召开区苏扩大会。乡苏代表大会讨论领导全区全乡的选举的工作并组织选举委员会乡选举委员分会等其他工会、贫农团会、妇女代表会等，都开会讨论选举运动的实际工作。②

召开会议讨论动员工作如何展开，也为群众宣传提供方案。如 1934 年 3 月，瑞金九堡区的防疫工作中，区苏召开了一个专门讨论卫生运动的工作会议，对防疫的工作，有很详细而具体的决定，开会后立即进行各种组织如乡设卫生委员会、村设卫生小组，又组织卫生宣传队对群众挨户地宣传，打破群众的迷信观念。③

---

① 乐春．福建省春耕运动的检阅［N］．红色中华，1933-05-14.

② 张鼎丞．选举运动的好模范［N］．红色中华，1933-11-17.

③ 瑞金九堡区的防疫工作［N］．红色中华，1934-03-22.

会议过程其实也是一个宣传动员过程，如 1934 年粤赣省武装保护秋收工作能够得到广大工农群众的拥护，很大的原因是首先召开了乡党团会议，然后继续召开各村代表会、工会支部会、贫农团会、妇女代表会等，在整个组织进行了深入的政治鼓动，宣传解释工作细致，运用敌人在我们边界的地方横行、屠杀的种种的事实，以及敌人组织豪绅地主的抢禾队，企图来抢劫我们的谷子的阴谋，以引起每位群众对国民党豪绅地主的愤怒，使他们都自愿自觉地武装起来保护秋收。① 很多会议当场即能起宣传动员的效果，如 1934 年 7 月 23 日召开的列宁室大会上，中央土地部和工农检查委员会全体工作人员一致要求政府不减免自己和家属的土地税，并号召中央一级工作人员热烈响应。②

另一方面，通过开会实现沟通讨论，使参会人员深刻理解将要展开的工作的意义，并制定宣传动员方案。如展开募捐援助白区工人罢工运动，各级工会在委员会议上，经过了详细的讨论，指定了专人负责，召开了同级机关联席会议和各支部主任的联席会。在会议上，把执行局的号召决定宣传大纲等做了详细的报告，并经到会的同志热烈的发言，自动地制定了竞赛的办法，组织了宣传队、化装讲演队，深入群众多的地方去，做广泛的宣传鼓动教育工作，在群众中造成了募捐援助白区工人的热烈空气。开会具有现场感和仪式感，面对面口语化的交流、情感的表达和传递，起了即时的会场效果，因而在宣传队讲到白区工人生活的痛苦和反帝国主义国民党资本家压迫的英勇斗争的时候，有群众在会场上当即提出：“我情愿不吃饭，要拿出钱来，帮助自己的兄弟——白区工人。”其他工作中也是如此，1934 年 4 月疗养院各所召开了军人大会，报告节省的意义，在军人大会上全院共退还 1933 年公谷费凭单 383 张。③

制定详细的宣传工作方案也是会议的重要内容，如 1934 年 7 月瑞金县下肖区的教委主任与俱乐部主任召开联席会议，讨论举行反帝运动问题，制定了如何进行宣传的细致方案：各乡举行反日晚会一次；组织宣传队出

① 文棠．粤干［赣］省秋收情报［N］．红色中华，1934-08-10.
② 连瑶．首先要求不减土地税的中央一级工作人员［N］．红色中华，1934-07-24.
③ 疗养院热烈帮助革命战费［N］．红色中华，1934-04-07.

发宣传；每所列宁小学校门口置一幅中国地图，照《红色中华》报上所登载的样式；进行实际的战争动员工作，各列宁小学校做饭碗、茶杯送给红色战士；各列宁小学校写一封信到前方去慰劳红军哥哥。①

会议的作用还体现在整个宣传动员过程中，首先是宣传动员前的准备工作。1934 年 5 月长汀县扩大红军工作中，动员前的准备是召开县一级的机关联席会议，会议中具体讨论了各种有效的办法，并组织了强有力的突击队，去集中各区的模范营训练 3 天至 7 天，加紧军事政治教育，特别是对于目前战争形势与赤少队战斗任务，做了深入的宣传、鼓动、解释，以区为单位召开赤少模范营中的支部会议、议员大会，激发每位队员当红军的热情。其次，对群众的宣传落实也通过会议。1934 年 6 月 5 日中共中央委员会、中央政府人民委员会《为紧急动员二十四万担粮食供给红军致各级党部及苏维埃的信》中要求摒弃一切强迫命令的方式，各级党部与苏维埃必须利用一切可能的宣传鼓动方式，经过支部会议、城乡代表会议与各种群众团体的会议，以及利用各种个别谈话、讲演等通俗的方式，把动员粮食的战斗意义明白地解释给群众听，把粮食问题与扩大红军及革命战争的中心任务密切地联系起来。

三、抓住时机发动群众

以庆典和纪念日为契机，进行宣传动员。抓住“五一”“八一”“十月”等纪念和庆典活动，以此为契机展开宣传教育，更好地完成军事和经济动员任务。庆典形式多种多样，以晚会、联欢会的形式居多，如瑞金大多数区建立了俱乐部进行艺术战线上的动员，用晚会表演纪念“五一”的新剧和活报。印刷工人为了纪念光荣伟大的“十月”，组织筹备委员会来计划具体的工作，除了一般的工作外，还组织训练宣传队到乡下去做宣传工作；政治研究会在此期间，每星期多开一次会来充分讨论选举运动、查田运动、十月革命及中国苏维埃之胜利等问题；每星期开一次晚会来报告与宣传如上问题；向国家企业职工会提议，联合全部国家企业的工人，组

① 中央苏区汹涌澎湃的反日怒潮［N］．红色中华，1934-07-12.

织大规模的慰劳活动来有计划地慰劳第二次全苏大会的代表及百战百胜的英勇红军。① 在庆典活动中都会有贯穿某一主题的宣传动员，比如于都城区的“五一”晚会中展开经济动员；在县一级机关帮助之下，又在城区发动组织群众踊跃到会；五分区直属队部和县区机关工作人员，在未正式宣布开会以前就组织了宣传队，在大会上宣传目前的中心政治任务，特别是关于退还公债的重要性。当时就有群众自动报名退还。瑞金县委县苏在“八一”召开全县红属代表大会做战争宣传动员，为了充分发扬红属参加战争动员、参加政府工作、参加生产的积极性，使红属完全成为模范的苏维埃公民，红属拥有在群众中最光荣的地位，便接受了他们的要求。

由于纪念日具有的特殊意义，中国共产党非常重视发挥其宣传动员的作用。以 1933 年纪念“八一”节为例，中央局专门制定《中央局关于“八一”国际反战争斗争日及中国工农红军成立纪念的决定》，指明：“红军中的政治机关除了总的一般的鼓动之外，必须利用红军纪念日进行提高军事技术的运动，必须采取一切具体的方法，经过指挥机关或列宁室或其他群众组织，来进行这个运动。”② 对如何做好纪念日的宣传工作，中央还提出具体的指导，如中央局宣传部对于“八一”宣传鼓动工作，除了在给各级宣传部的信中具体地、详尽地指示以外，于二日又召集了瑞金直属各党部的联席会议，具体地讨论“八一”宣传鼓动工作，对宣传工作的细节都做出了详细指导，指出：口头宣传解释“八一”示威纪念的意义，要遵从群众的内心实际的关注点和每个最新发生的政治事件来鼓动群众，让群众被红军百折不挠、敢为人先、不怕牺牲的革命精神所感动；一切宣传品包括宣传单、报告大纲和画报等，必须做到形式简短精悍、内容通俗易懂，没有时效性的旧标语要完全除去，并规定红校编辑一本小册子，纪念红军反抗国民党政权以及反抗日军侵略的战斗历史过程。同时，要精心准备晚会，利用提前排好的新剧、话报、唱歌、游戏等来吸引广大的群众，全面真实形象地将历史事件通过文化艺术的方式在舞台上展现给群众；在

① 张明云．印刷工人热烈纪念“十月”［N］．红色中华，1933-11-02.

② 中央局关于“八一”国际反战争斗争日及中国工农红军成立纪念的决定［N］．红色中华，1933-07-02.

示威大会中，演讲者要运用简明扼要而有力的宣传鼓动方式，直奔“八一”的宣传主题，演讲内容避免假大空，要把抽象的概念简明化、通俗化，便于群众理解，把示威的组织性提到最高，避免繁琐的长篇演说。① 在中央的号召和指引下，苏区涌现出纪念“八一”活动的热潮，江西全省以大规模的慰劳运动庆祝红军成立纪念日，在慰劳中进行了广泛的政治工作。苏区互济总会决定以战争的动员来纪念“八一”，各地互济会以自己的组织力量包括帮助红军家属耕田、举行联欢会、慰劳伤病军员、送草鞋到前线等动员工作，动员会员群众整营整连加入红军。1933 年 7 月 14 日，兴国进行“八一”武装示威，每日派宣传队到各农村中做挨户宣传，不仅有文字标语宣传，还组织专门的晚会，编制富有政治的“八一”新剧，深入圩场农村进行生动的表演，台上台下群情激愤。这不仅能给红军的宣传工作增添生机，也通俗易懂；组织化装宣传队有计划地宣传，特别是城市区的化装，表演方式灵活新奇，话剧节目在街道农村中吸引群众成群结队，特意来看来听，有文化的观看剧情，没有文化的欣赏演员。这些表演激起了群众对“八一”的热情，也歌颂了红军的机智英勇和大无畏精神。②

四、发挥文艺的作用

文艺具有直观形象、易懂乐见等特点，苏区群众文化水平普遍较低，加之文化生活贫乏，运用文艺展开宣传动员往往能起事半功倍的效果。

（一）运用文艺开展反日反蒋宣传动员

1932 年 4 月 15 日《中华苏维埃共和国临时中央政府关于动员对日宣战的训令》发布，工农红军总政治部与红军各级政治部应在红军与地方武装中实行政治动员，要在红色战士中做对日宣战的广大宣传，要在《红星报》及其他红军刊物上不断地揭露日本及一切帝国主义侵占中国、瓜分中国屠杀和压榨中华民族与国民党出卖中国的事实，激起全体红色战士对日宣战的热忱与勇气，鼓动起他们向外发展革命战争消灭国民党军阀及其统

---

① 怎样进行“八一”的宣传鼓动工作！［N］. 红色中华，1933-07-05.

② 杨荣楷.“八一”各地示威进行曲［N］. 红色中华，1933-08-19.

治的决心，并编印各种小册子和画报。要提出能联系目前实际行动的宣传鼓动口号，特别要注意红军新发展区域尤其是接近中心城市区域的政治工作。

尽可能地取得公开或半公开的活动的可能，以便在实际的群众斗争中揭穿国民党的本质，事实上将反日斗争和反国民党的斗争联系起来。为了尽最大可能团结一切反日的力量来建立真正广大的民众的反日统一战线，1934年4月20日党中央致各省委、县委、市委的一封秘密指示信《关于开展反日反帝运动和组织民族革命战争的策略问题》已经明确，反日战争只要有广大民众参加，前途胜利是有保证的。因而进一步指示：利用刊物、报纸、戏剧、文学、歌谣、故事，广泛地宣传上海战争、满洲游击战争、俄国反对帝国主义干涉的战争。

张闻天看到苏区作家成天融入广大工农群众的生活中，使得作家能看到或参加广大群众的斗争，在群众的武装斗争中能认识群众的伟大力量，这些都是取之不尽、用之不竭的材料，进而强调“以文艺的方法，具体的表现，去影响推动全国的作家、文艺工作者及一切有文艺兴趣的人们，促成巩固的统一战线，表现苏维埃为抗日的核心”①，这是艰难伟大的任务。

面对国民党发动的第五次“围剿”，军队扩充、获得群众人力和物力的支援都显得非常紧迫，尤其是扩大红军的宣传动员更成了此时迫在眉睫的任务，1934年5月12日，中共中央给各级党部党团和动员机关的信《为三个月超过五万新的红军而斗争！》中强调，要在城市中和农村中抓住各种各样的短促的鼓动群众的机会，如每个赤少队的或群众组织的会议、晚会（特别抓住各个纪念节）、5分钟的飞行集会等。同时，要事先准备好最有宣传能力的宣传员去做报告，并动员好积极分子起来响应，使每次群众的鼓动都获得组织上的结果。为此，一切宣传的文化的机关都要为这一伟大的运动而动员起来，城市的和乡村的俱乐部学校、工农剧社等组织应该立即活跃起来，不让一个群众的文化机关不积极参加到突击的战线。

（二）运用文艺宣传动员不同群体

妇女。苏区的劳动妇女在苏维埃政权之下得到了土地，得到了劳动法

① 张闻天选集编辑组．张闻天文集（二）[M]．北京：中共党史出版社，1993：197.

规定女工全部的利益，得到了一切自由和解放。每到“三八”妇女节，中央都会发出宣传动员妇女的号召，把形象生动的文艺形式作为重要的宣传动员手段，贴近妇女特点。如1932年2月18日《中央关于三八妇女节工作的决议》指明，党在“三八”节中要将帝国主义、国民党、地主资产阶级的罪恶与白区苏区劳动妇女的生活印刷成各种简单清楚的宣言、传单、歌谣、画报、小册子等刊物，向劳动妇女群众做广大宣传。同样，1933年“三八”妇女节前夕，中央再一次明确强调：必须动用一切报纸、刊物、画报及宣传动员、化装讲演员，在群众中，在女工代表会上，在个别谈话中，最清楚地指出中国的劳动妇女，一方面受着帝国主义的血浴、轰炸，国民党的压迫、屠杀，豪绅地主及中外资本家的奴役、剥削，封建宗法社会的束缚、轻视以及全国国民经济总崩溃的浩劫，使广大的女工、农妇病苦、死亡、失业、破产、饥饿、寒冷、流离失所，过着非人的生活；另一方面在中华苏维埃政权下，男女平等地参加了政权，得到了土地，获得了劳动法上全部的利益，粉碎了宗法社会束缚妇女的锁链，得到了一切自由与解放，这样揭露了帝国主义国民党地主资产阶级的罪恶，指出中国共产党所领导的苏维埃革命是中国劳动妇女和一切劳苦群众解放的唯一出路。

工人。为了加强和改善支部的政治教育，使每个产业支部都真正成为党的政治路线有力的积极的支柱，1933年2月15日，《中央关于产业支部的现状与目前党的任务的决议》指出：必须用一切方法加紧和扩大厂内的宣传鼓动工作，这里最主要的武器就是小报或壁报，每个产业支部应该建立小报委员会，吸收工人群众参加编辑或投稿，组织小报的读者和通信，以最浅显的、有力的鼓动文字来描写厂内的工人生活和事变，使小报真正成为党在厂内组织工人斗争、夺取工人群众到党与赤色工会领导之下有力的武器。针对矿工和各业工人的宣传动员，壁报和画报常常被作为重要形式。

（三）运用文艺潜移默化影响民众思想

中央苏区的宣传动员形式多样活泼，丰富多彩的群众性文艺活动是中共擅长的方法。群众文艺活动主要有红色歌谣、工农剧社和蓝杉团（苏维埃剧团），以及为群众文化活动提供场所的俱乐部运动。苏维埃剧团各县皆有，而俱乐部也相当普遍。中央苏区规定每乡应设俱乐部，俱乐部不是少数会弹琴唱曲人的机关，而是广大群众集中的地方，教育群众的集会场所。1934 年年初，江西、福建、粤赣及瑞金共有俱乐部 1917 个，参加俱乐部活动的固定会员达 9.3 万余人。传统社会中，民众娱乐活动十分欠缺，看戏几乎是他们最高的精神享受，俱乐部和戏剧演出寓教于乐，可以达到事半功倍的效果。当时，“群众对俱乐部工作表示热烈，一切费用，都是由群众自愿捐助，同志都参加俱乐部各种组织”①。“当看剧团公演时，总是挤得水泄不通。老的小的，男的女的，晚上打着火把，小的替老的搬着凳子，成群结队地来看，最远的有路隔 15 里或 20 里的”②。

中国共产党注重运用文艺形式，这不仅是为了丰富民众的精神生活，打破专制政治的愚民统治，也是为了正面宣传党的政治理念，加深民众对共产主义的理解。红色歌谣就是中国共产党潜移默化影响民众思想的一种重要方法：“仿乡村最通俗的曲调，作成最浅近的歌文，散发各乡村告农民妇女小孩们去唱。”③ 如《十骂反革命》《少先歌》《红军歌》等歌曲在苏区被广泛传唱。

五、将文化教育与动员群众相结合

革命不是依靠简单的无埋压服，更多的是通过简单明了、群众易于接受的宣传动员改变群众的观念，再以政治力的逐渐渗透，培植新的社会秩序，确立革命的社会基础。这需要在知识文化水平普遍低下的农村进行文化教育，才能提高农民觉悟和思想认识水平。正如毛泽东强调的，文化教育应“为着革命战争的胜利，为着苏维埃政权的巩固与发展，为着动员民众一切力量，加入伟大的革命斗争，为着创造革命的新时代，苏维埃必须实行文化教育的改革，解除反动统治所加在工农群众精神上的桎梏，而创造新的工农的苏维埃文化”④。

---

① 一个模范支部的工作报告［N］. 斗争，1933-03-15.

② 戈丽. 苏维埃剧团春耕巡回表演纪事［N］. 红色中华，1934-04-26.

③ 中共江西省委转录赣西各县及二团给赣西特委的报告［A］//中央档案馆，江西省档案馆编. 江西革命历史文件汇集（1929 年）（一），中央档案馆、江西省档案馆，1987：213.

④ 毛泽东. 毛泽东同志论教育工作［M］. 北京：人民教育出版社，1992：12.

事实上，在整个苏区干部培训、学校教育以及社会教育中，无处不强调教育的思想宣传和政治功能，这一点在1933年5月中华苏维埃共和国临时中央政府教育人民委员部训令（第一号）《目前的教育任务》中就已明确指明：苏区文化教育的任务，是“用教育与学习的方法，启发群众的阶级觉悟，提高群众的文化水平与政治水平，打破旧社会思想习惯的传统以深入思想斗争。使能更有力地动员起来，加入战争，深入阶级斗争，和参加苏维埃各方面的建立”。训令指示从文化教育上动员群众，发展文化运动，因而强调俱乐部（开展识字运动）、夜学、小学是群众的主要部门，要加紧青年成年教育和社会教育，同时儿童也是目前参加斗争的一员。

因为教育目标更多是立足于现实的思想宣传，中国共产党对教育普及的重视远远超过正规的渐进教育。在当时的背景下，加强基础教育是迅速提高苏区人民文化水平相对现实可行的道路，因此，苏区特别重视小学教育，中央苏区小学教育发展相当迅速，到1933年年底，江西、福建、粤赣三省的2931个乡中，设有列宁小学校3052所，学生达89710人，大多数学龄儿童进入小学就读，兴国儿童入学率达到60%。① 除小学教育，苏维埃大学教育也把宣传动员作为重要任务之一，如国立沈泽民苏维埃大学在1934年开学典礼上即明确：苏维埃大学学习的中心任务之一是“学习领导广大的工农劳苦群众，进行一切战争动员工作，来帮助战争，如动员群众运输红军粮食，组织游击战争等工作”②。

不仅学校教育，社会教育亦是如此。在提高群众文化水平的同时，还要帮助推动苏区革命工作的宣传动员，是苏区文教战线上革命和斗争工作的一部分。“社会教育是我们一个有力的武器，是吸收工人农民及红色战士广大工农群众，参加文化教育工作的武器”③。夜校、半日校等补习学校，以及俱乐部、列宁室、书报室等都是苏区社会教育开展的组织形式，江西教育厅指示各县区教育部，要求在最近的收集粮食、整理和扩大赤少

---

① 中华苏维埃共和国中央执行委员会与人民委员会对第二次全国苏维埃代表大会的报告［M］//江西省档案馆，中央江西省委党校党史教研室．中央革命根据地史料选编（下）．南昌：江西人民出版社，1982：329.

② 国立沈泽民苏维埃大学开学志盛［N］．红色中华，1934-04-03.

③ 目前教育工作的任务［N］．红色中华，1933-11-17.

队、春耕运动等突击任务中，“必须加紧努力在省教育部的领导之下，动员一切学校和文化团体，来切实地宣传教育群众，帮助这些突击运动的主要负责机关完成他们的任务”①。据兴国高兴圩黄岭乡报告，该乡设有教育委员会，“教育委员会之下有识字班——全乡九十多班，四五人组一班，十六岁到四十五岁的男女都加入”，通过努力，“现在七岁以上的男女都识得字”。同时，各地广泛设立俱乐部、书报社，在苏区工作中走在前面的兴国，“全县列宁小学有四百八十余所，夜校一千余所。经过这些文化机关，连续不断地提高群众的政治文化水平，教育着广泛的文盲的劳苦工农，所以兴国群众对于参加斗争也比较更勇敢更坚决了”②。坚持教育的政治功能，以及与群众动员、生产劳动相结合的定位，这一传统一直到延安时期都在延续。

当然，通过《红色中华》报道，我们也可以看出苏区宣传动员工作在贯彻中存在的问题，《红色中华》专门开辟铁锤、警钟等栏目，揭露苏区工作中暴露的问题，其中也批评、抨击宣传动员工作中的问题。如1933年11月29日《瑞金下洲区纪念广暴的准备工作》中指出过去各乡虽然常常有红军家属联欢会的举行，但是检阅过去，各乡由于这项工作只限于开会，演些戏剧、吃吃酒、做一个报告而已，宣传队在大会中不能起作用，并且没有鼓动全县工农劳苦群众给予物质上的鼓励，不能发动红军家属帮助归队运动。《红色中华》中的抨击十分犀利，直指问题的要害，比如1933年11月29日《会昌罗田区的污点》中直接指出会昌罗田区开小差情况，证明罗田区扩大红军不是用深入的政治动员，而是用欺骗命令方式。1933年12月2日《显微镜下的官僚主义命令强迫与平均摊派》批评牛岑区小坋乡与马岑乡，对推销经济建设公债完全采取了机会主义、消沉的状态，不讨论推销公债动员工作的方式，不从各种群众团体的会议做充分的宣传鼓动、解释其意义，没有组织推销经济建设公债委员会、推销队、突击队等，没有从政治上组织上动员，这是一个非常严重的问题。《红色中华》在抨击这些问题的同时得到了不错的监督效果。

---

① 江西省教育厅．江西苏区教育资料选编［M］．南昌：江西教育出版社，1960：15.

② 参观兴国以后的感想［N］．红色中华，1933-02-04.

需要指出的是，苏区群众宣传动员中受“左”倾思想影响，有时鼓励运用开展思想斗争的方式进行宣传动员，借鉴历史经验时应加以辩证分析和区分对待。如1933年11月武阳下洲区进行归队运动，区委决定在支部大会上进行深入思想斗争，党员团员要起大的作用，凡开小差及请假不归队的，全体党团员要和他们做无情的斗争。同时，各级工会、反帝拥苏、互济会在这一动员之下，要号召全体会员向那些不归队的做同样的思想斗争，特别是区委责成妇女委员会，要号召全体妇女，特别要领导这班不归队人员的妻子、姐妹积极开展思想斗争，集中火力向不归队的人员“突击”。《红色中华》中的报道不一定全面，但可窥一斑。

第二章

从涣散到聚合：长征生死存亡中的宣传动员

中国共产党在 1934 年中央苏区第五次反“围剿”失败后，被迫进行长征，途中中央红军从 8 万多人下降到 3 万人左右。这是一次几乎陷入绝境的危机，危机持续时间长，涉及面广，而且是由多次险情构成的。此时中国共产党及其领导的革命事业面临的危机主要来自两个方面：客观方面，国民党军发动的第五次“围剿”不仅兵力更多、武器精良，而且邀请德国人担任军事顾问，采取持久战与堡垒战这一新的战略战术，在进攻沿途中构筑稠密的碉堡体系，稳扎稳打、逐步推进；主观方面，从党的六届四中全会开始，以王明为代表的“左”倾教条主义在中央占据统治地位，致使中央根据地第五次反“围剿”节节败退，局势无法逆转，被迫实施战略转移。从 1934 年 10 月撤出中央苏区开始，到 1936 年 10 月红军三大主力会师，在这段不平凡的难忘岁月里，党和红军历经多次磨难，面对数度危境。他们不仅没有被压垮，反而迎难而上，连闯 5 道险关，以遵义会议为标志，化危为机，在危急关头挽救了党、挽救了红军、挽救了中国革命，铸成中共党史上化危为机的经典。但是中国共产党领导红军是靠什么度过陷入绝境的危机的？首先是中国共产党。没有中国共产党这个主心骨，没有遵义会议和党制定的正确的路线和战略战术，这样的长征和胜利是难以企及的。其次是红军干部战士坚定的理想信念，不畏艰苦、不怕流血牺牲的精神，战胜了凶恶的敌人和想象不到的恶劣环境。最后是广大人民群众的支援，他们为红军带路、供给生活物资、踊跃参军和安置伤病员等。而在此期间，党的正确路线的贯彻、红军信念的支撑以及群众支持的获取，都离不开成功的宣传动员工作，宣传动员是取得长征胜利不可缺少的重要条件。正如毛泽东同志说的：长征是宣言书，长征是宣传队，长征是播种机。

第一节 坚定理想信念宣传教育

在国民党军第五次“围剿”下，红军不得不离开中央苏区，开始长征。经过湘江之战，红军将士虽然渡过湘江，突破了国民党军的第四道封锁线，彻底粉碎了蒋介石将红军歼灭于湘江以东的企图，但也付出了极为惨重的代价。开始战略转移时，中央红军总兵力 8.6 万余人，湘江之战后锐减到 3 万余人，党、红军和中国革命危在旦夕。长征之所以经历艰难曲折取得胜利，靠的是中国共产党的领导，靠的是人民群众的有力支持，靠的是红军将士的坚定信念，而这些不是凭空而来的，得益于党的强大宣传动员力。红六军团在西征途中曾遭到了严重的困难，尤其是一路山势险峻，人烟稀少，物资奇缺。红军常常在悬崖峭壁上攀行，马匹、行李不得不丢掉。有的部队有时一天仅吃一顿稀饭，饿着肚子走路打仗。指战员们没有鞋子穿，有时甚至连草鞋都供应不上，只好赤着脚在深山密林中行军打仗，可谓历尽了艰辛。不少红军战士得了当时流行的疟疾，在医药奇缺的情况下，都凭着坚强的革命意志，咬紧牙关，跟随部队前进。这其中起关键作用的，还是党的政治宣传教育。有效的宣传动员极大地鼓舞了战士们的革命意志和信心，提高了战斗力。理想信念之火一经点燃，再大的困难也压不倒，坚信能够走出困境、摆脱危机，取得胜利。长征途中，红军能超越生理极限，战胜恶劣的自然环境，频繁战斗、高强度行军，尤其是承受重大牺牲，靠的就是理想信念。

一、随情势而变的宣传动员形式与内容

长征时期，党的宣传动员形式随形势而变，针对不同地区群体、特别事件及特殊形势，因事因时因势地强化“红色宣传”，发挥了宣传动员的独特作用。

（一）红军主力突围转移的宣传准备

在中央主力红军长征前夕，党中央利用一些新闻报刊为红军主力突围

转移做了一定的舆论准备，其中有工农红军机关报《红星》、中央政府机关报《红色中华》和党中央机关报《斗争》等中央级报刊，这些报刊起了一定的政治宣传和动员作用。

《红星》1934年7月25日发表了题为《把发展游击战争提到政治的最高点》的社论，指出发展游击战争的重要地位，在彻底粉碎敌人五次“围剿”中发挥了重要作用。如果游击战争能够发挥群众的作用，能在敌人的远近后方广大地开展起来，将会在很大程度上给敌人造成重创。本篇是《红星》向苏区军民宣传游击战争的重要文章之一。7月26日，党中央在《关于红军北上抗日行动对各级党部的工作指示》中对于主力红军长征后的政治宣传工作做出了安排，等到中央分局在主力红军突围后，针对重要的问题要对党内干部进行解释工作。解释主力红军的主要反攻方向是在敌人后方，揭穿国民党对红军的一些武断宣传和不实宣传。要壮大中国的苏维埃和红军规模，组织和号召不同的阶层参与到游击战中，在群众中解释主力红军已经北上抗日，要武装群众，团结群众，发动群众的力量进行抗日运动。还要明确只有中国的苏维埃和红军才是中国武装斗争唯一的民族革命领导者。要使敌人离开中央苏区，主力红军必须要在敌人背后反攻，才能保卫苏区。指示中的这些方针政策，后来成为苏区留守党政军组织宣传动员工作的依据。

9月4日，《红色中华》发了《要在9月27日以前动员三万新战士武装上前线》的社论。9月14日，陈云在《斗争》第72期上发表《游击区域的斗争方式和组织方式》一文，提出了游击战争的有关准备工作。

9月29日，张闻天在《红色中华》第239期上发表了社论《一切为了保卫苏维埃》，文章指出：“我们所采取的每一个斗争方式，必定要是对于敌人最有损害，对于我们最有利益的。”还指出：“决不能把我们党的总的进攻路线解释成为只要采取进攻的斗争方式”，进攻、反攻、防御以至退却，“一切这些斗争方式的运用，都是为了实现党的进攻路线”。这篇文章可以看作当时中央红军要突围西征、离开中央苏区革命根据地的宣言书和动员令。社论将主力红军即将转移及其原因、目的与战略意图清楚明白地告诉了读者，指出：一年多的第五次反“围剿”，红军学会了并且正在学习如何灵活运用各种方法和敌人对抗作战，来实现保卫苏区与粉碎第五次“围剿”的目标。为了保卫苏区和粉碎第五次“围剿”，红军在苏区内部计划同敌人的主力军决战。与此同时，红军还分出他们主力的一部分深入敌人的远后方，并且组织和领导群众，发动大规模的群众斗争，开展游击战争，摧毁敌人的武装力量，创造新的红军主力与新的苏区，吸引敌人的军队力量到自己的作战区再全面歼灭。明确阐明为了保卫苏区、粉碎第五次“围剿”，在敌人优势兵力的压迫之下，不能不暂时放弃某些苏区与城市，缩短战线，集结力量，求得战术上的优势，以争取决战的胜利。这篇社论比较明确地提出了准备反攻的任务，为红军撤出中央苏区的军事行动制造了舆论，是公开发出的红军准备大转移的信号，是进行公开宣传动员的主要根据。长征出发前，在宣传工作方面做出准备，如印刷大量的宣传品，包括《抗日救国十大纲领》《土地法》《劳动法》以及宣传红军宗旨、抗日等方面的布告等，仅红三军团宣传部领到的宣传品，除了分发到各部队的外，还装了满满十几担子，准备在长征途中散发、张贴，搞好途中的宣传工作。①

在苏维埃政府方面，毛泽东于 1934 年 10 月初从赣南回到瑞金，在不同场合鼓舞干部的革命信心。10 月 9 日在云石山古庙里召开青山会议，毛泽东向中央政府各部负责人阐明了撤离苏区的决定，并强调一方面大家应增进对于革命前途的信心，另一方面做好各部善后工作，促使留下的同志更好地联系群众，继续坚持革命斗争。② 10 月 15 日，在于都县城谢家祠，中共赣南省委召集包括省、县、区三级主要干部会议，毛泽东在会上解释战略转移的方针：敌人这次利用堡垒方式进攻苏区，图谋将红军全部消灭，逼近中央苏区门口，妄图实现断水捉鱼的阴谋。红军主力部队必须突破敌人的封锁线，绕到敌人后方，打击和消灭敌人，并嘱咐仍然留在中央苏区的地方工作干部要团结和联系群众，开展游击战争。毛泽东谈道：你们不要怕，不要以为红军主力部队走了，革命将要失败了。眼前只是暂时

---

① 中国人民解放军历史资料丛书编审委员会．红军长征回忆史料（2）［M］．北京：解放军出版社，1990：88.

② 金冲及．毛泽东传［M］．北京：中央文献出版社，1996：330-331.

的困难，一定要知晓革命是有前途的，红军必定会回来的！[①]

考虑到长途行军带来的身体疲乏和精神懈怠，又由于中央红军因第五次反“围剿”军事失败而被迫离开根据地，要开始一场前无固定供给、后无坚强依托的长时间长距离行军，即将面临重重危机挑战，首先须帮助红军战士克服悲观失望情绪，加强途中政治宣传工作。基于此，红军总政治部于1934年10月9日颁布了《关于准备长途行军与战斗的政治指令》，明确规定部队突围转移途中的宣传与动员工作要求，即要依据张闻天同志撰写的《一切为了保卫苏维埃》，将此文章在红军部队中展开充分的宣传说明，激起全体战士做好准备进入反攻的斗志与树立必胜信心与信念，反对任何悲观失望的机会主义动摇，“应从政治上发扬部队的攻击精神，充分解释行动的意义。加强对战士的军事教育”[②]。

总政治部根据即将转变的战斗环境，规定政委及政治部必须迅速适应，坚决改变以往政治工作的方式，必须正确地估计由阵地性质的战斗到长途行军与运动战的突然转变，由此可能发生的恐惧、迟缓、不惯行军、大批落伍失联络、抛弃武器公物与疾病的现象，预先考虑应对办法。因而应完善行军中的政治工作机制，政治指导员、政治战士与党团员要利用行进与大小休息的间隙，加紧政治宣传与军事政治训练，确保每位战士克服疲劳，具备随时准备战斗的旺盛情绪与攻击精神。

与此同时，总政治部也对开展沿途群众宣传与动员工作做出具体指示，以保证红军与群众的正确关系，坚决与脱离群众、破坏纪律的现象做斗争。“必须在沿途进行对群众的宣传工作，尽量地召集伙食单位的群众会议，广泛地进行口头宣传，散发和张贴宣传品和在墙上多写标语口号（居民的和告白军士兵的），特别要根据当地群众迫切的具体要求，提出斗争口号，领导群众斗争。”尤其是要“加强部队中关于苏维埃政策与群众

① 毛泽东年谱［M］. 北京：中央文献出版社，2013：434-435.

② 中央档案馆. 中共中央文件选集：第10册［M］. 北京：中共中央党校出版社，1991：399.

工作的教育……尽可能在沿途建立秘密的群众组织与党的支部"①。这就需要健全军团和师政治部的地方工作部门的组织与工作，使连队的地方工作干事与"地方工作组"能担负起居民工作的职责，积极开展工作，把居民工作变成真正的连队群众运动。同时，在红军部队中开展苏维埃政策教育与群众工作教育，编制下发政治课材料，进行进出宣传与纪律检查，反对脱离群众、破坏纪律的现象，并与之做坚决斗争。

严格执行阶级路线，发动连队进行扩大红军与搜集资材的革命竞赛。对于吸收来的新战士，应集中补充团加以短期训练与检查工作。在搜集资材的工作中，必须严格地遵守阶级路线，除红军必需的资材外，应尽量发给当地群众。对于分发部队的资材，必须有计划地注意到战士、运输员的衣服、被单、黄烟与打草鞋材料的适当分配与供给，并应注意食物的调剂。并且强调尽可能在沿途建立秘密的群众组织与党的支部。

1934 年 10 月 10 日，以总政治部代主任李富春同志名义下达的《关于巩固部队准备长途行军与战斗加强政治军事训练及群众工作的指令》中明确规定，要"在迅速整理补充配合友军与全国革命力量准备反攻的口号之下，搞好宣传鼓动工作"，"以保证每个战士的不怕疲劳与随时准备战斗的情绪和旺盛的攻击精神"。

经过几个月的秘密准备之后，1934 年 10 月 11 日，由中革军委主席朱德、副主席周恩来署名，发布了中革军委"反攻"行动的命令。各部队的政治部门、宣传部门根据这些命令，抓紧仅有的几天时间进行宣传的准备工作，抓紧时间对部队进行出发前的宣传教育工作。

总之，红军战略转移前展开了一定的宣传动员准备，包括中央颁布的各种指示训令、各领导人召开的部门会议等，特别是张闻天的《一切为了保卫苏维埃》和 1934 年 10 月 9 日《总政治部关于准备长途行军与战斗的政治指令》成了宣传动员的指导性文件，对长征之初顺利实现战略转移起了重要作用。需要指出的是，中共中央的宣传准备工作也存在仓促而就等问题，加之需要秘密进行，缺乏对根据地群众和红军战士做出合理的说明

---

① 中央档案馆．中共中央文件选集：第 10 册［M］．北京：中共中央党校出版社，1991：396-401.

和解释。这一点在遵义会议决议中指明“在军事上，特别在政治上，不能提高红军战士的热忱与积极性，这不能不是严重的错误”①。

（二）强调长途行军中宣传动员的高度机动

红军离开苏区，面临着行动和环境的巨大转变，离开苏区群众的人力、物力等方面的支持，从阵地战转为运动战，即将面临重重困难和危机。这种形势下，中国共产党预料到可能发生的情况，如不了解反攻的意义，会对前途失去胜利的信心，甚至产生消极悲观情绪以至于不相信群众力量，向困难低头。要克服这些困难、转变危机，急需依靠动员战士和群众的力量。1934 年 10 月 29 日《总政治部对目前行动的政治工作训令》中就特别强调政治工作的机动性，表明“各级政治机关的战斗任务，就是要以适合这一转变的高度机动的政治工作，与政治工作人员以身作则的模范作用，克服任何困难，反对任何悲观动摇的情绪”②。为适应新的任务与环境，做出迅速转变政治工作方式的要求，因为长途行军必然面临失去密切联系的困难，特别强调政治工作的高度机动性与自动性，应随时随地发扬创造能力，纠正一切等待、迟钝等状况。同时，做出具体的转变要求，指出运动战中政治工作应当以短促的时间与有力的鼓动，运用一切可以兴奋战斗情绪的活泼方式，如唱歌队、化装讲演、5 分钟军人人会等；在长途行军中要利用休息、宿营的机会，一方面进行巩固部队的工作，根据最近行军经验，预先估计可能发生的问题，采取各种方法防止与纠正，另一方面要发扬已采用的各种方法，在行军中进行军事、政治与文化教育；对白区群众应当以耐心说服，纠正不实际的宣传，针对各地不同的环境与群众状况制定出工作的具体步骤，避免一切伤害群众宗教的、民族的感情之行为，肃清一切强迫命令的方式。

因而在长征期间，红军对内宣传主要依靠灵活机动的文艺创作完成。长征途中，文艺工作克服了战线短促、舞台机动、形式简化、人才短缺等

① 中共中央文献研究院，中央档案馆．建党以来重要文献选编：第 12 册［M］．北京：人民出版社，2011：61.

② 中国人民解放军历史资料编审委员会．红军长征·文献［M］．北京：解放军出版社，1995：112.

重重困难，涌现出一批气势磅礴、催人奋进的优秀文艺作品，这些作品犹如“兴奋剂”，鼓舞着红军战士舍生忘死、前赴后继地战斗。

长征开始时，随军的一千多名文艺工作者从瑞金的工农剧社和儿童剧社出发，组成成百上千个宣传队、演剧队，他们的创作和表演反映长征过程，尊重战争实际，并且洋溢着鼓舞士气、统一思想、凝聚力量、憧憬希望的积极的、革命的浪漫主义。毛泽东在长征中创作了《十六字令（三首）》《忆秦娥·娄山关》《七律·长征》《念奴娇·昆仑》《清平乐·六盘山》《六言诗·给彭德怀同志》等多首诗词，气势磅礴地展现了红军长征之辗转曲折、奋斗精神、胜利场景与“太平世界，环球同此凉热”的光明未来，催人奋进。

同时，文艺创作将时代要求与群众需要相结合。彭家伦先后创作的《别》《追》《大王山上路难》《渡金沙江胜利歌》，李一氓创作的《安顺场怀古》《得讯我军已过泸定桥》，张爱萍创作的《西江月·遵义大捷》《疾风》《过草地》等长征作品，描绘了红军与敌人生死较量的战斗场面。黄镇的《长征画集》（原名《西行漫画》）、陆定一的《金色的鱼钩》、贾拓夫的《无题》、刘瑞龙的《冬晨过夹金》，都真实生动地记录了长征中红军吃苦耐劳、乐观积极的精神面貌，画作简朴、诗句生动，彰显着蓬勃活力。另外，陆定一和李伯钊共同创作的《打骑兵歌》，将打骑兵的要点编成了歌曲，还结合李伯钊编排的《打骑兵舞》在部队中传播，发挥了重要作用。陆定一的《两大主力军会合歌》则热情讴歌红一、红四方面军的伟大会合，“为了实现抗日救国解放民族的事业，高举红旗向前进”等号召，将红军长征与抗日救亡紧密联系，极大地鼓舞了红军战士挽救民族危亡的士气与斗志。

（三）宣传动员形式随战斗过程而转变

长征途中，为了保障部队克服重重危机，必须时刻鼓舞干部战士士气，宣传动员的形式应随着整个战斗过程的需要而转变，尤其是要顺应行军作战情势，因而我们党总是对行军前准备、行军中或战斗中宣传动员做出不同的具体要求。

中国工农红军两大主力会合后，我军在数量和质量上均有提升，但长征的疲劳使部队散漫，加之粮食短缺、气候寒冷，因而进行了突击整顿。1935年8月20日《总政治部关于夏洮战役政治保障计划》对实现战役准备阶段、战时的政治动员以及对敌和地方居民中的宣传动员都做了详细部署。

首先，在战役准备中进行充分动员。部署各军、师政治部组织干部会议，着重解释目前政治情况与中央川陕甘革命化的总的战略方针，号召红一、四方面军弟兄的团结，最大限度地鼓励作战士气、反对消沉、悲观与右倾机会主义。同时，提出这次战斗动员的具体形式，如依据本部的宣传大纲和红色战士读本，在红色战士中进行解释与鼓动，并经过列宁室或战委会采取各种课外工作的方式。政治部、政治处应向战士说明前进道路上的情况与克服困难之方法等。

其次，行军和转移中要有政治保证。在前卫和后卫部队中应有得力的政治人员同行，在组织宿营和休息中应向广大战斗员解释，对于任何不满的表现，并加强收容工作。

再次，战斗中加强宣传鼓动。按照战斗情况之许可，应采用各种方法，如干部会、连队军人大会、班排讨论会、战前集合演讲、简短的政治命令等，鼓励战斗士气。不论采用一种或几种方式，必须使全体指战员了解整个战斗之目的意义、本部队在战斗中之具体任务和为完成这个战斗任务之牺牲奋斗、不胜不休的精神，及正确的战术动作。除此以外，还对敌军宣传做出部署，指出利用一切方法散发、书写、张贴各种告敌军士兵的宣传品、标语、传单，宣传品的基本内容应指明士兵生活的痛苦，国民党的卖国、断送华北，号召士兵不打红军、北上抗日，及哗变到红军中来，利用一切可能进行火线上的喊话，打破敌人的武断宣传，迅速清查俘虏，给予短期的训练与对工农红军的良好影响。

最后，对地方居民的工作同样做出详细规定。一是以严肃的纪律，不侵犯居民任何利益，广大的政治宣传、联欢会，以争取居民群众，对少数民族工作必须注意。二是帮助供给、经理机关筹集粮食，严格注意筹粮中之群众路线、阶级路线。三是尽一切可能组织群众的政权及武装的组织革命委员会与游击队。四是红军对于少数民族的新战士，为顾及其习惯，成立单独的连队，派得力的干部去做工作。①

（四）宣传动员内容随中心任务而转变

从阵地战到游击战，再由无后方的游击战转到有后方阵地战、创建新苏区的任务，随着党的方针策略的转变，宣传动员的内容也发生转变，不变的是士气鼓舞、群众动员和党的政策方针落实。

从阵地战到游击战。党中央正确规定，目前野战军的战略方针是，以大规模的游击战争来创造新苏区根据地，同时着重地指出，要完成这个任务，除了必须在战略战术上正确指挥红军争取战斗的胜利，还必须依靠广泛地发动四川群众的游击战争。因此，发展四川的游击战争的问题应该提到创造苏区的高度上来。1935 年 6 月 10 日《前进》第 1 期发表了陈云写的《游击队如何去组织群众运动》，指出游击战争必须有广大的地方群众参加而成为群众的游击战争，因为这是游击战争胜败的关键。过去中央苏区周围的游击战争不能开展，甚至部分游击队遭受失败的主要原因之一就是游击队与群众联系薄弱，游击队常常仅注意到军事上的行动而轻视了发动群众的工作，因而不能取得群众热烈的拥护而使游击战争不能开展，甚至遭遇挫折。因而，游击队的任务是组织和发动群众的斗争，并且把斗争扩大到更大的范围和更高的形式。

由无后方的游击战转到有后方阵地战。《红星》1935 年 7 月 10 日第 25 期发表社论《以进攻的战斗大量消灭敌人创造川陕甘新苏区!》，指出两大主力红军汇合，开展了新的形势，要求我们以新的战略方针代替旧的战略方针，创建川陕甘新苏区成为基本的战略方针，必须动员一切力量进攻和消灭敌人，“政治工作人员更须负责保证上级每一任务的绝对实现”②，强调争取少数民族在我们的周围，是取得战争胜利、发展苏维埃革命运动的重要步骤。只有依靠发动他们反帝、反国民党、反压迫者的民族革命斗争，只有依靠我们自己的阶级的模范的纪律才能打破帝国主义、国民党的

① 中国人民解放军历史资料编审委员会．红军长征·文献［M］．北京：解放军出版社，1995：634-635.

② 中国人民解放军历史资料编审委员会．红军长征·文献［M］．北京：解放军出版社，1995：568.

欺骗，才能吸引他们拥护我们，热烈地来参加革命斗争，才能解决我们给养的困难、得到后方联络的安全。并且提出铿锵有力的口号，即不懂得共产党的民族政策的，不配当一个共产党员；不了解争取少数民族的重要性和不参加这一工作的，不配当一个好的红色战士！

进入苏区。进入苏区，结束了敌人的“追剿”后，1935 年 10 月 23 日陕甘支队政治部发出《关于最近半月政治工作要点的指示》，对转变了的新形势下的政治动员进行了详细的规定。首先要向全体指战员解释，从前我们是处在无后方的游击战争中，今后有了后方依托，以此来提高指战员的决心和勇气，并解释目前的新环境和新任务，反对政治上的疲劳现象，以为可以放下责任、苟且偷安等坏的倾向，提高干部的责任心并激发战斗员的热忱，使每位指战员下定决心为粉碎敌人新的“围剿”和巩固与发展陕甘苏区而斗争。不仅如此，还对具体的动员形式进行指导，对不同动员对象进行分层对待，在干部中必须分别动员营、团、连以下，运用干部会、干部同乐会、干部课、干部讨论会等形式实施，使各级干部都了解自己的责任；对于连队，除必要的政治课，应多运用课外工作的方式进行深入动员，如游戏、唱歌、同乐晚会等；各大队与地方政权机关、赤卫军、游击队等应尽可能做到联欢会，列宁室必须围绕上述中心来布置自己的工作；云、贵、川来的新战士和俘虏来的战士中，各大队必须依照实况进行补充教育；对杂务人员，如炊事员、运输员、饲养员等，应有单独的会议。除了详尽规定了动员形式外，还明确规定要对战斗员、指挥员举行一次测验，以便实际了解动员的程度。①

奠基西北。国民党军队对陕甘苏区发起第三次“围剿”，粉碎此次“围剿”的当务之急是实现将革命大本营奠基西北的任务。陕北省苏维埃政府于 1935 年 10 月 10 日颁布《为粉碎帝国主义国民党军阀三次“围剿”的紧急动员令》，明确强调战胜敌人首先“依靠于千百万工农劳苦民众的力量”，因此，“动员一切劳苦民众进行粉碎第三次‘围剿’的革命战争，

① 中国人民解放军历史资料编审委员会．红军长征·文献［M］．北京：解放军出版社，1995：732-733.

是各级苏维埃和每个同志一刻也不能放松的工作”①。围绕革命战争之需要求各级苏维埃立即宣传动员广大民众，具体包括：红军战士慰劳、伤兵看护和革命战争供给，如筹备所有衣物、鞋袜、药品、粮食、布匹和经费等，组织运输队、担架队、洗衣队、缝衣队，鼓励工人、农民群众参加红军。这些具体工作的完成都必须强化工农群众的宣传教育，提高其政治觉悟，使他们自觉认识到只有工农民众才能手执武器保卫苏区，革命战争的彻底胜利需要全体工农群众的总动员。为此，必须组织各种类型的宣传队开展广泛宣传，各级苏维埃召开各种各样形式的会议，商讨决定更为具体详细的工作计划，经过工会、赤少队、贫农会等团体组织落实动员工作。

二、从实际出发的宣传动员部署

在长征途中极其困难的环境中，中国共产党宣传动员工作的有效落实得益于宣传动员的部署，总是从战士实际生活、实际战斗环境以及有限条件出发。

（一）从战士实际生活出发

长征途中的宣传动员一直伴随着战士生活，为他们解决实际困难，强化阶级友爱教育。

总政治部要求广大政治工作人员开展阶级友爱、团结互助的教育，从生活上关心战士，特别要关心伤病员和体弱的指战员，《红星》先后发表了《怎样解决草鞋问题?》《为筹集充足粮食而奋斗》等社论，关心红军最基本的生活条件。

1935 年 2 月，总政治部发布《关于由川南回师东向对政治工作的指示》，提出要增强指挥员特别是政治工作人员的责任心，要做到迅速了解下情，及时解决问题。对沿途寄养的伤病员，必须深入慰问，解决他们的困难，已经治愈的要动员其归队。正是由于关心战士生活，在部队构筑了阶级友爱、团结互助的精神，红军才以高昂的士气度过了长征中的千难

① 中国人民解放军历史资料编审委员会．红军长征·文献［M］．北京：解放军出版社，1995：737.

万险。

1935年7月，在松潘战役调集兵力期间，《关于中央红军进行战备整训的七天工作计划致各军团电》（1935年7月12日）做出七天工作计划部署，其中把政治动员列为首要工作，规定召开连、排长以上干部会，报告红一、四方面军会合后的战斗任务及进行松潘战役的意义（用《前进》及总政材料），召开连队军人会进行解释及战斗鼓动，并要求各团政治处应进行连队的战时政治工作检查，各团司令部、政治处应协同进行部队纪律检查。充分利用与红四方面军部队同驻一地的时机开联欢会，确定作战比赛，指导各团争取藏族群众和外国人工作。在长征极其困难的环境中，坚持宣传动员工作的有效落实。同时，部署战士粮食保障，解决实际作战生活所需，细致规定了“各连队存粮应一部分做成干粮，牛羊做成肉干”，随时准备行动和作战，“进行人员、武器、弹药、被服及卫生检查”“擦枪并修补武器及工兵通信器材”“每人打两双草鞋，最好用毡子或牛羊皮制成或做毛窝（式样另发），各团须利用羊毛、牛皮补充皮衣、毯子，以便向北行动”①。为保证上述战备工作的完成，各军团司令部、政治部及其供给、卫生机关，须负责督促和检查，期满并做总结按级上报。

（二）从实际战斗环境出发

坚定的信心不仅来自鼓励和实际生活的关心，更来自每个战士对斗争环境和革命前途的了解，尤其是在战斗环境复杂、面临各种危机的长征途中。1935年4月1日，总政治部发出《关于宣传教育工作要点的指示》对这一点进行强调和说明：“要求全体指战、政治人员有最大的坚定性，胜利的信心，铁一般的团结，这就必须使得每个红色战士对于斗争的环境与前途有明确的了解。”② 规定了各政治部进行广泛的宣传解释工作要点，包括让战士了解全中国的革命形势依然存在，目前战争性质发生了根本变化，从有巩固苏区做后方的正规作战，转变为经过大规模的游击战争来创

① 中国人民解放军历史资料编审委员会．红军长征·文献［M］．北京：解放军出版社，1995：576.

② 中国人民解放军历史资料编审委员会．红军长征·文献［M］．北京：解放军出版社，1995：306.

立新苏区，同时应让战士们了解敌人的进攻特点及其弱点，比较我们的胜利条件和应对策略。要让每位战士准确把握目前斗争环境和前途，需要大量的宣传解释工作，“要求我们最高限度地提高我们的政治工作，不仅在胜利的情况之下，能更加提高士气，而且要在困难的条件之下团结红色战士，不灰心，不丧气”①，这样才能使坚定的斗争决心贯穿每个战斗。

渡江转入川西的过程中，1935 年 4 月 29 日中革军委发出《关于我军速渡金沙江转入川西建立苏区的指示》，强调宣传渡江转入川西的政治意义和紧迫性，“应向干部及战士解释，使全军指战员均能够以最高度紧张性与最坚强意志赴之，应克服疲劳与不正确情绪”②。第二天，中革军委又连续发出《关于金沙江转入川西的政治工作训令》，再次强调关于党中央和中革军委决定转入川西的基本方针，应向干部及战士进行广泛的政治解释，并详细阐明解释要点，以保证全体指战员和政治工作人员团结在中央的方针周围，消除对革命形势悲观、对斗争前途丧失信心的主要危险。

红一、四方面军会合后，创造川陕甘新苏区成为中心工作。1935 年 8 月 5 日，中共中央做出《关于红一、四方面军会合后的政治形势与任务的决议》，号召要即刻在红一、四方面军中采取宣传鼓动，为达成党中央的战略方针，应强化部队的战斗情绪、胜利信心和艰苦奋斗的精神。充分利用并积极争取时间来集中整治部队、实施军事政治的培养训练，从而提升部队的战斗力。同时，强化党对红军的领导始终是核心保证，务必正式确立政治委员制度，完善红军中党的组织和政治部的职责，对连队与支部的深入贯彻是政治工作的轴心，建立红军大学与高级党校，从中培养教育大量的军事政治干部。在四川、陕西、甘肃建立新苏区，要充分发挥建军以来就建立起来的政治优势，其中至关重要的是严明的军队纪律。红军从井冈山开始就逐渐形成了三大纪律和八项注意，一支纪律严明的军队才能获得群众的信任和支持，这也是江西苏区开创过程中必要的一点。同时，要

---

① 中国人民解放军历史资料编审委员会．红军长征·文献［M］．北京：解放军出版社，1995：307.

② 中央档案馆．中共中央文件选集：第 10 册［M］．北京：中共中央党校出版社，1991：499-501.

加强红一、四方面军的纪律性和团结性。不仅要增强红一方面军的纪律性，采取严厉办法以保障纪律的执行，也应使红四方面军了解红军的纪律，并且红一、四方面军也要互相了解，相互学习，取彼之长，补己之短，实现相互团结。红一、四方面军都要牢记红军的纪律，这主要是依靠阶级觉悟，并在生活上和部队中极大发扬党员之间服从纪律的精神。因此，要加紧全体党员与红色指战员之间的基本的阶级教育，使他们能够在各种复杂的与变化的环境下，都坚决不动摇地为苏维埃革命斗争到底。

（三）从战斗有限条件出发

长征是一场既无后方依托，也无供给来源的长时间、长距离行军，在世界军事史上也是罕见的。但在长征途中，中国共产党克服一切困难，从实际战斗条件出发，坚持报刊出版和广播，发挥宣传动员工作对于应对危机的优势。

在千难万险、危机重重的长征途中，党的宣传动员工作克服种种困难，坚持创办报刊。比如中国工农红军第三军团政治部出版的《战士报》，在长征途中先后出版了200多期，此外，《健康》《红炉》《红炉副刊》《前进》都在长征途中出版过若干期，对党的宣传动员工作起了积极作用，尤其是长征途中坚持创办的《红星》。《红星》作为中国工农红军总政治部主办的机关报，是发行量仅次于《红色中华》的中央级报刊之一。为了适应政治宣传工作的需要，该报在长征途中异常艰苦的环境中坚持编辑出版。从1934年10月至1935年1月，《红星》报出版了七八期，在遵义会议后又继续出版了十多期，但随红军长征道路更为艰苦，继续办报已无可能，到1935年8月3日后停止。在中央红军长征途中，《红星》发表了一系列社论和文章，发挥了十分重要的宣传、动员和教育作用。这些文章宣传中国共产党争取主动、攻克敌人力量薄弱地区，利用有利条件取得作战胜利的正确策略方针；《红星》还运用简短新闻和通讯，将红军胜利的喜讯与国民党军队被动挨打的信息及时进行宣传报道。长征路上，《红星》的工作人员用两条扁担挑着4个铁皮箱子，随中央军委昼夜行军。他们挑的铁箱里装着办报的全部设备：一台钟灵牌油印机（为了轻装，走到湖南时扔下，另外买了一个手滚油印机），几盒油墨，几筒蜡纸，几块钢板，几支铁笔和一些毛边纸。他们一到宿营地就支起铁箱子做办公桌，常常在国民党飞机的轰炸下坚持写稿编报。虽然由先前的铅印报纸改为手刻蜡纸油印，但每期也要印七八百份，都发至连队。长征途中出版的《红星》从战斗实际条件出发，将党的政策主张进行了普遍宣传，主要集中在建立工农民主政权相关方面政策、开展土地革命的政策以及武装民众抗日救国的主张。从现在国内留存的数量极少的《红星》上，可以看到宣传红军严明军纪、英勇顽强、艰难竭蹶的多种信息报道，比如真实报道了红军攻占遵义、强渡大渡河、突破天险腊子口等英勇战斗事迹，振奋干部战士的军心并激励斗志。

除报刊外，红色中华新闻台在长征途中积极主动广播，电台业务工作成为党开展宣传动员工作的重要方式与手段：一是通过抄收白区和海外播发的明码文字广播，编制内部简报，即《每日电讯》《无线电材料》等国内国际新闻参考资料。二是红色中华编辑部或通讯社编写重要新闻稿件，以文字广播的形式通过新闻电台播发，间或播发中国共产党领导人的重要讲话，以及党中央、中央政府或红军总部的关键性宣言文告等。三是抄收中华苏维埃共和国各省苏区党政军组织及白区地下党与进步组织的消息材料，并将苏区新闻稿件向他们播发，沟通三方联系。四是监听或破译敌台明码或密码通信文稿，掌握和了解敌军动态，为我方决策提供重要参考。

总体而言，中国共产党领导下的报纸与新闻克服种种困难，利用极其简陋的设备开展宣传报道工作，宣传了中华苏维埃共和国区域取得的各项建设成就，宣传了党的路线方针和主张，揭露了国民党反动派的反动本质，讴歌了苏维埃军民团结一心、粉碎敌人“围剿”以及抗日救国的英勇事迹，为战胜各种危机挑战做好宣传动员工作做出了积极贡献。

三、发挥榜样人物的宣传动员力

榜样本身就是最有力的宣传动员。毛泽东、贺龙、任弼时等领导人在长征艰难的征途中，处处身先士卒，鼓舞、影响和教育干部战士克服困难、战胜敌人。

任弼时、贺龙等以身作则，用自己的乘马往返救助生病的干部和战士，对部队影响和鼓舞很大。任弼时是红二、六军团的主要负责人，西征开始后他重病缠身，但时刻不忘做调查研究和政治思想工作，耐心教育有思想顾虑的干部和战士，鼓舞他们的战斗情绪。有排长掉队了还抱怨：部队天天跑，不知道跑到哪里去！任弼时听到后找排长谈话，耐心讲：这点困难是暂时的，克服了就是胜利。并鼓励他：很快就要跟贺龙部队会师，就要打胜仗了，就可以少走路了。排长很是感动，当时就检讨了自己的缺点。任弼时坚持和干部战士同甘苦共患难。贺龙、关向应十分关心部队生活，经常到部队检查工作，还常常到驻地看战士吃住等具体情况。有一次，贺龙发现团部里团长和政委铺上都铺着棉絮，而负伤的营长、连长却没有，严肃地指了出来，这种一丝不苟和严格要求的作风感染了部队。正如晏福生所述："我们的部队就是靠加强政治思想工作，靠官兵亲民团结，英勇顽强的战斗部精神，去征服雪山、草地等险阻的。"①

过草地时，红六师在最困难的时候在草地深处见到一群羊和专门守候着的红四方面军同志，原来是朱德总司令想到红二方面军走在后面，困难很大，便指示红四方面军拨出一部分牛羊留下来。红二方面军赶到后，贺龙、关向应同志考虑到红六师担任后卫，困难更大，便从中留下一批羊，看守羊群的红四方面军同志节衣缩食把羊如数交给红六师。李伯钊同志率领的红军总部宣传队还做了慰问演出，红军各部队之间的团结友爱精神鼓舞着战士们去战胜困难，走出草地。因而，廖汉生在回忆长征中红六师的政治工作时感慨道："那时由于广大政治工作干部能够身体力行，为人师表，因而在部队中享有很高的威信，说出的话大家信服，交办的事情能够很快落实，工作搞得颇有生气。"②

不言而喻，红军长征中显示出的强大凝聚力来自每一级团队在危急时刻的主心骨，他们往往在最危险的关头挺身而出，毫不犹豫地勇敢冲锋在前。如战斗力很强的红二方面军第六师第十八团，长征途中不到一年时间

① 中国人民解放军历史资料编审委员会．红军长征·回忆史料（2）［M］．北京：解放军出版社，1992：371.

② 中国人民解放军历史资料编审委员会．红军长征·回忆史料（2）［M］．北京：解放军出版社，1992：407.

就接连换过四任政委。余秋里是第一任政委，因在战斗中身负重伤而离职。杨秀山作为第二任政委调任后，勇往直前，眼部受伤仍率队在前，行军中只要头缠绷带的杨政委在全团队前队后走一趟，不开口讲话都是最好的政治鼓动。后来继任的董瑞林和周声宏都不幸中弹牺牲。红军政治工作干部身先士卒，共同塑造了政工干部的优秀形象，凝聚起集体的力量，使整个部队弥漫着浓郁的英雄主义氛围。

榜样人物除了凝聚共同的信念、明确的使命和锻造从上到下严明的纪律外，还坚持官兵平等的制度，营造出相互关爱、生死相依的浓厚情感氛围，形成强大的凝聚力。如在过草地时，毛泽东和十几位战士一道拉着一根绳子前行，并感慨大家都是一根绳上的“蚂蚱”，一起的力量就要这样拧成一根绳。而作为红军总司令的朱德总是“命令”战士们把可能有毒的野草先煮给他吃，没事才能发通知让其他战士们吃。红二方面军总指挥贺龙则为一位生病的红小鬼陈伢子接连找来了四匹马，当第四匹马也倒下时，他还是坚持找来了第五匹马。正如他讲到的：只要是活人，都是革命的种子，都会带着前行。

正是如此，红军领袖和首长成为红军将士坚定理想信念、生死相依的凝聚力核心，通过相互的感染、传递，在长征队伍中形成了巨大的宣传感染力。因此，一把干粮、一口炒面、一撮野菜、一只有力的手臂、一次拉马尾巴的机会，使面临绝境的人获得生存的机会、汲取前行的力量。无数此类故事汇聚成为长征精神，成为红军拖不垮、打不散的重要精神因素。

四、沿途传播革命理想

中国共产党领导下的红军充分发挥“宣传队”的作用，沿途传播着他们的理想，让人民群众最充分、最全面、最真实地了解红军、支持红军。于是由穷苦人组成的队伍，一路上告诉人们我们是穷人的队伍，一路在向群众宣传红军和党的政策，使革命军队持续保持旺盛的战斗力。在长征途中还积极宣传党的抗日救国主张，坚决贯彻三大纪律、八项注意，从而扩大了中国共产党及其领导的军队的政治影响，提高了当地群众对共产党和红军的认识，播下了革命的种子。

（一）宣传党的政策主张

在长征路上，党的宣传动员遭遇重重挑战。油印小报刊行困难，自苏区时期行之有效的找人谈话、书报介绍、发展研究会、妇女会和农会、发动经济斗争等宣传手段难以推进。那么，怎样把党的目标、任务、主张精准地传达给人民群众呢？为此，党中央号召广大红军将士充分发挥“宣传队”和“播种机”的作用，发布告、贴标语，向沿途的群众宣传红军和党的政策。他们用炭棒、白灰、红土刷刻下各种标语口号。据 1935 年 3 月 10 日《红星》报道，红军某部在两天时间里写了 600 多条标语。长征途中，毛泽东说过这样一句话，一夜宿营能干点什么呢？起码可以教给房东 6 个字：打土豪，分田地。

据刘瑞龙回忆，长征中，他先担任川陕省委宣传部部长，后担任红四方面军总政治部宣传部部长，领导錾字队在天然岩石、房屋阶条、牌坊、石碑上篆刻下 1.5 万余条红军标语。① 正是这些通俗易懂、深入人心的口号标语，展现出了红军积极的态度和必胜的豪情，也精准地传达了中国共产党的政策主张，从而使红军最大限度地争取到人民群众的同情和支持。在整个长征途中，仅给红军带路的向导就有近 3000 人，而参与为红军搭桥渡河、筹款筹粮、烧水运饭、掩护伤员、补充新兵、传递情报、完成战斗任务等政治、军事目标的人民群众更是数不胜数。

共产党人不断探索动员群众、宣传党的政策的方式。1935 年 6 月 10 日，《前进》第 1 期发表了陈云的《游击队如何去组织群众运动》文章，阐述了领导群众斗争的策略：首先需要地方党组织与游击队细心了解每一地区群众的不同的最迫切的要求，利用群众迫切需求激发群众斗争精神。这种群众的要求不仅仅是平日所了解到的和笼统的，如反对苛捐杂税、反对抽丁、拉夫等，而必须是当地大多数群众眼前反对某一种捐税、某一种压迫的要求，只有提出这种具体的口号，并充分说明这个口号的理由，使群众充分相信这个口号是他们必需的，而且是可以胜利的，才能动员群众为着这个口号而坚决斗争。

---

① 中国人民解放军历史资料编审委员会．红军长征·回忆史料［M］．北京：解放军出版社，1995：280.

进入苏区，结束了敌人的“追剿”后，1935 年 10 月 23 日陕甘支队政治部发出《关于最近半月政治工作要点的指示》，指导开展驻地内的地方群众宣传动员工作，包括动员粮食、扩大红军组织、扩大和训练游击队与赤卫军、发展党团的组织并给予训练、组织白军工作小组等工作。

宣传共产党的政策主张、动员群众支持和参与党的革命事业，是一项需要耐心和细致的工作。1936 年 9 月，红二方面军长征出草地后的首次战役行动是向陕甘交界地区进发，经过的成徽地区水源充足、土地肥沃、物产丰富，但是，群众长期受国民党的反动宣传，对红军不了解，不敢接近，工作很难开展。根据军首长的指示，由干部带领工作队带头到农村组织群众。每到一地张贴标语、散发传单，召开群众大会，用各种办法揭露国民党压迫人民的罪行，宣传共产党的主张。还采取了请贫苦农民吃饭的办法：用地主家的粮食做一大锅饭，杀地主家一头猪，烧一大锅菜，请老百姓自带碗筷来吃，说当地比较富裕，不过是富裕了少数地主，受苦、受穷、吃不饱的群众还是多数。穷苦人家听说红军请吃饭，男女老少都带上碗筷走来，部队干部、战士和炊事员一边给群众端饭一边做宣传工作，这样才打开农民心结。有的穷苦农民就悄悄反映情况，有的还自告奋勇给红军领路去打土豪，打了土豪，红军又把没收来的衣服、粮食、家具分给群众。这样，接近红军的群众越来越多，有的要求当红军，有的主动送情报，群众发动起来后，红军不仅招收了不少新战士，还组织了 100 多人的地方游击队，后来编入红军。而且长征一路，战士们的衣服都破了，在群众的帮助下做衣服、被子和子弹袋子，战士们穿上了群众一针一线缝好的整整齐齐的新军装。

(二) 树立党和军队良好形象

政党的自身建设，对党而言是增强党的活力和内聚力的工作，对群众而言，则可看作塑造政党形象的活动。归根结底，政党的宣传动员力很大程度上取决于政党在群众心目中的形象，取决于群众对政党及其行为的认同。政党形象包含着政党及其活动的所有方面，如政党的组织方式，政党的纲领政策，政党的待民之道，政党的内部管理，乃至政党成员、骨干的总体表现等，这些都影响着政党的形象，只不过不同的人对这些方面的关注不同而已。中国共产党在长征中发挥党员核心力量，打造严明的军队纪律，锻造了长征红军的高度组织纪律性和罕见的凝聚力，树立了中国共产党及其领导军队的良好形象，显示出极强的宣传动员群众能力。

党和军队良好的形象是在共产党员带头示范下形成的。为健全红军连队党支部的组织，发挥其战斗堡垒作用，总政治部在1935年5月发布《关于支部工作的训令》，要求连队一切政治动员和运动，首先要在党员中解释本连的具体战斗任务，并进行讨论，保障任务的完成。要增强党员以身作则的模范作用，来影响群众。该训令发布后，各部队通过思想整顿和组织整顿，提高了连队的战斗力。据统计，从1934年8月奉中央命令的红六军团西征开始，到1936年10月红一、二、四方面军在甘肃的会宁和宁夏的将台堡成功会师，红军在此长征途中组织过大小战斗600多次，投入师以上部队参加的战斗达120次。红军在重兵围追堵截之中，装备不足且精疲力竭，怎么会前赴后继、不可阻挡？时任中共中央政治局常委陈云向共产国际的汇报中也可以看出其中的重要因素。陈云长征半途即受命转赴莫斯科向共产国际汇报工作，其中讲道：红军每次战斗前，连队都会召开党员会议，选出四五个后备指挥员，假如连长在前线受伤或者牺牲了，第一后备连长会立即接替，不会打散队伍；如再次遭遇不幸，第二后备连长又会挺身而出，一个接连一个。党员受伤后，担心影响其他同志的情绪，总劝说他们："没关系，你们继续前进吧。"正如陈云所讲到的，由于党员干部率先垂范、红军指挥员身先士卒，带动和造就了长征中红军高度的组织纪律性和核心凝聚力，使得每一级团队在最危急时刻始终都有主心骨。

而红军严明的纪律是对沿途群众最好的宣传。严明的部队纪律是在红军建军时就已经确定的制度和传统，在长征途中，中革军委和总政治部反复强调要加强部队的纪律教育，并深入群众进行宣传组织工作。早在1934年10月29日《总政治部对目前行动的政治工作训令》中就强调努力巩固部队，保持红军的模范纪律。明确规定：在强化党的组织和教育中，党团员的中心效用是开展一切工作的依托，要时刻准备审查党支部的工作以及党员团员的人员配置及其重要作用，对于党的工作职责松懈的错误要进行检查改进。在此基础上，对每位战士的教导培育工作给予极大的耐心与热情，绝对服从命令，严守党的政治纪律，不强买强卖，不随意乱打土豪劣绅，不损害广大群众的利益，与群众存在亲密关系。除了耐心教育之外，严厉处罚破坏纪律、违反阶级路线的分子是着重提出的重要内容，每个连队宣传队布置时，应实行进出宣传的开展与纪律的督导与监察。

1935 年 1 月红军攻占遵义后的第二天，总政治部即发布《关于进遵义城的口号和八项注意通令》，要求部队整齐武装、服装；不掉队落伍；不脱离队伍，不自由行动；到宿营地后外出要请假；私人不准向群众借东西；不乱买东西吃；无事不要进群众家里去；注意卫生。总政治部还在城内贴出《中国工农红军总政治部布告》，布告说明红军是工农群众自己的队伍，绝对保护工农的利益。布告内容是：

红军是工农群众自己的军队，实行中国共产党的主张，彻底没收地主的土地分配给农民，消灭豪绅地主封建势力，推翻军阀国民党政府，取消洋人在中国的一切特权，驱逐帝国主义出中国，为创造工农群众自己的政权苏维埃奋斗！

红军所到之地，绝对保护工农贫民的利益，对工人实行八小时工作制，增加工钱；对农民主张不交租，不纳税，不完债，没收地主的土地分配给农民；对于苗家黎族等少数民族，主张民族自决，民族平等，与汉族工农同等待遇，反对汉族的地主财富老的压迫；对于白军士兵，欢迎他们拖枪来当红军，参加工农的革命；对于城市乡镇商人，其安分守己者，亦准予自由营业。

红军是有严格的纪律性的军队，不拿群众一点东西，借群众的东西要送还，买卖按照市价，如有侵犯群众利益的行为，每个群众都可到政治部来控告。凡我工农群众，望勿听信豪绅地主的欺骗，各宜安居乐业，并大家一齐执行共产党的主张，自动打土豪分田地，实行八小时工作，收缴一切反动武装，来武装工农，建立苏维埃政权，及赤色游击队，并欢迎工农群众报名当红军，帮助红军运输，抬担架，谋工农群众的彻底解放。如有破坏红军及造谣欺骗，当反革命派的侦探，进行反革命活动的分子，定当严刑处罚。①

这些措施使红军仅数日就得到了群众的信任和拥护，使他们认识到红军是工农和一切革命分子自己的军队，很快掀起了全城以及近郊群众斗争的热情，群众要求打土豪、分田地、组织工会。这是长征途中红军宣传发动群众的一个缩影。

进入苏区，结束了敌人的“追剿”后，1935 年 10 月 23 日陕甘支队政治部发出《关于最近半月政治工作要点的指示》，做出部队纪律整顿的指示，要求各级政治机关应着重严格检查，由支队政治部供给材料，加紧纪律的基本教育，注意必须绝对执行三大纪律、八项注意，注意清洁整理内务，整齐服装，政治机关应保证司令部关于服装补充计划的实现。同时，治愈现有轻病、轻伤，减少疾病现象，发扬对伤病同志的阶级友爱和物质的慰劳。

除了严明的纪律，一支士气高涨、斗志昂扬的军队也是宣传动员群众重要因素。红军长征中，鼓舞士气、提高战斗力一直是红军政治工作的中心任务。各部队十分重视宣传动员工作，重视营造革命英雄主义的精神氛围，激发部队的战斗情绪。在战斗前夕，通过宣传动员，使广大战士认清政治军事形势，明确当前战斗的目的、意义，对有利条件和困难应做到心里有数；在战斗进行过程中，通过战场鼓动，唤起战士与敌肉搏的勇气和意志；在战斗结束后进行总结宣传和表扬，激励战士学习并发扬战斗精神。如在渡过大渡河后，《战士报》以“用我们铁的红军，无坚不摧，战无不胜的勇敢精神，扫平一切当前敌人!”的醒目标题，报道了红一团的英勇事迹。在飞夺泸定桥成功后，中革军委给廖大珠等 22 名突击队员授奖，并确定其中 5 人为“英模”，表彰其功勋。对战士英勇行为的尊重和肯定，极大地激发了官兵的斗志，鼓舞了士气。

（三）瓦解敌军宣传

瓦解敌军是红军政治工作的重要原则之一，在长征途中亦是如此。据

① 中国人民解放军历史资料编审委员会．红军长征·文献［M］．北京：解放军出版社，1995：208.

肖华回忆[①]，1936年5月，红一方面军主力组成西方野战军，开始向陕西、甘肃、宁夏边界西征。在七营川清水河一线和红军对峙的是东北军何柱国的骑兵军，是被蒋介石赶到西北来当炮灰的。了解到他们的处境和遭遇后，根据上级指示，部队自上而下介绍了东北军的情况，进行了关于争取东北军抗日救国的政策教育。政治部的宣传队、连队工作组，以及广大指战员们都参加了以争取东北军抗日为内容的宣传活动。部队中也普遍教唱《松花江上》《打回老家去》等感人的歌曲。

东北军上层中一些人开始时对红军实力没有充分估计，总试图较量一番。在月初又派了2个团的骑兵向红军发起挑衅，红军向他们喊话：中国人不打中国人！东北军兄弟们，调转枪口，打死卖国贼蒋介石。谁知他们置若罔闻，直逼红军驻地七营川的堡子下面。红军一举消灭了他们4个骑兵连后，礼待被俘的官兵，并把抗日救国、共同对外的道理讲解给他们，同时揭露蒋介石借红军之手消灭东北军的阴谋。共产党团结抗日的正确主张打动了大部分被俘官兵，他们感激红军的宽大行为，并向红军表达了东北军广大官兵这几年来要求消除国内战争、渴望打回东北的心情。红军很快交还给他们缴获的马匹、行李以及300多支步枪等，并列队欢送他们回去。许多东北军官兵深受感动，发誓："我们再要和红军打仗，就不算是中国人！"

从此以后，红军和东北军对峙在清水河一线，红军驻扎在河东，东北军驻扎在河西，双方形成了一个奇特的战线，白天是碉堡对峙的敌对双方，各守阵营，互不侵犯，互不开枪，战线上悄然无声。晚上就是另一番热闹的场面，首先是清水河东边红军部队中有歌声传出"我的家在东北松花江上"，接着歌声从河西边东北军的堡垒中也传来"走，朋友！我们要为爹娘复仇！"；红军部队喊"中国人不打中国人"，他们就唱"打回老家去"，他们一边唱着歌曲一边心酸，家国情感伴随着歌声油然而生，可以清楚地听到他们传出的呜咽声，唱到愤怒之处，又可以听到厌恶和愤恨的咒骂声。

---

① 中国人民解放军历史资料编审委员会．红军长征·回忆［M］．北京：解放军出版社，1995：311-312.

两军就这样逐渐地熟识起来了，红军经常送纸烟和其他东西给东北军接济物资。在红军提议下，不断地创造两军互相会面的机会，在战地开联欢会，在绵延数百里的西北战线上，双方从名义上的敌对逐渐转为实际上的要求共同抗日救国的好战友。一天，在固原东北的杨郎镇和他们的骑兵联欢之后，红军代表朱瑞同志还和东北军的一个师长签订了停战协定，停止敌对行为，互相友好，达成了抗日救国的共识。蒋介石、何应钦及一切卖国反共的投降派，妄想利用东北军进攻红军，从而实现削弱和消灭东北军的阴谋，被红军西征中的正义行动彻底粉碎了，并激起了广大的东北军的爱国热情和奋起抗日的决心，把当时意志消沉的东北军引向了抗日救国的道路，并直接为后来的“西安事变”和国内停战抗日的局面创造了条件。

在二万五千里长征的生死战线上，中国共产党的宣传动员始终伴随着红军西进北上，战则勇猛无前，不惜牺牲；行则步调一致，万水千山只等闲；坐则军纪严明，与民团结共赴国难，成功地塑造了中国共产党和红军信仰坚定、威武仁义、乐观向上、长于实战的革命形象。

第二节　党的正确路线宣传

从中国共产党本身的角度来看，党内错误思潮是这一时期面临重大危机的内在来源。以教条主义为特征的王明“左”倾冒险主义危害尤甚。1931 年 1 月，在共产国际代表米夫的扶持下，王明取得中共中央领导地位。此后，王明的“左”倾冒险主义方针在各地贯彻开来。在军事战略上，贯彻执行王明“左”倾教条主义的临时中央不仅否认当时敌强我弱的客观事实，而且在作战方针上推行“全线出击”和“先发制人”，强令红军打堡垒战、阵地战，同敌人“拼消耗”，以“御敌于国门之外”。1933 年 9 月，国民党当局对中央苏区发动第五次大规模“围剿”，而王明“左”倾教条主义错误直接导致了反“围剿”的失败。中共中央和中央红军被迫放弃中央革命根据地，进行战略转移。王明“左”倾教条主义错误使革命根据地和白区的革命力量都受到极大损失，红军从 30 万人减到 3 万人左右，共产党员也降至 4 万人左右。在土地革命时期面临的重大风险和遭受的重大挫折，使中国共产党认识到，要取得中国革命的成功，就必须从中国实际出发，走具有中国特色的革命道路。遵义会议是解决危机的枢纽和标志。遵义会议所做的一系列决定，通过会后的贯彻落实，逐步摆脱了危机，成为党史上一个生死攸关的转折点。相应地，遵义会议精神、反对党内分裂以及党的民族政策等党的正确路线宣传教育也为克服党内危机服务。

一、传达遵义会议精神纠正错误思想

在中国革命的危急关头，1935 年 1 月，中共中央政治局在遵义召开扩大会议，集中批评了第五次反“围剿”和红军长征以来教条主义在军事指挥上的严重错误，对毛泽东的战略战术做出充分肯定，肯定和接受了以毛泽东为代表的正确路线，并改组了中央领导机构，在取消博古、李德军事指挥权的同时，选举毛泽东为中央政治局常委，确立了毛泽东在党中央和红军中的实际领导地位。遵义会议是中国共产党独立自主地运用马克思主义基本原理解决中国革命问题的一次重大会议，实际上结束了以王明为代表的“左”倾错误路线在军事指挥上的统治，确立了毛泽东在党和红军中的领导地位。这次会议在极端危急的历史关头，挽救了党和革命事业，是党的历史上一个生死攸关的转折点。遵义会议标志着党在政治上开始走向成熟，也表明党在应对危机的认识上实现了深化发展。

（一）传达贯彻遵义会议精神

遵义会议是党的历史上一个生死攸关的转折，遵义会议后，传达遵义会议精神、统一党和部队的思想，是一项紧迫的宣传教育任务。扎西会议是遵义会议的延伸和完成。中央红军一渡赤水之后，进入云南向扎西集结。1935 年 2 月上旬，中央政治局连续召开几次会议，因为扎西是威信县城，又是会议结束的地点，所以习惯上把这一系列会议称作“扎西会议”。这几次接连举行的会议讨论通过了张闻天起草的《中央关于反对敌人五次“围剿”的总结的决议》，其间中央还向川陕根据地、苏区中央分局和红

二、红六军团发出长电，传达遵义会议精神。扎西会议完成了遵义会议没有来得及完成的任务，对遵义会议相关问题做出了完善和发展，对于贯彻遵义会议精神，实现党和红军的战略转移起了重要作用。1935 年 2 月 28 日，红军第三次占领遵义，在遵义召开团以上干部会议，正式传达了遵义会议精神。此后，红军各军团逐级向下传达。

遵义会议之后，毛泽东曾经到红三军团传达遵义会议的精神，宣传遵义会议制定的正确方针。据原红三军团第五师第十五团政治委员、当时亲自聆听毛泽东现场演讲的罗元发将军回忆①：

毛泽东简单地分析了王明路线对革命造成的危害和当前的形势，指出王明“左”倾教条主义脱离中国革命实践，肯定是要失败的，以教条主义来指挥部队、指导工作，脱离实践，也肯定要摔跤的。日本帝国主义侵略中国，自“九一八”事变后，凡是不愿当亡国奴的中国人，都在为民族生存要求抗日。1932 年 1 月 18 日，国民党十九路军在上海抗战，蒋介石不抗日，还不要别人抗日，调动十九路军到福建打红军。十九路军蒋光鼐、蔡廷锴将军派人与我们联系，要与我们合作建立联合政府，反对蒋介石打内战，共同抗日。但“左”倾机会主义者说，隐蔽的敌人比公开更凶恶，结果拒绝了十九路军派来的谈判代表，后来十九路军被蒋介石解决了。

如果我们当时利用抗日统一战线与十九路军合作，就有可能粉碎蒋介石的第五次“围剿”，江西、福建的根据地就能保留下来，也就不会出现今天的情况。

毛泽东最后补充说，政治路线上的错误必然导致军事上的失败。“左”倾机会主义在政治上打出“拒敌于国门之外”的口号；军事上运用堡垒战与敌决战，寸土必争、分兵把口、固守阵地、死守黎川、广昌等地。结果坚守不住不得不放弃了中央苏区，走时过于仓促。分析当时敌人进攻的速度可知，我们尚可抵挡一两个月，但走得仓促又缺乏既定的方向和目标，使部队遭遇诸多困窘，损失很大。遵义会议清算了“左”倾错误路线，扭转革命方向，使之沿着正确方向争取革命胜利。

---

① 罗元发．罗元发回忆录［M］．北京：光明日报出版社，1995.

遵义会议的决定，振奋了人心，得到了广大干部战士的衷心拥护。在毛泽东的直接指挥下，红军四渡赤水河，歼敌1.8万余人，使中央红军一改长征以来被动挨打的局面，取得了战略转移的主动权。此后，红军巧渡金沙江、强渡大渡河、飞夺泸定桥，不断取得新的胜利。实践是最好的教育。遵义会议后，以毛泽东为代表的党中央的正确路线逐渐武装了党和红军，奠定了红军长征胜利的思想基础。

（二）提高党中央在红军中的威信

遵义会议后，中央发出指示，要求各部队恢复党对红军的集体领导制度，规定各部队的党委对战略战术的原则问题和红军的行动方针都有权进行讨论，确保党对军队的绝对领导。1935年2月1日，中央革命军事委员会发布《关于优待技术人员的指示》，调动了知识分子干部的革命积极性。纠正“左”倾错误，促进了革命队伍的团结。

1935年遵义政治局扩大会议纠正了党中央在军事上所犯的错误之后，红一方面军完成了党中央预定的战略方针，取得诸多方面的胜利。红一、四方面军成功会合后，创建川陕甘苏区根据地成为最为重要的任务，党中央把创建川陕甘根据地的意义定位于：不只是红军作战的后方，更是推动整个中国革命前进与发展的苏维埃国家的领土，起到给全国民众指出政治经济解放道路的模范作用。为了完成这一历史任务，必须在红一、四方面军中加强党的绝对领导，提高党中央在红军中的威信。

红军中个别同志对党中央路线存在错误认识，由于看到中央苏区变为游击区，见到红一方面军的减员，发现党在某些工作中的过错与不足，就觉得是党中央政治路线错误，这种认识是不正确的。对于个别同志的不理解与疑虑，党应给予清晰的疏解与教育，此时强化思想宣传教育，使他们正确认识党的路线十分重要。中央政治局于1935年8月5日通过《中共中央关于红一、四方面军会合后的政治形势与任务的决议》（沙窝会议），强调“必须使每一个同志清楚地了解：党的总路线的是否正确，要看党是否正确地估计了中国革命的许多基本问题，是否正确地估计了当前的形势，是否正确地提出了并执行了策略上与战略上的各种任务。军事指挥问题是这许多问题中的一个问题。如果党在中国革命的理论与实际上是基本正确的，是马克思列宁主义的，而在军事问题上却在一个时期中犯了错误，那这一错误对于党只是部分的错误，虽是严重的政治的错误"①。把党的部分的错误误解为全部的错误，把党在实际工作中的某些弱点误解为路线的错误，而对党所成就的空前的伟大的事业不给予应有的估计，是不正确的。因此对于这种误解，党必须给予及时的解释与纠正，使全体党员与红色指战员像一个人一样团结在党中央的周围，这是以后取得胜利的保障。

二、处理红军内部分裂危机的宣传动员

长征途中，党和红军面临一次严重的分裂危机，前途未卜。面对这一重大危机，中共中央果断决定率领红一、三军团单独北上，对张国焘另立"中央"的分裂活动坚持有理、有利、有节的斗争策略，中央政治局对张国焘的错误进行了严肃批评和耐心说服，并在原则问题上与之进行了严肃的政治斗争。党的宣传动员工作围绕分裂危机展开立场鲜明的斗争与教育。

（一）反对张国焘分裂主义

在冲破强敌重围北上长征途中，党和红军经历了一次严重的分裂危机。1935年6月，红一方面军在四川懋功地区与红四方面军会师。中央政治局在两河口召开会议，通过了关于北上和建立川陕甘根据地的战略方针。红四方面军领导人张国焘对于中央确定的战略方针阳奉阴违，与中央发生严重分歧。9月12日，中央政治局在甘肃俄界召开会议，通过了《关于张国焘同志的错误的决定》。在红一方面军主力北进陕西的过程中，张国焘却下令红四方面军南下四川，并公然另立中央，分裂红军。中央政治局对张国焘的错误进行了严肃批评。红四方面军南下四川损失惨重，兵力锐减，陷入困境。1936年7月，贺龙、任弼时、关向应率领的红二、六军团到达甘孜，与红四方面军会合。红二、六军团根据中央指示，与张国焘指挥的第三十二军合编为红二方面军，直接由中革军委指挥。张国焘日益

---

① 中国人民解放军历史资料编审委员会．红军长征·文献［M］．北京：解放军出版社，1995：598.

被孤立，7月初被迫同意北上与中央会合。10月，红一、二、四方面军在甘肃静宁、会宁会师，红军长征胜利。

（二）展开团结教育

1935年8月5日，中央政治局通过沙窝会议决议，特别强调红一、四方面军的兄弟之间的团结，指出要完成创建川陕甘苏区、建立中华苏维埃共和国的历史任务，解决好团结问题是其必要条件。一切有意无意地破坏红一、四方面军团结一致的倾向，都对于红军有害，反而对敌人有利。目前在红一、四方面军内部产生的某些个别问题主要是因为缺乏对于红一、四方面军的正确的估计，相互不够了解。①

（三）展开两条战线斗争

估计创建川陕甘新苏区的过程中会遇到的种种困难，坚决执行党中央的路线对于克服困难至关重要。然而，部队中存在并且生长着"左"、右倾两种错误倾向，成为执行党目前任务面临的最大危险。1935年8月5日，中共中央发出《关于红一、四方面军会合后的政治形势与任务的决议》②，反对"左"、右倾两种错误倾向并展开两条路线斗争，成为这一时期宣传动员工作的主要任务。

一方面，在部队中坚决反对各种右倾机会主义的动摇。实现这一宣传任务，首先要明确这种动摇产生的直接原因，是因为过分估计敌人的力量，从而过分夸大敌人的力量，遮蔽并忽视了敌人内部力量的削弱，同时对自己力量估量不够。这种动摇包括4个方面的具体特征和表现：首先是对于党中央所决定的战略方针没有十足信心，迟疑不敢前进，没有胆量应对敌人的战斗，企图逃避远离，同时对创造新根据地表示怀疑，畏怯在少数民族中进行工作，不能下定在其中开展艰苦工作的决心；其次是不信赖红一、四方面军的力量，对本部队战斗力心存怀疑，不能领会红一、四方面军会合的重大意义；再次是面对困难即表现出消极悲观、应付了事，不

① 中央档案馆．中共中央文件选集：第10册［M］．北京：中共中央党校出版社，1991：526.

② 中国人民解放军历史资料编审委员会．红军长征·文献［M］．北京：解放军出版社，1995：615.

愿负责、不求进取；最后是不能正确估计当前时局，以致怀疑是否存在革命大势，推想到苏维埃运动的低落，从而丧失对革命前途的信心。

宣传动员工作针对这些右倾机会主义的动摇展开斗争，必须向每位党员与红色指战员耐心细致地讲解和阐明当前局势与革命胜利的前途，使之坚信尽管苏维埃革命当前遭遇一些挫折，但前途必然会达到胜利。必须坚持反倾向斗争宣传密切联系最具体的实际工作及其转变，反倾向斗争与肃反工作同时进行，不放任和宽宥任何反革命活动。

另一方面，反对“左”倾的空谈。因为“左”倾空谈在实践中表现为夸海口、说大话，而不是正确分析敌我力量，便自然造成“左”地估计当前形势，结果不是走向轻敌的冒险主义，就是隐藏本身惧怕敌人的右倾机会主义实质。

针对这种“左”倾空谈的错误倾向，必须展开宣传教育，用马克思列宁主义武装党员与红色指战员，引导他们对敌我力量对比与目前的形势做出正确的估计。只有冷静的估计才能提出党的正确任务与口号，马克思列宁主义者坚持真理而批驳欺骗。

在宣传动员工作中开展两条战线斗争，其主要目的是教育全体党员与红色指战员，经过艰苦努力、不畏牺牲，以完成他们所负担的历史使命。

三、党的民族政策宣传扩大政党认同

红军长征沿途跨过了11省，经过苗、瑶、侗、壮、土家、布依、彝、藏、回、裕固等少数民族居住区。当时的少数民族地区有的还停留在农奴社会、奴隶社会，甚至还有近乎原始社会状态的。红军经过时，遇到语言不通、价值观念不同、风俗不一样等情况，但中国共产党领导下的红军却争取了沿途的少数民族的支持，得到各族群众赤诚相待。经苗区，有苗族民众入伍；过彝区，有彝族同胞参军。家住四川阿坝马尔康、信奉佛教的僧人天宝，在红军经过他的家乡时，脱下袈裟参加了红军，成了中国工农红军的第一批藏族战士和中共第一批藏族党员。这些都说明党中央和工农红军制定和执行了正确的民族政策，受到拥护、获得民心。宣传党的民族政策、争取少数民族群众支持也是宣传动员工作的主要任务。

红军在所经过的瑶、苗、彝、藏、回等少数民族地区，广泛宣传党反对民族压迫、各民族一律平等的政策，积极争取少数民族上层人物和普通群众的支持。红军长征经过少数民族聚居地区，没有党的群众基础，群众对共产党和红军了解很少，甚至抱有怀疑、恐惧心理，为争取广大群众的支持，党和红军在沿途进行了大量细致、耐心的宣传。

遵义会议后，总政治部在1935年1月19日再次发布《关于争取少数民族的指示》，强调争取少数民族支持的重要意义，并做出具体要求：要严格政治纪律，绝对禁止对少数民族骚扰；要尊重少数民族的风俗习惯和宗教信仰，反对轻视少数民族的“大汉族主义”；要开展对少数民族群众的宣传教育，争取少数民族群众加入红军，并注意培养少数民族干部。1935年5月，根据中央的精神，陆定一撰写《中国工农红军布告》，以红军总司令朱德的名义发布：

中国工农红军，解放弱小民族；一切夷汉平民，都是兄弟骨肉。可恨四川军阀，压迫夷人太毒；苛捐杂税重重，又复妄加杀戮。红军万里长征，所向势如破竹；今已来到川西，尊重夷人风俗。军纪十分严明，不动一丝一粟；粮食公平购买，价钱交付十足。凡我夷人群众，切莫怀疑畏缩；赶快团结起来，共把军阀驱逐。设立夷人政府，夷族管理夷族；真正平等自由，再不受人欺辱。希望努力宣传，将此广播西蜀。

布告通俗易懂地揭露了四川军阀的罪行，准确阐明中国共产党和红军的宗旨、任务、政策和纪律。之后还发布《藏区十要十不要》《回区十要十不要》等布告，严格红军纪律和行动，尊重和保护少数民族宗教信仰自由，都对红军顺利地通过少数民族地区，瓦解敌人包围圈发挥了重大作用。“红军绝对保护回家工农群众利益！”的标语至今仍镌刻在柯渡镇回辉村清真寺的外墙上，当年村里曾有13名回族青年志愿报名参加了红军。中国共产党的民族政策宣传，不仅有助于沿途少数民族群众了解并认同党的民族政策，而且在动员群众、壮大队伍、对敌统战、赢得支持等方面起了非常重要的作用。

长征是播种机，在少数民族地区播下了革命的火种，应该说在少数民族地区是非常典型的，革命火种的余晖及影响甚至到此后的抗日战争、解放战争时期都发挥了重要的作用。红军在长征期间能够很好地执行民族政策不是偶然的，而是因为中国共产党所进行的革命斗争目的就是解放中国各民族受压迫的人民。早在中国共产党成立的第二年，中国共产党就发表了关于民族政策的宣言，即解放中国境内的各民族，这是过去任何反动统治阶级都做不到的。

1935 年 5 月，刘伯承率领红军先遣支队进入四川彝族聚居区，开展宣传活动。刘伯承与彝族沽鸡部落首领小叶丹歃血为盟，结为兄弟，并成立了中国工农红军彝民沽鸡支队，扩大了党和红军的影响，留下了一段传奇和佳话。

以此传奇为例，可进一步深入剖析共产党在少数民族居住区的宣传动员如何贯彻。结盟传奇也许会令人产生这样的疑问：怎么会那么快就结盟？要知道此前在彝民区，没有红军的地下工作者，刘伯承到了之后，马上就能够结盟是难以想象的，尤其令国民党难以置信。蒋介石指望红军经过彝族聚居区时借用彝族人民的力量来堵截红军，因为在历史上基本上都很难通过彝民区，比如诸葛亮要七擒孟获才把他降服，当年石达开在安顺场会失利，就是因为通过彝民区的时候发生了很多矛盾。

红军过彝民区，关键靠的是党的民族解放政策宣传和执行。自古以来，中国就是一个多民族国家，历代王朝对少数民族主要采取安抚、和亲等政策，较好地促进了多民族国家的发展。在长征中，红军始终严格执行中国共产党的民族政策，为确保大部队顺利通过少数民族地区，实现红军长征的战略计划奠定了坚实的群众基础。但是红军在进入少数民族地区时其实并不顺利，进入前上级对红军战士规定碰到彝族同胞不许开枪，红军严守纪律，但受到欺辱因为语言不通也不能用其他办法，如贴标语，或者拿大喇叭喊话，那么怎么跟对方交心？红军过彝民区之前，采取了打前站的措施，占了汉彝交界的冕宁县城。过去历代的中国封建统治者一直到军阀，都实行一种非常野蛮的政策，彝民下山后关在监狱里，甚至有时候抓一些彝民的头领要钱来赎，用这种方法来镇压彝民。而红军进入冕宁县城之后，把关押的彝民百姓全放了，并且给他们钱，给他们医治，找懂彝语的向他们宣传红军是解放劳苦大众的，把他们放走。在黑牢里长时间吃不饱穿不暖、随时有死亡危险的几位彝族同胞感动不已，直接参加了红军，放回去的人也起了很大的义务宣传员的作用，讲红军队伍跟原来的队伍不一样。因此，彝民一看是这支红军军队接近了，便没展开攻击，彝民首领小叶丹出来跟红军沟通。早在红军长征之前，中国共产党就制定了一系列民族政策，明确提出了各民族的解放斗争是全国人民解放斗争中不可分割的一部分，指出西藏、新疆等地区的少数民族是革命动力的重要组成部分。刘伯承讲明中国共产党执行的民族政策，正因为这些政策维护了彝族同胞的利益，因而得到了他们的真心拥护。刘伯承和小叶丹歃血为盟后，邀请小叶丹到红军的宿营地做客，临别之际，刘伯承将一面写有中国彝民红军沽鸡支队的队旗授予小叶丹，任命他为支队长。因为有了小叶丹的帮助，红军快速通过彝民聚居区，把国民党军视为步步惊心的彝族地区，变成了一条可以安然通过的坦途。

同样，1936 年 5 月，红一方面军主力进入七营川附近。这里是回民聚居区，做不好回民工作，便无法立足。红军展开了细致的团结民族同胞宣传动员工作，向部队发布了三大禁令：第一，严禁驻清真寺；第二，不准吃猪肉，不准提“猪”字；第三，不在回族聚居区筹款，不打回族同胞的土豪。部队中掀起了尊重回族同胞、帮助回族同胞的热潮。在西北高原上，吃水是困难的，有的村庄，要到十几里以外的山下去挑水，红军开展了“满缸水”运动。了解到回族同胞是最爱清洁的，红军就帮助他们打扫街道和院子，还把打土豪得来的粮食分给穷苦的回族同胞。这样，就得到了回族同胞热烈的拥护。回族同胞最讲感情和信义，他们称赞红军是“仁义之师”，是“回民的军队”。

红军一路长征，经过了十几个少数民族聚集的地区，但是时间最长的是藏族地区，1935 年 6 月中央红军和红四方面军汇合之后，就进入藏族区域，红一、四方面军汇合之后兵力将近 10 万人，如此大数量的人马进入藏族地区其实困难重重。进入藏区以后，中国共产党做了大量细致的工作，执行一系列非常严格的规定，尊重他们的风俗习惯和宗教信仰，规定部队不许进入寺院，专门对战士进行教育，了解喇嘛教的风俗习惯。到了藏族地区，不能实行打土豪政策，要跟藏族上层建立统战关系。尤其在阿坝地区停留了差不多半年之久，如此贫瘠的地方，几万红军待半年之久，不跟藏民建立良好的关系根本不可能实现。但是红军不仅得以存续，还建立了政府并发动了群众。长征途中，为使藏族人民真正获得解放，红军积极主动帮助藏族人民建立了多个民族自治政权，组建少数民族武装。1935 年 10 月，红四方面军占领丹巴后，建立了丹巴县苏维埃政府，同时组建了独立团和游击队，后扩编为丹巴藏民独立师，在红军离开藏区前发展到 2000 余人，成为红军在当地活动的一支重要辅助力量。

红军一路上不断宣传民族政策，不仅团结了藏民，也团结了僧众，大名鼎鼎的苏本活佛对红军态度的转变就是其中的典型事例。红军当年在藏区留下的影响对于后来和平解放西藏都发挥了重要作用。红军长征的伟大历程表明，一个伟大的政党，一支伟大的军队，有着可以跨越民族社会发展形态的无穷魅力。

在万里征战的过程中，给予红军热忱帮助的不只是少数民族的普通百姓和活佛僧众，就连居于少数民族地区权力金字塔顶端的土司也有向红军伸出援助之手的。红军进行脱离根据地的万里远征，最大的顾虑之一就是无处安置伤病员，藏族同胞用他们宽厚的怀抱收留了大批红军伤病员，仅留在康北的伤病员就达数千人。那么红军得到不同阶层藏族同胞热爱的根本原因是什么呢？因为中国共产党的民族政策宣传和执行。当中央红军经过回族同胞聚居区的时候，发现回族同胞对红军非常友善。原来之前红二十五军经过回族同胞聚居区时，规定非常严格，除了三大纪律、八项注意之外，又遵守回族人民的风俗习惯，增加了如禁止部队吃大荤等三大禁令，上下严格执行，让回族同胞认识到红军是跟旧军阀完全不同的军队。红军一路走，一路播撒革命的火种，充分显示了中国共产党是一个全心全意为人民服务的政党，红军是一支为人民利益而战的革命军队，一路收获少数民族同胞的信任和支持。

第三节　抗日救国宣传

北上抗日是统领红军长征战略方针演变的行动指南。长征过程中，中国共产党领导工农武装为实现“北上抗日”同国民党武装进行了顽强斗争，将反蒋斗争与抗日宣传相结合，不仅打退了国民党军队的进攻，而且使全民族抗战思想深入人心，壮大了抗日队伍，为全民族抗日战争的形成做了充分准备。尽管红军长征初期是从被迫的战略退却开始的，抗日主张和宣传也有一定局限性，但是随着“北上抗日”战略方针的明确提出，抗日宣传日益深入开展，把长征初期消极被动的战略退却转变为奔赴抗日前线的积极伟大的战略进军，化危为机，具有十分深远的意义。可以说，如果离开中国共产党和红军出色的抗日宣传动员，就没有长征的胜利，更不会在短时间内建立起全民族的抗日统一战线、把国内革命战争与民族解放战争紧密地结合起来。

一、文告宣传

长征时期，国共阶级矛盾与中日民族矛盾交织，特别是民族矛盾日益上升，各地抗日救亡运动风云激荡。中央红军从被迫退出中央革命根据地，高举着抗日反蒋的旗帜开始长征，到后来明确提出“北上抗日”的战略方针，中国共产党把战略转移与北上抗日的方针灵活结合起来，“北上抗日”逐步成为长征十分明确的奋斗目标。中国共产党及其领导的各路主力红军高举抗日救国旗帜，以文告即发布宣言、告知书、指示信等形式，极力宣传抗日救国主张。

中国共产党是中国抗日战争的最早倡导者和发动者，以行动践行自己抗日主张的同时，为民族危机的解决提供了努力的方向。早在“九一八”事变后，中共中央就连续发表宣言和决议，旗帜鲜明地提出了坚决抗日的主张，号召全国掀起反对日本帝国主义侵略东北的抗日斗争。中华苏维埃共和国临时中央政府主席毛泽东于 1932 年 4 月 15 日发表《对日战争宣言》，正式宣布对日战争。其后，针对日本帝国主义侵略中国的态势和步骤，中共及时而不断地提出警告，反复向全国发出抗日号召，坚毅地向全党做出抗日的部署。然而，国民党在“攘外必先安内”的反动方针下，先后对红军和各革命根据地展开了一次比一次规模大的军事“围剿”。1934 年 5 月，中共中央书记处做出决定，准备将中央红军主力撤离根据地，并获共产国际同意。中央先后决定红七军团改称北上抗日先遣队，前往闽浙赣边区与红十军团会合，组成红十军团，择机北上，从1934年6月底7月初开始，中央苏区主力红军突围转移的准备工作，就在“北上抗日”“一切为了保卫苏维埃”“坚决粉碎敌人第五次‘围剿’”等口号的掩护下开展起来。在各项突围准备工作中，红军始终把抗日宣传放在重要位置。长征途中，三大主力红军、两大北上抗日先遣队上演了一场抗日宣传的壮丽诗篇。

1934年7月，为策应中央苏区反“围剿”斗争，由中国工农红军第七军团组成的抗日先遣队向闽浙赣方向东征、北上，并对北上抗日行动相应的宣传动员工作做出部署。中共中央于1934年7月5日对此发布政治训令，明确把大力宣传党的抗日主张、推动及发展抗日民主运动作为其重要任务之一。政治训令规定红七军团是“高举着中国工农红军抗日先遣队的旗帜而行动”，由此必须大力宣传党的三个基本的口号，并通俗且不懈怠地去解释：一是武装民众、推动民族革命战争，反对日本及一切帝国主义，保卫中国独立自由与领土完整；二是民族革命的战争胜利是以推翻国民党的卖国统治为先决条件的；三是民族革命战争的领导者只有苏维埃和红军，要最广泛地宣传苏维埃政府与红军提出的订立抗日作战协定的三个条件，对中共中央近日提出的反日作战五大纲领做出宣传解释。红七军团作为抗日先遣队在接到训令后，积极贯彻党中央的上述指示精神，对敌作战的同时广泛展开政治宣传。红七军团携带了近160万份传单，内容主要集中在反日反帝、保卫中国独立自由与领土完整等方面，这些来自党及苏维埃中央和军委的传单在行军途中被广为传播，如“中国能不能抗日”“拥护红军北上抗日运动”“一致对外——驱逐日本帝国主义出中国”等口号。

长征途中，各主力红军通过各种可能的渠道及时获取和把握日本侵华及国内各政治派别的趋向和政治动态，始终坚持抗日救国宣传，并把它作为重要的策略与方针。中华苏维埃共和国中央政府、中国工农红军革命军事委员会于1934年7月15日共同颁发了《为中国工农红军北上抗日宣言》，此宣言对红军北上抗日的主张向民众做出阐释。《红色中华》同时对抗日先遣队进行跟踪报道。《红色中华》8月1日第一版用加粗大字刊出宣传口号“拥护红军北上抗日，全中国的民众总动员起来！为驱逐日本帝国主义解放中国而战!”，在此口号下公布《为中国工农红军北上抗日宣言》。同期还发表了《毛泽东同志谈目前时局与红军抗日先遣队》，此文章是红色中华社记者就宣言一事专门采访中华苏维埃共和国中央政府主席毛泽东的报道，一方面揭露了日本帝国主义加快侵略中国的计划，而另一方揭露了面国民党政府妥协卖国的种种行径。此后《红色中华》各期刊登抗日先遣队的来电，都放在显著位置。7月26日，党中央发出《关于红军北上抗日行动对各级党部的工作指示》，对红军北上抗日的行动、各级党部的工作进一步做出补充指示，明确各级党的组织应该担负的宣传任务，指示其运用各种文字与口头的宣传，给群众广泛、通俗地解释红军北上抗日先遣队的行动意义，以此证明中国工农红军与苏维埃是武装民众的民族革命战争的唯一的领导者，讲明苏维埃与红军一贯坚持的彻底抗日政策。

随着中日形势的变动，党中央和红军相继发布多个文告，不断宣传党的抗日救国主张。1935年6月15日，此时红军长征到达懋功，面对日益加深的民族危机，党中央以中华苏维埃共和国中央政府和中国工农红军革命军事委员会的名义发布《为反对日本吞并华北和蒋介石卖国宣言》，明确指出：“目前中国的唯一救亡办法，只有团结一切反日反蒋的民众，站在一条战线上来打倒我们共同敌人——日本帝国主义、蒋介石及蓝衣社匪徒!”①

华北事变后，国家和民族已处在生死关头，中共驻共产国际代表团代表中华苏维埃中央政府和中共中央在1935年8月1日发表《中国苏维埃政府、中国共产党中央为抗日救国告全体同胞书》，即“八一宣言”。“抗日则生，不抗日则死，抗日救国，已成为每个同胞的神圣天职!”② 宣言发出振聋发聩的呼吁，应停止内战才能集中举国之力投入抗日救国的神圣事

① 中共四川省委党史工作委员会．红军长征在四川［M］．成都：四川省社科院出版社，1986：396.

② 中国人民解放军历史资料编审委员会．红军长征·文献［M］．北京：解放军出版社，1995：598.

业。宣言不仅进一步亮明中国共产党的坚决抗日态度，并且提出具体的实施方案，向全国同胞郑重宣言：只要国民党军队实行对日抗战、不再进攻苏区，红军即刻与之联手一道救国。强调组织全中国统一的国防政府和抗日联军，把任何愿意参加抗日救国的力量联合起来，同时提出抗日救国十大方针，具有强大的号召力。

与此同时，长征中的党和红军在面临险恶的军事斗争情况下，也根据时局的变化把党的系列抗日救国主张在沿途积极宣传。作为策应中央红军长征的红军北上抗日先遣队，在沿线散发《为中国工农红军北上抗日宣言》《中国工农红军北上抗日先遣队告农民书》，大力宣传党的抗日救国政治主张。

首先到达陕北的中共中央相继发布一系列指示信或文告，向全体党员、红军战士及广大民众宣传党的抗日救国主张。如 1935 年 10 月初到陕北的中共中央发出反日讨蒋的秘密指示信，强调“目前反日讨蒋是党的主要任务”“统一战线是抗日反蒋的总的策略”①。1935 年 11 月以中华苏维埃共和国中央政府及中国工农红军革命军事委员会名义发布抗日救国宣言，提出组织抗日联军与国防政府的十大纲领。12 月中共中央召开瓦窑堡会议，明确提出党的最广泛的民族统一战线策略的总路线，即“不但要团结一切可能的反日的基本力量，而且要团结一切可能的反日同盟者，是在使全国人民有力出力，有钱出钱，有枪出枪，有知识出知识，不使一个爱国的中国人，不参加到反日的战线上去”②。随后，毛泽东发表《论反对日本帝国主义的策略》，系统阐述了党的抗日救国主张。

长征中，红二、六军团大力宣传抗日救国主张，中华苏维埃共和国中央革命军事委员会湘鄂川黔分会于 1935 年 8 月 26 日发表《为号召全国民众保卫中国、反对日本帝国主义的侵略、打倒卖国罪魁蒋介石的宣言》。红二、六军团在长征中，于 1936 年 2 月在贵州毕节印制《为抗日讨蒋告工

---

① 中央档案馆．中共中央文件选集：第 10 册［M］．北京：中共中央党校出版社，1991：561-564.

② 中央档案馆．中共中央文件选集：第 10 册［M］．北京：中共中央党校出版社，1991：605.

农兵民众爱国战士书》，号召川、滇、黔广大工农和一切爱国力量与红军联合抗日。

1935 年 6 月 15 日，中华苏维埃共和国中央政府发表《为反对日本并吞华北与蒋介石卖国宣言》，表明继续对日作战，号召全国民众行动起来，动员中国所有民众，组织成立反日会、义勇队、没收日货队、运输队、救护队、宣传队，共同参加反日的神圣战争。“目前中国唯一的救法，只有团结一切反日反蒋的民众，站在一条战线上来，打倒我们共同的敌人。”① 紧接着，11 月 28 日，中华苏维埃共和国中央政府、中国工农红军革命军事委员会发表《抗日救国宣言》，向全国人民宣告：“不论任何政治派别、任何武装队伍、任何社会团体、任何个人类别，只要他们愿意抗日反蒋，我们不但愿意同他们订立抗日反蒋的作战决定，而且愿意更进一步同他们组织抗日联军与国防政府。”② 并提出抗日救国十大纲领。

长征期间，中国共产党指挥红军粉碎了蒋介石扼杀中国革命的企图，为抗日战争保存了骨干力量。在整个长征过程中，红军进行了广泛的抗日宣传活动，团结和壮大了大批抗日力量，为全民族团结抗战奠定了重要的思想基础并提供了人力保障。尤其是“北上抗日”方针的明确提出，使党和红军由长征初期的战略退却转变为奔赴抗日前线的伟大进军，成为开创抗日民族统一战线的先行者。长征为实现全民族抗战做好了充分准备，永垂不朽的长征精神指引着中国革命不断走向胜利。中国共产党在长征中主动顺应时代要求，把国内革命战争与民族解放战争有机结合起来，在北上抗日的旗帜下完成战略转移，使长征与抗日合力，从而扭转了中国革命的危局。

二、报刊宣传

《红星》作为红军总政治部的机关报，也是军委唯一的机关报，被誉

---

① 中国人民解放军历史资料编审委员会．红军长征·文献［M］．北京：解放军出版社，1995：510.

② 中国人民解放军历史资料编审委员会．红军长征·文献［M］．北京：解放军出版社，1995：875-876.

为“革命战争的一只有力的喇叭”。《红星》于1931年12月11日在江西瑞金创刊，从创刊到1933年8月，共出版35期，张茹心任主编，后改为红军总政治部主办。1933年8月邓小平担任红军总政治部秘书，接替《红星》主编。1934年10月，红军开始长征。在邓小平带领下该刊由铅印改为油印。1935年1月后，《红星》改由陆定一任主编。1935年8月，红军长征进入川陕甘地区，《红星》终刊，从创刊至终刊历时近4年，共出版129期。

在长征期间极其艰苦的环境下，缺乏报刊书籍，加之红军战士文化水平较低，《红星》在红军长征中出版近30期，一路伴随着广大红军战士，是他们的良师益友。《红星》的报道中涉及不少抗日救国宣传。如1935年3月4日出版的第11期《红星》，登载了反对蒋介石对日妥协的文章，如《卖国贼国民党正式实行中满通邮》，报道了通过谈判，蒋介石国民政府与日本在东北扶植的傀儡政权伪满洲国通邮的事件，内容称“上海来信：卖国贼国民党在塘沽协定之后，早已秘密承认日本帝国主义的要求，实行与日满洲国通邮，以便实行承认满洲国，但当时因为全国民众激烈反对，国民党还不敢公开宣布。至去年十二月三十日，国民党已不隐讳，邮政总局发出通告，从今年一月十日起往来中国满洲国间的邮件，由山海关古北口转递机关承转，包裹与兑汇则自二月一日起办理。一切邮件不准贴中国邮票，须另贴特种邮票”①。蒋介石与伪满洲国通邮，等于变相承认了伪满洲国的合法地位，默认了日本帝国主义侵略东北的事实，揭露出“九一八”事变后蒋介石国民政府对日外交的屈辱妥协政策。《红星》将此事进行公开报道，向红军战士和民众表达了党和红军的抗日主张，起了积极的抗日宣传作用。

1935年3月10日第12期《红星》，开辟“俘虏兵们的谈话”栏目，做了国民党“反日士兵被杀”的情况报道。比如反映吴奇伟强迫士兵追击红军，沿途屠杀打骂，抛弃与不顾伤病员；三五成群的士兵聚在一起交谈，纷纷表示要到北方抗日，不愿打红军；五十九师三五一团的士兵黄福

① 卖国贼国民党正式实行中满通邮［N］．红星报，1935-03-04.

生因要求北上抗日，被官长指为“私卖子弹”枪决了。①

三、标语口号宣传

标语口号因言简意赅、朗朗上口，深受群众喜爱，在群众中的宣传动员效果明显。红军长征中在各地也留下了数量可观的抗日救国宣传标语口号，在长征途中振奋人心，鼓舞士气。口号标语宣传在中国共产党进行抗日宣传工作时最普遍、最简便，它可以是纸印的传单形式，也可以是粉笔标语，更可以是石刻，动员和号召群众爱国抗日，因其普遍性强而让群众耳濡目染。抗日宣传队在进行标语宣传时也会分为粉笔队、石刻队等。粉笔队利用石灰在墙壁上写党的抗日宣传标语、口号。石刻队则和粉笔队不同，大多是刻短小精悍的标语，语言也尽可能通俗易懂，比较有名的是川陕革命根据地的石刻标语，至今仍有保留。

在四川保留了大量红军长征途中刻下的抗日救国标语。如“蒋介石和日寇订立了出卖全中国的密约，出卖全中国，我们要救国，首先要打倒蒋介石”（天全县乐英乡安乐村郭家嘴）②，石碑上的红军石刻标语“要救中国，要不当亡国奴，就要武装起来抗日反蒋去！”（雅安市雨城区中里镇建强村三组中和桥），以及“中国快要亡国了！只有抗日反蒋，才能自救救国”（雅安市雨城区上里镇六家村），石牌坊刻的标语“联合红军一同去打日本及一切帝国主义！”（雅安市雨城区四家村）③，等等。

甘肃红军留下的抗日救国标语数量可观。这些标语口号的内容包括抗日反蒋，如“共产党是领导全国民众抗日的政党。一切真正抗日反蒋的人民都可来参加共产党”“卖国头子蒋介石，是中国民众军队的唯一敌人，打倒蒋介石，中国才不会亡于日本”④ 以及“日本强盗和汉奸蒋介石是中

---

① 俘虏兵们的谈话［N］．红星报，1935-03-10.

② 中共四川省委党史研究室．红军长征在四川图志（下）［M］．成都：四川人民出版社，2016：480.

③ 中共四川省委党史研究室．红军长征在四川图志（下）［M］．成都：四川人民出版社，2016：487-489.

④ 甘肃省博物馆．红军长征在甘肃的文物［M］．兰州：甘肃人民出版社，1982：32.

国人民的大敌!”还包括联合抗日宣传，如“一切不愿当亡国奴的军民联合红军抗日反蒋!”“不愿当亡国奴的民众自动起来成立抗日革命协会!”“联合各党各派的抗日力量一致对日作战!”① 还有成立抗日组织宣传，如“不愿当亡国奴的民众自动起来成立抗日革命委员会”② 等。

红军长征在贵州留下了内容丰富的抗日救国宣传标语。如留存于长顺县城郊的“拥护苏维埃中央政府对日作战”；锦屏、遵义西安乡等地留下的“全国民众总动员，为保卫中国而战”；台江平兆场、赤水元厚发现的“反对帝国主义瓜分中国”口号；遵义市北大街的“加入红军打日本帝国主义去”；遵义枫香的“白军弟兄联合起来同红军北上抗日”。特别是红军在贵州榕江朗洞驻扎期间，署名“红全体宣”的、刻在大门外墙两边的标语，对苏维埃政府抗日主张及白军士兵抗日六条纲领全数进行注明，一边是《苏维埃政府抗日主张》规定的5条内容：动员全中国的海、陆、空军对日作战！动员全中国的民众去对日作战！拿一切武器来武装全中国的民众！从日本帝国主义商人、资本家及一切汉奸卖国贼的身上去取得反日战费！成立全国民众抗日战争的领导机关！而另一边是《白军士兵抗日六条纲领》，包括要求北上抗日，要求士兵抗日的集会、结社、言论、行动自由，改良士兵生活和待遇，约定红军双方互派代表，订立停战抗日同盟等，从统战的角度宣传群众，并通过抗日主张宣传来瓦解敌军。

对这些标语口号进行内容分析，可十分清楚地分析出党的抗日宣传工作发展脉络，紧密围绕抗日救国的前提下，重点发生了迁移，如发表“八一宣言”后，中国共产党抗日宣传的口号标语也由“一二·九”运动时的“各党派联合起来”变成了“停止内战，一致抗日”“反蒋抗日”也在经历了“逼蒋抗日”后最终变为“联蒋抗日”。

长征途中，中国共产党已经比较成熟地运用口号标语开展抗日宣传工作，口号标语在长征沿途随处可见，成为宣传党的抗日救国主张和方针必不可少的手段。

---

① 甘肃省博物馆.红军长征在甘肃的文物［M］.兰州：甘肃人民出版社，1982：35-36.

② 甘肃省博物馆.红军长征在甘肃的文物［M］.兰州：甘肃人民出版社，1982：37.

四、文艺宣传

党中央还积极领导开展多种文艺活动进行抗日救国宣传动员，在长征中，要求政工干部和宣传人员用直观形象、生动简洁的形式进行抗日动员。

歌曲。红军在长征途中表达理想信念的重要方式是一路高歌，编写了大量抗日救亡歌曲，这些歌曲饱含爱国情感和英雄气概，既激励了红军斗志，也生动地宣传了抗日思想。如开始长征后，红二方面军分了三个宣传队，其中一个分队被大家誉为“红二方面军音乐队”，运用演奏、唱歌等形式进行抗日宣传。还有莫休谱写于二次遵义战斗中的《凯旋歌》，歌词唱述道：“高举起来我们胜利的红旗，看日本强盗和汉奸正在死亡和崩溃。我们铁的红军胜利了，打坍了卖国贼，杀开条抗日的大道，走上抗日的最前线去，我们要争取最后胜利，胜利是我们。勇敢前进，勇敢前进，红军胜利万岁。”① 英勇顽强、鼓舞人心，使听者受到感染，同时激发唱者浓郁的情感。红军巧渡金沙江中所传唱的歌曲旋律优美、内容感人：“金沙江流水响叮当，常胜的红军来渡江，不怕水深河流急，不怕山高路又长。渡过金沙江，打倒狗刘湘，消灭反动派，北上打东洋。”② 该歌曲形象表达了红军抗日反蒋、巧渡金沙江的豪迈与顽强。其间组建的川滇黔抗日先遣队还留下了数量可观的诗歌，其中不乏抗日救国宣传、立场明确的诗歌，如有一首写道：“川滇黔抗日先遣队，动员各族人民齐抗日。川黔白军起义当红军，抗日救国万众一条心。”③ 这些诗歌起了很好的抗日宣传效果。

戏剧。戏剧宣传是利用演员扮演某种角色、当众表演故事的综合舞台艺术，绘声绘色地展现党和红军主张的宣传方式。中央红军在转战贵州北部期间，自编舞台剧宣传红军的抗日救国方针。1935 年 1 月 8 日，到达遵

---

① 《星火燎原》编辑部．星火燎原 2：纪念红军长征五十周年专辑［M］．北京：解放军出版社，1986：464.

② 《星火燎原》编辑部．星火燎原 2：纪念红军长征五十周年专辑［M］．北京：解放军出版社，1986：109.

③ 董有刚．川滇黔边红色武装文化史料选编［M］．贵阳：贵州人民出版社，1995：134.

义县鸭溪的中央红军第三军团在万寿宫演出了《反对卖国投降》，这出活报剧用喜剧的形式揭批了国民政府的对日妥协政策。剧情具体反映的是：场中壁上挂着中国大地图。蒋介石、日本人先后出场，日本人对蒋叽里咕噜讲了几句日语，蒋就剪下地图上东北四省送与他。然后法国人出场，指一指地图，蒋又把广西、云南、贵州三省剪下交给法国人。最后英国人出场，指一指地图，蒋又把广东、江苏、福建、浙江剪下给他。此时幕后骤然响起雄壮的歌声："起来，不愿意做奴隶的人们！起来，饥寒交迫的奴隶！"一队红军随着歌声上场，把蒋介石及日、法、英帝国主义者团团包围，一并打倒在地。① 栩栩如生地展现了蒋介石的对日妥协，最后的剧情是红军将蒋和帝国主义打倒，向广大农民展现了反动派并不可怕，号召农民加入抗日队伍，只要大家团结一心、奋起抵抗，就一定能取得抗战胜利。在长征途中物资极度匮乏的条件下，这些剧目的编排和表演都显得较为粗糙，艺术性与思想性都有待进一步推敲，但在当时文化活动十分匮乏的民众生活中，这种直白生动的表演形式向贵州贫穷落后的民众宣传了中国面临的局势以及党和红军的抗日救国主张。

漫画。漫画是用简洁生动的方式描绘生活的图画，还配有文字，图文并茂，不仅能够直观地让文化程度不高且识字不多的老百姓了解其中表达的意思，也直接或隐晦地表达了作者的态度，达到讽刺或者赞美的目的。事实证明，漫画具有很好的宣传效果，为识字不多的老百姓所喜闻乐见。在苏区时期，中国共产党就普遍采用漫画宣传，因而红军长征中也十分重视这种宣传方式，包含了诸多抗日宣传的内容。如中央红军长征经过贵州东南的黎平时，曾在黎平县政府门口两边墙上画了两幅主题为"蒋介石出卖祖国"的漫画，其内容是根据20世纪30年代的调查访问所画，其中一幅注有"出卖祖国"四个大字，画有中国地图的一个大地球，旁边有一个国民党军官用刺刀将地球切成两半。另一幅是：一位身穿和尚服、脚踩木屐的日本人，面对着山海关城楼，背上还背着溥仪，而身穿中山服的蒋介石站在日本人前面，拉着他们向山海关走。这些漫画运用象征、夸张、暗

① 董有刚．川滇黔边红色武装文化史料选编［M］．贵阳：贵州人民出版社，1995：227.

示等手法，构成具有直观视觉冲击力的画面，通过这些通俗易懂的漫画，当时的老百姓很快就明白蒋介石是出卖祖国的罪魁祸首，是抗日战争的破坏者，是日本侵略者的帮凶。这些内容的漫画在当时种类繁多，并且被红军随走随贴，上至老人，下到小孩，都能直观轻松地接受，漫画给老百姓留下深刻印象，起了很好的宣传效果。

五、书信宣传

在革命战争年代，书信是信息传递与情感沟通的重要渠道。长征前夕及长征途中，红军领导人利用书信的方式跟国民党地方实力派取得联系，向他们传达中国共产党的一贯抗日救亡主张。如广东实力派陈济棠于 1934 年 9 月收到朱德来信，信中陈述了关于抗日反蒋的观点："日本帝国主义大侵略，愈趋愈烈，蒋、汪等国贼之卖国，亦日益露骨与无耻。华北大好山河，已沦亡于日本，东南半壁亦岌岌可危。中国人民凡有血气者，莫不以抗日救国为当务之急。抗日救国舍民族革命战争外，实无他途，而铲除汉奸卖国贼尤为民族革命战争胜利之前提。"① 这封信言辞激昂、立场明确，为说服广东实力派陈济棠为抗日红军让道，从而使长征红军顺利通过陈济棠防区的第一、二道封锁线提供了帮助。中央红军在长征初期很短的时间内就突破了第一、二道封锁线，陈济棠的部队在其防区内基本上没有堵截，减少了红军部队的损失。1935 年 5 月 17 日，中央红军先头部队长征通过四川德昌城时，红军总参谋长刘伯承给驻守德昌城的川康边防军 16 旅旅长许剑霜送去一封信。许剑霜在 1926 年的顺泸起义中曾在刘伯承领导下担任过团长。刘伯承在信中追述旧情，宣传红军的抗日救国主张，希望其不要与红军为敌。许旅长收到信后，权衡利弊，接受了刘伯承的意见，许部和红军刚一接触，许剑霜即下令部队撤退，使红军较快占领德昌城并顺利前进。

综上，中国共产党长征过程中的抗日宣传动员，为全面抗战的胜利准

① 中国人民解放军历史资料丛书编审委员会．红军长征·文献［M］．北京：解放军出版社，1995：46.

备了条件，具有鲜明的特点：第一，以团结人民为目的，引起了群众共鸣。中国共产党在进行抗日宣传工作时始终把团结人民作为自己工作的目标，为了实现这一目标，党的宣传工作一直寻找可以团结群众抗日、引起群众共鸣的方式。关于如何做到团结人民群众抗日救亡，党中央发现仅依靠标语和口号的方式，不仅受众范围小，而且需要主客观因素共同作用，宣传效果不明显且浮于表面，只有深入群众、切身体会群众最实际的问题，把这些问题和抗日主题结合起来，再用戏剧、歌曲等喜闻乐见的方式进行宣传动员，才更能达到效果。而且这些宣传语句要简明，事实说明要生动，涉及范围要广泛，宣传过程中不能教条主义，要因时因地不断创新，以新颖的方式进行宣传，才能动员全体中华儿女联合起来共同抗日。第二，以抗日救亡为主题，注重现实性和灵活性。党的抗日宣传工作以抗日救亡为主题，根据时局的转换，灵活变换方式，抗日宣传要更注重与时局相结合，在思想上实现与人民共通，才能获得更好的宣传效果。因此华北事变后，中国共产党就利用全国蓬勃的反帝热潮进行抗日宣传，更趁热进行建立统一战线的号召，在这种主客观条件作用下，许多有抗日思想的爱国人士更容易接受中国共产党抗日统战思想，并向更多其他党派的人进行宣传。随着民族危机日益严重，中日矛盾上升为主要矛盾，党更加灵活地转变抗日宣传方向，尤其在白区宣传时绝口不提阶级矛盾，把中日矛盾作为重点，对白区的上层爱国人士使用“外交”方式述说抗日统战主张，让他们放下戒备。在中国共产党这种策略下，许多国民党将领和元老们实际已经接受了共同抗日。第三，以行动为表率，抗日思想和抗日行动逐渐结合。中国共产党的抗日宣传动员把思想与行动结合起来，使“抗日宣传鼓动工作”同“最迫切的任务”联系起来。在中日矛盾上升为主要矛盾之际，全国人民都渴望国民政府抗日，蒋介石却仍奉行不抵抗方针。这种情况下，中国共产党的抗日行动和国民党军队的“不抵抗”形成了鲜明对比，表现出中国共产党的抗日决心，让党的抗日宣传工作更有说服力，更有利于抗日动员。红军长征胜利后，文化界的爱国人士鲁迅和茅盾都写信祝贺红军，表达自己对红军抗日的信心。中国共产党将抗日主张和行动相结合的做法鼓舞了士气，动员了广大民众，为推动抗日民族统一战线、实现抗日战争胜利打下了广泛的群众基础。第四，抗日宣传面广，全方位促成抗日民族统一战线。1935年瓦窑堡会议后，党中央的方针转变为“反蒋抗日”、推动建立抗日民族统一战线成为党宣传动员的重要任务，中国共产党的抗日统战宣传在各个方面展开。比如在对白军将士进行宣传时，把宣传的重点放在反蒋抗日、建立抗日民族统一战线方面，采用各种口号对白军弟兄进行宣传，白军将士也是有血有肉的人，一些激昂的口号彻底激起了国民党将士的抗日热情，让他们接受了统战。除此之外，中国共产党还利用国民党内部各派军阀矛盾进行抗日统战宣传，效果极好。而针对红军的宣传动员，则集中于巩固和提高部队的战斗力。战斗开始前，会根据不同战役的特性，提出宣传口号，鼓舞抗日热情。党中央还在沦陷区进行反奴化教育，甚至通过在国际上创办《救国报》，邀请外国记者到根据地采访等方式进行对外宣传，争取国际社会和海外华侨支持。中国共产党不放弃任何一类可以联合的人，全方位、多层次宣传抗日统一战线主张，宣传面之广难以想象，而且对待不同对象、不同形势采用不同的手段，为抗日民族统一战线的建立奠定了广泛的社会基础。

中国共产党是抗日民族统一战线的首倡者和领导者，引领中国人民找到了抵御日本侵略者的正确道路。中国共产党紧紧围绕抗日救亡的主题进行宣传动员，方式灵活多样，针对性强，又配合行动，对于凝聚民心、鼓舞士气、提高军队战斗力、唤醒群众觉悟、争取外援支持、争取抗战实力、壮大抗日力量具有重大意义。长征途中中国共产党高举抗日救亡旗帜，坚决反对日本侵略者，组织号召全民族抗日，对扭转革命危机具有十分重要的作用。

首先，唤醒民众觉悟，壮大抗日力量。在中国共产党的抗日宣传下，无数的学生弃笔从戎，加入抗战队伍。可以说，抗战时期学生的踊跃参军、抗日政权的日益壮大都和这个时期党的抗日宣传有着密不可分的联系。还有一些民众虽然没有参军，但在党的宣传下，自发组成抗日救亡团体，积极捐款、捐飞机。一些文化界知名人士也受党抗日宣传的影响，在各大报刊发表文章支持抗战。可以说，全面抗战时期全国人民能一致抗日，与长征时期党的抗日宣传密不可分。这是一场艰难的战争，是在蒋介石不抵抗方针和日本奴化教育下抢下来的胜利，是对全体国民的精神动员，在党的宣传下，中华民族爱国精神被唤醒。

事实证明，中国共产党成功实践了抗日宣传动员工作，在宣传中掌握了民心，壮大了抗日力量，结束了国共内战，推动建立了抗日民族统一战线，掀开了中国抗战史上的新篇章。而且中国共产党推动抗日民族统一战线建立所做的努力也被广大民众记住，赢得了群众的信任，这也为党最终赢得解放战争胜利、成立新中国、带领中华民族“站”起来早早打下基础。

其次，鼓舞士气，提高军队战斗力。日本侵华初期，由于蒋介石的不抵抗政策以及对战日本必败论的舆论传播，再加上中国军队在与日军作战时胜少败多的事实，全国上下尤其是军队普遍士气低沉，对日军存在惧怕心理，非常影响军队战斗力，红军在长征中也受到了这种风气的影响。针对这种风气，党中央认识到在实力落后的情况下，只有高昂的信念和士气才能把抗日救亡继续下去，于是当机立断采取行动，对红军进行抗日宣传，通过各种报刊标语演讲等宣传方式让红军重振士气，把红军变为了一支不可摧毁的力量，提高了军队的战斗力。在党的抗日宣传下，红军的抗日热情也影响到了与红军作战的白军，再加上对蒋介石不抵抗方针的反弹，白军将士抗日士气大涨，全国许多地方军阀发生兵变，要求北上抗日。除此之外，沦陷区的东北义勇军也在党的抗日宣传下，英勇抗击日本侵略者，人人以抗日为荣。

中国共产党的抗日宣传工作扫除了大部分将士的惧日心理，激起了抗日的巨大热情，抗日军队的士气得到了鼓舞，将士摩拳擦掌地想要与日军作战，提高了军队的战斗力。这种军队士气的大涨间接推动了西安事变的发生，是推动建立抗日民族统一战线的重要原因之一。并且全面抗战爆发后，许多将士受中国共产党抗日救亡宣传的影响，以与日军作战牺牲为荣，奋勇杀敌，取得多场胜利。

最后，争取外援支持，增强抗战实力。毛泽东在正式建立抗日民族统一战线前曾经对中国的抗战形势进行过分析，他认为要动员一些力量争取抗战胜利。要尽量团结一切可以团结的力量，这些力量中包括国内的广大民众、国民党、各民主党派、海外华侨以及国际上支持抗日的友人。对于这个方针，党中央在局部抗战时期就开始酝酿，其中张闻天在这方面所做的抗日宣传工作就很能代表党中央当时对外援支持的策略。这里的外援可以分为党外外援和国际社会外援。首先中国共产党在长征途中的抗日宣传从来没有忽略过民众，并且针对不同群众采取了各种不同的措施，也取得了很大的成效，唤醒了广大群众，壮大了抗日队伍。同时，对国民党将士展开抗日宣传，对于国民党上层的宣传动员，则专门提出上层统一战线的方针，争取他们接受抗日统一战线主张。

对于国外，为了争取国际势力的支持，党中央决定以民族矛盾为主，暂缓阶级矛盾，对除日本以外的帝国主义采取温和的方式，还通过去国外办报刊、邀请外国记者到根据地采访、去外国报纸发文等方式向国际社会宣传抗日主张，争取外部支持。

为了争取这些外援，中国共产党还不断创新宣传方式，灵活地针对各个阶层进行鼓动宣传。在这种抗日宣传力度下，中国共产党在长征结束前就争取到了许多党外爱国人士和国际友人的帮助，增强了抗战的实力，为推动建立抗日民族统一战线奠定了舆论基础。

第三章

全民族抗战：应对日本全面侵华的宣传动员

1937 年卢沟桥事变爆发，日本全面侵略中国，将中华民族推向亡国灭种的危险境地。从整体形势来看，日本军国主义的侵略和威胁是中国共产党在此阶段面临的重大危机的根本来源，民族危机步步加深。在国家和民族遭遇空前危机的严峻关头，中国共产党努力建立抗日民族统一战线，实现国共第二次合作，促成全民族的伟大抗战，在抗日民族统一战线中坚持独立自主原则，确立从国内正规战争到抗日游击战争的战略转移，科学地阐明了持久战的战略思想，为最终获得对日作战胜利打下了基础。而中国共产党一系列抗战救亡主张能够广泛传播并贯彻落实，与党的宣传动员工作密不可分。面对危机，中国共产党发挥强大的宣传动员能力，中国共产党共赴国难的努力和卓有成效的爱国主义宣传动员，让国人在危机中普遍感触到做亡国奴的危机和耻辱，也感受到战胜强寇、挽救民族的力量和希望。党的宣传动员工作也相应地从内容到形式，随着战事进展和党的宣传组织机构的完善和宣传工作经验的积累而逐渐拓展。在实际中，缺乏国家民族意识而无意识地与抗战事业保持距离的农民也在中国共产党的宣传动员下，建立起民众救国会等救亡团体，大量农民给中国共产党的抗战队伍送水、送饭、送粮、送情报、筑工事、修道路、抬担架运弹药，冀东、山东等地的农民在 1938 年曾爆发农民的抗日暴动，中国共产党的军队能够长期在敌后开展抗日游击战争，主要也是得到了农民在人力、物力等方面的广泛支持。

第一节　发动一切力量一致抗战

卢沟桥事变的爆发标志着日本侵华全面爆发，中国共产党坚持发动一切有生力量一致抗日，极大程度上把蕴藏在民众中的无穷力量动员起来，集聚资源、汇集伟大抗战力量，真正实现最广泛的、全民族的抗日战争。但在民族存亡的危急时刻，如果不能及时有效地指明抗战前途、说服民众，则不能排除部分群体在“速胜论”的影响下麻痹轻敌，更不能阻挡“亡国论”影响下投敌卖国的可能性。毛泽东对此一语道破：“日本敢于欺负我们，主要原因在于中国民众的无组织状态。”① 为应对日本侵华危机，党在宣传动员方面做了大量工作。

一、号召广大民众投身抗战

为应对民族存亡危机，中国共产党推动和领导了持久而广泛的宣传动员，时间的持久性和地域与对象的广泛性可以说是近代以来前所未有的。这次宣传动员贯穿于整个抗战，遍及全国各地，动员对象极其广泛，涉及社会各阶级阶层，包括老人甚至儿童。这种全方位的宣传动员不仅汇聚了抗战胜利的力量，而且扩大了中国共产党的影响力，使党的宣传动员能力逐步提升，为克服各种危机挑战积累了宝贵经验。

“七七事变”第二天，中国共产党向全国发表了号召抗战的宣言，主张“立即开放全国民众的爱国运动，发扬抗战的民气”“要求全国人民用全力援助神圣的抗日自卫战争”②。1937 年 8 月 22 日—25 日，中共中央在陕北洛川召开政治局扩大会议，通过了《关于目前形势与党的任务的决定》和《抗日救国十大纲领》，在政策上为党领导全民族抗战提供了重要政治保障，在对形势做出正确判断的基础上指明了抗战方针。会议强调“动员一切力量争取抗战胜利”“不放松一刻工夫一个机会去宣传群众，组织群众，武装群众，只要真能组织千百万群众进入抗日民族统一战线，抗日战争的胜利是无疑义的”③。紧接着，10 月 17 日《中央关于开展全国救亡运动的指示草案》在党内发布并指明：“共产党在任何时候，决不放弃

① 毛泽东．毛泽东选集：第 2 卷［M］．北京：人民出版社，1991：511.

② 毛泽东．毛泽东选集：第 2 卷［M］．北京：人民出版社，1991：344.

③ 中国人民解放军原政治学院政治工作教研室．军队政治工作历史资料（4）［M］．北京：战士出版社，1982：20.

动员群众、组织群众与教育群众的完全自由。”① 要把中国工人、农民、知识分子和其他爱国人士纳入抗日重要力量，“首先，应向民众作广泛深入的抗日宣传。其次，要组织广大的民众在工会、商会、农会和学生会之中，并吸引他们到政治团体中来”②。

工人阶级站在斗争最前列，是反抗外来侵略的中坚力量。中国共产党十分关注工人阶级并给予其正确的领导，特别是对沦陷区、国统区的工人更倾注全力。在上海和华北部分沦陷区，党和当地进步工会组织继续领导工人开展各种形式的斗争；在武汉和重庆，《新华日报》成为联系和发动国统区工人的纽带、桥梁和喉舌，成为工人阶级抗日救亡运动的宣传者、组织者和强有力的支持者；在党领导的敌后抗日根据地，工人开展的抗日救亡运动如日中天。

农民是中国革命的主力军，抗日战争只有动员了占全国人口 80%以上的农民，才是全国抗日救亡运动真正发动起来的标志。在中国共产党的动员和指导下，从长城内外到大江南北，从乡镇要地到穷乡山村，沉睡的农民都被唤醒了，参加各种抗日团体和政治活动，参加八路军、新四军和抗日游击武装，在中国的大地上掀起了抗日救亡的滔天巨浪。如 1937 年 1 月成立的“中国民族革命战争战地动员委员会”，就是在党的领导下以动员农民为首要任务的群众组织，下设农民协会、农民救国团、妇女救国团、青年救国团、教师救国团、喇嘛救国团和抗日儿童团等机构，在发动农民群众参加抗日斗争中发挥了重大作用。

抗战爆发后，广大青年特别是青年学生怀着满腔的热情投身抗日救国的伟大事业来。中国共产党号召青年学生、知识分子脱下长衫，换上短布衣，到农村去，到敌后去，到军队中去。中国共产党抗战前夕成立的青年先锋组织——民族解放先锋队，在国内外 30 多个城市都建有基层组织，抗日战争爆发后，队员们从四面八方加入抗战行列，有的随八路军参加了游击战，有的南下或者径直回到自己的家乡参加抗战工作。抗战最初的两

---

① 中央档案馆．中共中央文件选集：第 11 册［M］．北京：中共中央党校出版社，1991：371.

② 周恩来．周恩来选集：上卷［M］．北京：人民出版社，1984：87.

年，在华北和各战区有万余青年参军入伍，金戈铁马上疆场；在各抗日根据地，数万青年走上抗日前线；在民众抗日武装中，活跃着青年抗日先锋队、抗日青年队等青年武装力量。中国共产党对于青年的爱国热情和斗争精神给予了充分肯定和鼓励，指出："中国青年新鲜的力量，强大的力量，正是我们中华民族解放的支柱。"①

中国共产党对国统区、沦陷区的青年也给予正确引导，使得大批青年不顾艰险奔赴前线、奔赴敌后、奔赴延安。党还对广大青年进行形势教育，帮助他们树立持久抗战和争取胜利的信心。1937 年 12 月 31 日周恩来在武汉大学做关于《现阶段青年运动的性质和任务》的演讲，指出"我们中国的青年，不仅要在救亡的事业中复兴民族，而且要担负起将来建国的责任。"他号召青年到军队里去、到战地服务去、到乡村中去、到被敌人占领了的地方去，"努力去争取抗战的最后的胜利，努力去争取独立的自由的幸福的新中国的来临!"②

中国共产党对宣传和组织妇女参加抗战给予重视，注意发挥各界妇女的抗日积极性。抗战开始后，"妇女运动随即服从于民族的最高利益，服从于抗日的利益，以抗日为中心而出现于抗战工作的各个战线"③。抗战初期组织妇女战地服务团是妇女救亡运动的重要内容，党的各个宣传机构就把妇女战地服务团的英雄事迹作为教育和鼓舞全国妇女参加抗日救亡的生动教材，以极大的热情宣传妇女战地服务团的战斗生活，号召全国妇女向她们学习，积极投身抗日救亡的洪流。在敌后抗日根据地，普遍成立了妇女抗日救亡团体，如 1938 年 3 月 6 日晋察冀边区妇女抗日救国联合会成立，3 月 8 日陕甘宁边区各界妇女联合会成立，它们在组织妇女投身抗战活动中发挥了重大作用。

二、联合各界人士抗日救国

中国共产党非常注重民主人士、文艺界、实业界代表、国民党内的民

---

① 凯丰．国际青年节第二十五周年［N］．新华日报，1939-09-06.

② 周恩来．周恩来选集：上卷［M］．北京：人民出版社，1984：89-91.

③ 邓颖超．纪念"三八"节与几项重要工作［N］．新华日报，1938-03-08.

主派等社会各界在抗日战争中的作用，积极争取、团结与教育他们，鼓励他们为抗战做出自己应有的贡献。

国民党内爱国进步人士具有较高的社会地位和影响力，对国民党和社会各界都能发挥作用，中国共产党采取各种措施争取他们一道参与抗战。时任国民政府监察院院长的国民党元老于右任是出名的书法家，朱德和周恩来去探望并请他为《新华日报》题写报头，于右任欣然同意。看似一件小事却有着重大意义，它象征着国共两党重新合作、团结抗日。国民党内的李济深等领导的中华民族革命同盟从一度反蒋抗日转到拥蒋抗日的立场。宋庆龄于1937年11月发表《关于国共合作的声明》，强调"共产党是一个代表工农劳动阶级利益的政党""国难当头，应该尽弃前嫌。必须举国上下团结一致，抵抗日本，争取最后胜利"①。中华民族解放行动委员会、中国青年党、国家社会党、中华职业教育社、全国各界救国联合会、乡村建设派等一致表示拥护政府和国共合作抗日。他们为抗日努力奔走呼吁，既有坚定的抗日立场和主张，又有热切的爱国救亡实际行动。所有这些非一党之功，也不全靠宣传思想工作，但中国共产党的抗日民族统一战线政策和有效的宣传鼓动确实发挥了举足轻重的作用。中国共产党还通过各种渠道鼓励民族资产阶级发展战时经济，通过生产支持抗战。民族工商业资本家亦为前线捐赠钱物，踊跃购买救国国债，积极组织商店、工厂内迁。中国共产党广泛报道、宣传民族资产阶级抗日救亡活动，高度赞扬他们的爱国事迹和抗战热情。如《新华日报》全面报道汉口、重庆、成都、贵阳、昆明等城市的工商界人士的抗日活动，对他们举行的抗日宣传、献金义卖、抵制日货、劝募公债、节约献金、出钱劳军等活动予以盛赞。

中国共产党亦联合文艺界这支抗日救亡运动的重要力量，为抗战摇旗呐喊。《新华日报》创办《新华副刊》，为文艺界提供进步舆论阵地；组织各种联欢纪念活动，密切同文艺界联系；大量刊登广大文艺工作者为抗日而创作的文艺作品；记录寓教于乐的文艺运动、慰问演出、征募运动。同时，"中华全国文艺界抗敌协会"于1938年3月27日在汉口成立。一大

① 宋庆龄．为新中国而奋斗［M］．北京：人民出版社，1992：109.

批文艺界的著名人士团结在党的周围，发挥了抗日宣传队的重要作用。第三厅在周恩来、郭沫若的领导下，成功地举办了一系列的抗战宣传活动。4月7日，第三厅举办抗日扩大宣传周活动。事先，周恩来与第三厅的领导多次商量研究，指示此次活动一要扩大宣传对象，二要扩大宣传范围，三要运用群众喜闻乐见、通俗易懂、印象深刻的形式。活动开始后，歌咏大会、美术宣传、火炬游行、锣鼓鞭炮，声势浩大、蔚为壮观，成绩斐然，令人难忘。

三、鼓舞抗日友军杀敌斗志

地方实力派在中国有很大的力量，中国共产党在抗日民族统一战线中的一项重要任务就是争取中间势力，特别是掌握武装的地方实力派。地方实力派在抗战开始后大都奔赴前线，积极抗战。中国共产党利用各种宣传媒体大力报道和宣传地方实力派的抗战活动，充分肯定和颂扬他们的抗战事迹，进一步激发他们的抗日士气。为了鼓舞国民党军队、国民政府的抗战斗志，中国共产党通过多种渠道对其正确的抗战举措、进步的抗战言论予以肯定，敦促其兑现诺言并付诸行动，并将蒋介石的抗战言论公之于众，置于全国人民的监督之下，迫使其坚持抗战而非妥协投降。毛泽东、周恩来、朱德等领导人直接致书蒋介石等，表示愿在抗日联共的前提下接受其领导，同意为了抗战救国做出种种让步，同时对其抗战坚定性不足和政治上进步不够等错误进行批评。《中共中央为公布国共合作宣言》于1937年7月15日交付国民党。7月23日，毛泽东正面评价蒋介石7月17日庐山谈话，期盼其“坚持自己的方针，实践自己的诺言，反对妥协退让，实行坚决抗战”①。因为“日本侵略者的大举进攻和全国人民民族义愤的高涨，使得国民党政府政策的重点还放在反对日本侵略者身上，这样就比较顺利地形成了全国军民抗日战争的高潮，一时出现了生气蓬勃的新气象”②。

---

① 毛泽东．毛泽东选集：第2卷［M］．北京：人民出版社，1991：345.

② 毛泽东．毛泽东选集：第3卷［M］．北京：人民出版社，1991：1037.

四、团结海外侨胞援华抗战

海外侨胞有爱国的优良传统，日寇侵华激起了他们强烈的祖国认同感，他们纷纷利用各种方式支援抗战。中国共产党适时号召他们各尽所能支持抗战，“是时候了，祖国的灵魂已在呼唤，海外的侨胞们，你们应该真正在有钱出钱，有力出力的原则下，贡献出你们的力量来，争取我们的胜利的来临”①，并通过各种渠道给他们提出建议和提供帮助，介绍和传递祖国抗战局势和目前状况，同时明确指出抗战的胜利前途。

中国共产党通过各种途径和媒介向海外侨胞反复阐明侨胞与中国命运休戚与共的道理。若中国取得抗战胜利，则侨胞在海外的生命财产才能获得祖国的支持和保障，取得自由平等地居于海外的权利。呼吁侨胞应以抗日为宗旨，消除内部帮派和隔阂，团结一致、共同抵御侵略。“不分地域，不分国界，亲诚合作”，建立海外抗日民族统一战线。同时，积极宣传并高度赞扬海外侨胞的贡献，称之为“中华民族脊梁”，并“向热诚爱国、踊跃捐款和远涉重洋、回国参战之侨胞致无限的敬意”②。中国共产党还特别关注和保护爱国侨胞的切身利益，对他们合理的要求和正当的主张进行积极声援，同情和帮助因参加反日运动遭受迫害的海外侨胞以及归国服务受到冷遇的侨胞，并敦促国民政府采取各种有效措施来保障侨胞人身与财产安全，爱惜其抗日救国热情，呼吁政府和大众“对海外同胞所受艰苦和压迫，给予绝大的同情和拥护，给回国参战的侨胞，给予最大之招待与帮助”，“应当和他们保持密切的联系，把有关抗战的各种材料源源不断地提供他们”③。具有爱国主义传统的广大侨胞，有钱出钱，有力出力，踊跃发起和参与抗日斗争的实际行动。淞沪会战第二天，陈嘉庚等发起成立“马来西亚、新加坡华侨筹赈祖国伤兵难民大会委员会”。东南亚各国 40 多个华侨救国团体于 1938 年 10 月共同成立“洋华侨筹赈祖国难民总会”，南

---

① 社论：加紧侨胞抗战工作［N］. 新华日报，1938-10-14.

② 新华日报，1938-12-2.

③ 杨安，张旺清. 论《新华日报》在动员华侨抗日救国中的作用［J］. 华中师范大学学报（哲学社会科学版），1992（2）：73.

洋各国都有其分支机构；各种抗日救亡团体也由欧洲、澳大利亚以及美洲等地的华侨建立起来，致力于筹集物资和现款支援国内抗战，积极组织华侨青年回国参加抗战，极大增强了祖国的抗战力量。华侨因其贡献之大而被誉为“中国对日抗战的四大支柱之一”。

中国共产党的宣传动员遵循实事求是、灵活机动的原则，因时因地制宜，善于抓住不利于敌人的政治、经济、军事形势，把握宣传动员重要时机，集中火力展开宣传攻势，为抗战胜利奠定了心理基础，显示出四方面显著特征：第一，在不同的战斗阶段，宣传政策和宣传重点因时而异；第二，深入细致地研究敌人的个性心理和群体心理及其国情，区分出不同的宣传对象和层次，因人而异地确定我们的宣传方针政策、战略策略、形式和内容等；第三，在宣传工作中注意方式方法，口头宣传与文字宣传、直接宣传与间接宣传穿插使用，多管齐下，形成宣传合力，取得良好成效；第四，共产党始终依靠群众开展宣传动员，形成群众性运动，使其参与宣传工作，还将“敌人”引入宣传队伍。

第二节 共产党抗日战略方针的宣传

面对日本大肆侵略带来的亡国灭种危机，中国共产党提出一系列抗日救国政策主张，包括全面抗战、持久抗战、游击战等，并围绕这些政策的贯彻执行展开宣传动员。此时，中国共产党领导的宣传动员不仅对象广泛，而且宣传内容与形式灵活，利用一切可以利用的形式与机会展开广泛的宣传动员，为挽救民族危亡做出了重要贡献。

一、全面抗战路线宣传

针对全国抗战爆发后面临的重大危机，中国共产党展开了危机防范和化解工作。首先是通过自身控制的宣传系统，运用宣传动员武器积极表明抗日立场、提出全面抗战路线方针，以坚定全民抗战信念，消灭日本军国主义侵略者这个重大且根本的祸患。

（一）宣传动员决策以危机预判为前提

1937 年 7 月 7 日，日本发动全面侵华，标志性事件是蓄意制造的卢沟桥事变。在威胁到中华民族生存发展的紧要关头，党中央关键舆论机关新华通讯社和苏维埃政府机关报《新中华报》团结配合，踊跃宣传了中国共产党的一系列抗战主张，为促进国民党蒋介石抗战到底的决心，为抗日民族统一战线的最终建立做出了至关重要的贡献。

事变刚发生，全盘事态发展尚不明朗。在此之前，华北地区的日军屡次制造地方性的武装挑衅事件。爆发于卢沟桥的事变，到底是一场地方事件，还是日本帝国主义挑起全面侵华进攻的开始？众人暂时难以分辨。7 月 7 日当晚，毛泽东和中共中央政治局的负责人一起理智剖析了当前局势，一致得出：发动卢沟桥事变并非偶然，是“九一八”事变的升级，日本帝国主义侵占华北、吞并全中国在所难免。中华民族已处于千钧一发的危难关头，只有全民族团结抗战，才能为中国的生存发展寻出路，务必当即立场鲜明地提出这一口号，要求新华社立即播发通过了的《中国共产党为日军进攻卢沟桥通电》，向全中国人民和全世界人民表明中国共产党的立场是：争取和平、继续努力促成抗日民族统一战线的建立，实现全民族抗战，把日本帝国主义驱逐出中国。

通电是以表达主张、说明事项或发起号召等为宗旨，向个人、群体、组织或社会团体等多个收电方拍发，或通过报纸、广播、通讯社等向社会公开发布电报。中国共产党在日本发动卢沟桥事变后的第二天即由新华社通过电台向全国播发了《中国共产党为日军进攻卢沟桥通电》，并于 7 月 13 日在苏维埃政府机关报《新中华报》刊登了此通电。此时通电实现重大转变，《红色中华》与《新中华报》皆属于中国共产党的官方报纸，标志着党通过自身控制的宣传系统对外公开发布通告。通电向全国人民揭示了 7 月 7 日日军向卢沟桥发起进攻的具体真相，呼吁“全中国的同胞们！平津危急！华北危急！中华民族危急！只有民族实行抗战，才是我们的出路！”通电号召：“全中国同胞，政府与军队团结起来，筑成民族统一战线的坚固长城，抵抗日寇的侵略！”一再表示：“国共两党亲密合作抵抗日寇的新进攻！”“驱逐日寇出中国！”

中国共产党的通电在全国播发以后，抗日变为全国人民共同行动的有针对性的目标。全国人民纷纷加入抗日行列，长辛店的工人在战火纷飞中赶赴宛平前线修筑防御工事，农民和各地学生开展各种各类的抗日救亡工作。

紧接着，毛泽东、朱德等致电蒋介石，要求蒋介石政府进行全国总动员，为收复失地努力，表明红军将士愿请缨开赴华北、为国效力。此电文于7月9日由新华社播发，当天，毛泽东、朱德等致北平宋哲元将军等的电文也在新华社播发，声援卢沟桥守军的正义斗争。全国各阶层的爱国群众也被先后动员起来，强烈要求政府起来抗战，不少国民党将领通过发表通电等方式请求对日作战。

7月12日，新华社围绕卢沟桥事变又播发了《从军事观点上来观察卢沟桥事件》的观察述评，直接指明"日寇发动卢沟桥事件，系日寇有计划的行动"，阴谋"截断平汉路，以达其武力占据平津，并依此为进攻山西并吞华北的据点"，最终灭亡中国，因此积极呼吁"中国当局及全国人民迅速动员准备抗战的发动，以保卫平津，保卫华北"。卢沟桥事变发生后，新华社新闻数量激增，不但对外每天要发四五千字的新闻，还会时常播发党中央的重要决定和关键指示，并刊发《新中华报》《解放》周刊社论。不仅如此，还极大扩展了抄收并翻译外国通讯社电讯的范围，包括英国路透社、德国海通社、美国国际新闻社、法国哈瓦斯社、苏联塔斯社等通讯社的电讯。经过编写、转译这些电讯，对国际政治、军事斗争状况做出快捷响应。

（二）用新闻事实动员民众推动抗战

中国共产党运用自身新闻机构，不断用新闻事实宣传动员民众，推动国民党抗战。

首先，揭露卢沟桥事件真相。为促使蒋介石抗战决心，1937年7月13日《新中华报》刊登了专题《卢沟桥事件》，专门针对此事件进行介绍分析。新华社报道了7月18日在延安召开的市民大会，会上毛泽东做关于卢沟桥事变的经过及近况的报告时，其"演说词激昂，听众均摩拳擦掌，热血沸腾，愿赴抗日战场，与日寇决一死战"。随后在7月19日，又登载了

《卢沟桥事件真相》的社论，向南京国民党政府当局提出建议，促使蒋介石抗战：第一，确立坚决抗战到底的国策，华北战争应当采取持久的运动战略，首先消灭华北日军，打击一切主张妥协的倾向；第二，国民政府应当充实爱国抗日的各方人才；第三，建立华北抗战军事指挥机关，增加抗战能力；第四，立即给予民众民主权利，动员全国民众参加抗战。与此同时，中国共产党和红军自身也主动做好参加对日作战的一切准备，并明确表示愿与国民党政府一同抗日。

其次，播发号召抗战的第二次宣言。在全国抗战救国运动持续高涨与中国共产党倡议国共双方合作对日的形势下，7 月 17 日蒋介石发表庐山谈话称：假如一起战端，不分地域南北，也不分年龄上的老幼，所有人皆有抗日守疆的职责，皆应抱定牺牲一切的坚定决心。毛泽东迅速对蒋介石发表的谈话表示欢迎，在不到一周内新华社就播发了《中国共产党为日本帝国主义进攻华北第二次宣言》，号召一切中华民族儿女团结起来，以赢得我们民族的最终胜利。最后，全面报道八路军情况和民族英雄事迹。国共双方于 1937 年 8 月达成合作协议，拟定把陕北的红军主力改编成国民革命军第八路军，国统区若干城市可出版《新华日报》并设立八路军办事处等。而新华社对合作事宜的进程进行跟踪报道。在对日作战中，在八路军、新四军将士中涌现出无数英勇作战、不畏牺牲的英雄人物和事迹，对此及时进行报道和赞扬，既能达到对外宣传的效果，也可以实现对内教育作用。八路军一一五师于 1937 年 9 月 24 日在平型关前线首战告捷，新华社快速反应，向全国播发了这一全国抗战以来首次大胜利的消息，宣传英勇事迹、鼓舞抗战决心。

二、抗日游击战战略地位宣传

抗日战争全面爆发后，敌情和担负的任务均发生了极大的变化，中国共产党领导人民军队依据已经变化了的情势适时转变军事战略方针，即由以往的正规军和运动战变更为游击军和游击战，毛泽东从中日力量对比、国内外局势特点出发，提出实行“独立自主的山地游击战”的战略方针，把主要精力放在分散兵力发动群众、建立根据地上，强调“这一转变关系于整个抗日战争的坚持、发展和胜利，关系于中国共产党的前途非常之大"①。然而，党内、军内有一大批人对于游击战在抗日战争中的战略地位存在模糊认识，特别是不理解分兵深入敌后创建抗日根据地的意义，还有人认为应主要开展运动游击战，集中兵力开赴前线，在正面战场和国民党军部队配合作战。为了澄清大家思想认识上的疑问，毛泽东等领导人开展了深入的理论研究工作和广泛的宣传动员，以统一思想和行动。

自 1937 年 8 月后的半年里，毛泽东再三强调抗日游击战争的战略地位和关键意义，关于此方面又数十次给八路军和北方局负责同志及相关同志去电。他强调："在整个战略方针下执行独立自主的分散作战的游击战争，而不是阵地战，也不是集中作战""今日红军在决战问题上不起任何决定作用，而有一种自己的拿手好戏""这就是真正独立自主的山地游击战（不是运动战）""要实行这样的方针，就要战略上有力部队处于敌之翼侧，就要以创造根据地发动群众为主，就要分散兵力，而不是以集中打仗为主"②。并且指明"整个华北工作应以游击战争为唯一方向"③，应针对个别同志持有的不当认识展开深入的阐释说明，以达到战略方针上的统一。在 10 月和 11 月间，刘少奇也分别撰写并发表了《抗日游击战争中的若干基本问题》和《独立自主地领导华北抗日游击战争》等文章，重申抗日游击战是当前的"主要斗争方式"，阐明施行游击战争具备的条件与胜利的可能性，并进一步为在华北地区进行抗日游击战指明道路，提出实行游击战须推动"抗日武装部队的组织和改造""抗日游击战争根据地的建立与抗日政府的组织"④等。

要彻底消除党内外轻视游击战争的错误观点，需要从学理上剖析和明确抗日游击战争的战略地位。为此，1938 年 5 月毛泽东撰写并发表了题为《抗日游击战争的战略问题》的文章，坚持马克思辩证唯物主义和历史唯物主义的立场、观点和方法，论证游击战争的战略地位及其必然性和必要

---

① 毛泽东．毛泽东选集：第 2 卷［M］．北京：人民出版社，1991：551.

② 毛泽东．毛泽东军事文集：第 2 卷［M］．北京：中央文献出版社，1993：20，53.

③ 毛泽东．毛泽东军事文集：第 2 卷［M］．北京：中央文献出版社，1993：57.

④ 刘少奇．刘少奇选集：上卷［M］．北京：人民出版社，1981：80-89.

性问题。由于中国大而弱的国情，“抗日游击战争就主要地不是在内线配合正规军的战役作战，而是在外线单独作战”，但是“有共产党领导的坚强的军队和广大的人民群众存在，因此抗日游击战争就不是小规模的，而是大规模的”①。毛泽东不仅论证了抗日游击战争的重要战略地位，还具体阐明了战略方案问题，明确“一切游击战争的根据地，只有在建立了抗日的武装部队、战胜了敌人、发动了民众这三个基本的条件逐渐地具备之后，才能真正地建立起来”②。他着重论述了持久战与速决战、防御战与进攻战、内线作战与外线作战三对关系，以及游击战和运动战如何配合、指挥与向运动战发展等问题，为抗日游击战争的发展指明了正确方向，指导党内和军内同志如何开展游击战，提升他们对游击战战略地位的认识高度。

抗日游击战战略地位的宣传教育依据毛泽东和党中央的思想展开，大部分部队将《抗日游击战争的战略问题》与《论持久战》两篇文章发给全体干部，党和军队的主要负责同志认真学习体会后，再到各部队宣讲内容和心得。一时间，掀起了持续、大规模、形式多样的活动，如召开干部会议传达、在八路军与新四军中开办游击训练班、组织座谈会和讨论会、开展军政教育课以及发表文章等形式。毛泽东在之后的中共六届六中全会上，再次强调了抗日游击战争占据非常重要的战略地位，概括了坚持抗日游击战争的18项有益之处，充分说明其必须性和恰当性：“党的军事战略方针，由国内战争后期的正规战争转变为抗日战争前期的游击战争，是何等重要和必要的了。”③ 通过广泛的党内军内宣传教育，全党上下取得了思想上的统一认识和行动上的一致。

三、抗战进程与前途宣传

全面抗战初期，人们对战争局势如何发展、抗战前景如何等问题存在迷惑，尤其是占绝大多数的中间力量，他们主张抗日，但对抗战局势没有

① 毛泽东．毛泽东选集：第2卷［M］．北京：人民出版社，1991：405.
② 毛泽东．毛泽东选集：第2卷［M］．北京：人民出版社，1991：424.
③ 毛泽东．毛泽东选集：第2卷［M］．北京：人民出版社，1991：553.

清晰的全盘认识。共产党适时分析时局，做出预判并制定政策方针，通过各种途径宣传党的抗战主张，极力促成抗日民族统一战线，为人们指明抗战进程与前途，极大地增强了党在抗日战争中的号召力和凝聚力。

（一）持久战思想宣传

抗战初期的很长一段时间里，持久战思想一直未能被大多数人所了解和接受，还普遍存在着对待中国前景的两种不正确观点：一种是必亡论，另一种是速胜论。这一则是由于在客观事物的发展变化还未全数呈现其固有的本质前人们还不能准确判断其前途及发展趋势；二则更为重要的是由于宣传解释不足。为了树立并坚定全国人民持久抗战的信心与决心，中国共产党通过任何可以利用的方式和渠道宣传持久战思想，驳斥这两种错误观点和认识。毛泽东撰写了《论持久战》并于 1938 年 5 月在延安抗日战争研究会做了讲演，论述了战争与政治、人与武器的关系，从抗日战争的时代特征出发，分析了敌我双方及其矛盾的特点，提出人民战争、统一战线、抗战三阶段、游击战争、以运动战为主、阵地战和游击战为辅、反对单纯消极的阵地防御等主张，全面、系统地阐明了持久战的理论，批判亡国论和妥协论，使得战略层面的持久战思想趋于完善和成熟。

毛泽东以《论持久战》里的观点为主要内容的演讲，十分清楚地分析了对日战争的发展走向及其规律，清晰地勾勒出抗日战争过程与前景的完整图景，解答了存在于人们心中的种种疑虑，让人由衷地信服。陈云听后，感到毛泽东的演讲具有强大的洞见性，对全国抗战指明方向，指导意义重大。于是他建议毛泽东，扩大范围讲。中国共产党的领导层都期盼尽早让全国各界更多的人了解形势，明了中国共产党的抗战主张和态度，坚定必胜的决心与信念。毛泽东便决定把讲稿整理出来，油印成册并先在党内传阅。1938 年 7 月 1 日，《论持久战》正式发表于延安《解放》杂志抗战一周年纪念特辑，即第 43、44 期（合刊）。当月，延安解放社出版了单行本。

《论持久战》问世后，中国共产党利用国共联合抗战的政党合法化有利条件，以及各地的公开报刊和办事处得以兴办的时机，向各地各界广泛开展宣传，传播《论持久战》的主张和意义。自 7 月 16 日起，《解放》第

43、44 期合刊的目录在《新华日报》刊出，《论持久战》位列首篇。1938 年 7 月 23 日出版的《群众》周刊第 2 卷第 6、7 期合刊开始刊载该书的新书预告。《抗战大学》作为中共广东省委领导的统战刊物，也刊登了《〈论持久战〉研究提纲》。①

此外，《论持久战》依托较大根据地逐步建立起的印刷厂和出版社展开宣传，使得其思想理论的宣传教育在党内军内渐次开展，成为当时中下级干部学习阅读《论持久战》的重要来源。如火线出版社在晋察冀边区创办，并编辑刊印了《论持久战》《中国革命运动史》《马列主义初步》等重要书籍。② 基层干部除了能获得的报刊资源外，《论持久战》的学习多数还是依靠购买、传阅已刊印发行的小册子。从部分党员干部的日记与回忆录中可了解到，在发行的半年内已有不少干部阅读、学习了《论持久战》，如时任三五九旅政工干部的王恩茂，承担该部队的日常思想政治教育工作，于 1938 年 9 月学习了《论持久战》③；在延安担任文协秘书的高敏夫，1938 年 8 月就开始接连发放单独成册的《论持久战》和《抗日游击战争的一般问题》④；在河北抗战学院开学典礼上，吕正操给学员们就《论持久战》做了详细讲解⑤；冀中区领导机关通过广播收听了毛泽东的《论持久战》和《抗日游击战争的战略问题》，后立即印刷和发放并组织党政军学民各群体学习这两本书。⑥

（二）抗日民族统一战线政策宣传

推动抗日民族统一战线的形成和稳固是共产党宣传动员的重要内容，

---

① 桑兵．鼓与呼：《论持久战》的舆论攻势［J］．中山大学学报（社会科学版），2019（6）：2-3.

② 冀中五年教育工作的总结（冀中行署文件讨论稿）［M］//冀中人民抗日斗争资料：第 7 期．石家庄：冀中人民抗日斗争史资料研究会办公室，1984：9.

③ 王恩茂．王恩茂日记——抗日战争：上册［M］．北京：中央文献出版社，1995：258.

④ 高敏夫，申春．高敏夫战地日记［M］．北京：中国文史出版社，1988：13，20，22，24.

⑤ 吕正操．吕正操回忆录［M］．北京：解放军出版社，2007：153-154.

⑥ 朱自强．抗日战争时期党的宣传教育工作［M］//冀中人民抗日斗争资料：第 22 期．石家庄：冀中人民抗日斗争史资料研究会办公室，1985：18-19.

作为全面抗战时期党的一项基本政策，中国共产党依托党报党刊积极宣传抗日民族统一战线政策，包括刊登相关文件、阐释政策制定的缘起、统一战线的对象等问题，并刊载文章进行相关解读，同时利用重大事件、纪念日等时机展开宣传。

基于民族生存和救亡的必要出路，论证并宣传党的抗日民族统一战线政策。《新华日报》在 1938 年 1 月 1 日的发刊词中指出，要完成抗战救国的目标和任务，除了“加强我们内部的团结，巩固抗日民族统一战线外，别无方法与途径”①；1 月 15 日文章同样强调和呼吁“民族的生存，必要依赖于全民族坚决到底的抗战”②；1 月 20 日《新华日报》代论又指出全国团结一致“才是中华民族的唯一正确的生路”③。作为中华民族的一分子，中国共产党有义务和责任担当起救国救亡的使命，然而有些人认为中国共产党有与国民党争夺领导地位的嫌疑。针对此论调，1938 年 1 月 11 日张闻天即在《解放》刊文进行及时澄清：这是“在民族国家危急存亡之秋，帮助蒋介石先生所领导的国民党担负起一部分责任”④，而并不是所谓的争夺问题；随后，《新华日报》2 月 21 日发表的社论指出“参加抗战是每个炎黄子孙的不可逃避的责任”⑤。

党报党刊还宣传了扩大和巩固抗日民族统一战线的重要意义，反映出该战线存在的可能提升的空间。《解放》在 1937 年 9 月 13 日即发文揭示，当时的南京政府“还表示惧怕”全国人民参加抗战，以至“到处禁止民众运动”⑥；而比起抗战的艰巨性和现实来看，目前统一战线的范围和力度都有待提升，《解放》在 1938 年 10 月 15 日登载文章谈及抗日民族统一战线中的妇女工作问题：“比起客观需要和敌人进攻的速度来，妇女工作还远远不够。”⑦

① 发刊词［N］．新华日报，1938-01-11.
② 陕甘宁边区文化界救亡协会成立宣言［N］．新华日报，1938-01-15.
③ 代论：最可纪念的一日［N］．新华日报，1938-01-20.
④ 洛甫．巩固国共合作争取抗战胜利［J］．解放，1938（28）.
⑤ 社论：论抗战时期的民众运动［N］．新华日报，1938-02-21.
⑥ 凯丰．论全面的全民族抗战［J］．解放，1937（16）.
⑦ 孟庆树．抗日民族统一战线中的妇女工作问题［J］．解放，1938（54）.

党报党刊还就民众运动这一抗日民族统一战线政策实施中的关键问题展开宣传。要使抗日民族统一战线具有广泛深厚的群众基础，须发起全民族总动员，进行民众运动必不可少，中共中央党报党刊针对此问题及其发展前景展开重点宣传。然而，发动和开展民众运动却是一项十分艰巨的系统工程，这一点在党报党刊中提及的民众运动存在的主要问题中可以反映出来，包括：动员力度与组织功效方面的欠缺，以及协调统一性不足等，并基于此提出解决策略，如把分散群众组织起来，对已有组织进行扩充，统一协调民众运动的目标与要求，“努力把全国民众动员组织起来参加抗战”①，但从整体上看，大多数社会各阶层的民众截至 1938 年 5 月还没有真正被组织起来。② 例如至 3 月，作为基础和主力的大部分劳工大众仍处于无组织状态，已有劳工团体还未完全牢固和健全，以致对劳工界抗战作用的发挥产生阻碍。③ 除此以外，党报党刊还从影响统一战线的农民、宗教、民族等诸方面因素，剖析了民众运动问题的困难。所以，要深入动员群众，一方面需要付出长期努力，另一方面要从他们生活疾苦的切实关照和解决入手，使其真正信仰统一战线，并为之发挥自己的力量。④ 这反映出中国共产党对民生、民权与调动民众参战、生产积极性和主动性之间关系的认识，同时认为“抗战”与“改善民生、争取民权”二者的关系是并行不悖的，改善民生和获得民权还会为抗战和生产的顺利开展提供重要保障。⑤

中国共产党还结合重大节日、纪念日等，在党报党刊登载了不同体裁的文章，包括社论、时评、诗歌、通讯、新闻稿件、启事等，宣传抗战到底、团结抗战、反对分裂等抗日民族统一战线政策的核心要义。依托的党报党刊主要有《新华日报》《解放》《群众》等，结合的重大纪念日等包括“一·二八”“九一八”“七七”“五一”“三一八”等。例如《新华日报》自 1938 年 1 月至 9 月，先后刊载社论《“一二八”纪念六周年》《纪

① 任弼时．怎样渡过抗战的困难时期［N］．新华日报，1938-02-14.
② 社论：加强民众组织［N］．新华日报，1938-05-15.
③ 社论：欢迎工人抗敌总会的筹备组织［N］．新华日报，1938-03-07.
④ 吴敏．巩固团结反对分裂［J］．群众，1938（2）．
⑤ 社论：抗战与改善民生［N］．新华日报，1938-04-05.

念二七要争取抗战胜利》《纪念中山先生》《纪念“三一八”》以及《加紧动员工作来纪念“九一八”》等，而《解放》发表了一系列时评文章，如《“一二八”六周年》《五一感言》《纪念“九一八”巩固国内团结》等①，使人们更好地理解统一战线策略方针，为统一战线的形成与稳固提供了良好的舆论氛围。

第三节　创建敌后抗日根据地的群众宣传动员

以贯彻执行全面抗战路线为宗旨，中国共产党做出开辟敌后战场的重要战略决策。1937 年 11 月 8 日太原失陷后，八路军和党领导的山西新军按中共中央的部署，开展独立自主的敌后游击战争，在敌后实行战略展开，分兵发动群众、组织群众和武装群众，创建抗日民主政权，开辟敌后抗日根据地。1938 年 1 月，敌后第一个由党领导建立的抗日民主政权晋察冀边区临时行政委员会在冀西阜平成立。新四军也挺进苏南、皖南、皖中等地区，建立华中敌后抗日根据地。到 1938 年 10 月，八路军和新四军同日、伪军作战 1600 余次，毙伤俘敌 5.4 万人，先后创建晋察冀、晋西北和大青山、晋冀豫、晋西南、山东、苏南、皖中等抗日根据地，以延安为中心的陕甘宁边区是敌后战场的战略总后方，大批爱国青年和抗日志士涌向延安。在敌后抗战的艰难条件下，党领导人民军队同群众结成血肉相连的关系，跟其展开细致的群众宣传动员密不可分。

一、从群众关切入手展开宣传动员

中国共产党在开辟和创建敌后抗日民主根据地时，首先从抓住群众最关心的事情入手，把宣传动员与解决他们的实际困难紧密结合。

了解与迅速地满足当地广大群众的要求。切实按照各地具体情况和群

---

① 罗艳梅．中共党报党刊对抗日民族统一战线政策的宣传［J］．甘肃社会科学，2016（5）：153-154.

众不同要求，拟定合理负担及改善人民生活的方法，扩大宣传，组织和武装群众。1937年10月27日，周恩来、刘少奇发给各师政治部及地方党部的电报，做出《关于动员领导群众的指示》："一切共产党员要坚决地去发动与领导工农群众的经济斗争，实际去改善群众的生活。"① 例如在新建立的抗日根据地，从保障群众利益和安全出发，中国共产党首先从打击土匪、恶霸势力、稳定乡村社会秩序入手，同时采取和落实减租减息的政策，减轻民众的经济压力和负担，召开各种各类群众会议，没收汉奸财物分发给他们，并针对党的政治、经济等政策进行广泛宣传，因而获得了广大贫苦农民和手工业者的欢迎和支持。原港九大队政委陈达明的总结中提到："我们部队决定首先跟土匪做斗争。我们组织地方的武工队、村民自卫队。土匪洗劫啊，老百姓觉得不得了了，要自卫了，在部队帮助下学打枪，每个村都差不多有自卫队。保护了人民的生命财产安全以后呢，老百姓认可了这个部队，好多青年参军。"税收是部队的主要经济来源，但为了不增加民众过重负担，"凡经过我游击区的，只纳一次税，便可通行全区，凭票放行，决不重复征税"②。

领导群众起来反对他们最痛恨的敌人。由于中国共产党领导下的军队主要在日军占领的城镇、铁路周边的广大山地、乡村活动，这些区域往往遭遇着亲人被杀的悲惨和举步维艰的生活。中国共产党及其领导下的人民军队普遍的宣传动员，激发了广大民众的保家卫国的民族主义情感。1937年11月29日，毛泽东、彭德怀发出《在我占区加紧组织动员群众》的指示，组织和号召共产党八路军与山西华北民众共克时艰，抓紧宣传敌人烧杀奸淫抢掠的事实，组织深受其害的难民赴各地宣传，激发起他们杀敌卫国、保护家园的热情。经过宣传根据地的民众纷纷向中国共产党靠拢，主动投向党的武装。如1937年，年仅20岁的扬州女孩王真由于不愿再当亡国奴，置家人反对于不顾，偷偷加入了高邮一带的新四军。据1938年山西

---

① 中国人民解放军政治学院党史教研室．中共党史参考资料：第16册［M］．北京：中国人民解放军政治学院党史教研室，1986：28.

② 陈真．寻找英雄——抗日战争之民间调查［M］．桂林：广西师范大学出版社，2006：156，162.

介休县（今介休布）张村惨案的幸存者张复昌回忆，日本人的无差别屠杀加上“反动地主武装奋斗团”的有针对的报复行为，“更激发了群众对日本人的痛恨，抗日情绪非常高，自发地担着粮食送到南山八路军那儿……张村一下子有一个排的青年报名参了军。全村剩下的六十多个青年也全部参加了民兵”①。

优待抗日军人家属，解放妇女身心，为敌后根据地的生产建设奠定了大量的劳动力基础。中国共产党通过各种各样的形式优待抗日军人家属，实施方案通过召开民众大会以及县或军分区代表大会进行商讨，并经过群众讨论，因而能获得更多支持。在陕甘宁边区，禁止缠足运动的开展极大地解放了妇女及其活动范围。1937 年 7 月，根据周恩来、博古、刘少奇、邓发、李富春、邓小平等 13 人的建议，陕甘宁边区县、区长联席会议发布禁止妇女缠足的决议，宣令“自禁以后，如有定要缠的或不许放的，政府必处罚其父母或丈夫”②。自此以后，边区政府《禁止妇女缠足条例》正式下达，其中规定：18 岁以下禁止缠足，违反者可处其父母或其家长一年以下有期徒刑；40 岁以下违反者可处其父母或其家长半年以下有期徒刑；已有缠足者一律解放。中国共产党开展禁止妇女缠足运动，使广大妇女身心得以解放，使他们摆脱束缚，参与边区的生产建设以及其他事务。正如一首宣传歌谣的歌词中所反映的：“大脚参加自卫军，小脚参加慰劳队，男男女女都工作，生产劳动是第一。男人们前方去闹枪，后方的生产靠婆姨，生产运动要号召，人人知名毛主席。”③

把争取抗战胜利同争取自由民主的呼声紧密联结在一起。日本全面侵华开始后，怎样才能取得抗战的胜利成为人们最关切的头等大事。为了取得最终胜利，在军事上强调统一指挥，这一点被广大民众所认可。然而，在政治方面，就不能简单套用，仅凭借战争的原因而不顾人民的民主与自

① 《山西抗战口述史》课题组．山西抗战口述史：第 1 部［M］．太原：山西人民出版社，2005：67.

② 中华全国妇女联合会妇女运动历史研究室．中国妇女运动历史资料（1937—1945）［M］．北京：中国妇女出版社，1991：180.

③ 杨天石，黄道炫．战时中国的社会与文化［M］．北京：社会科学文献出版，2009：36.

由权利，无限扩大政府的统合权力。就此，1938 年毛泽东在《论新阶段》中就曾敏锐地揭示：敌人乘我弱点之处不仅仅在军事上，而且在政治，在于我政治制度的不民主化，不能与广大人民发生密切的联系。中国社会曾长期处在缺乏自由民主传统的封建制度统治下，随着全面抗战开始的全民广泛社会动员，中国共产党将人们最关切的夺取抗战胜利问题同争取自由民主的呼声紧密结合在一起，产生的吸引力和号召力前所未有，并赋予其更为丰富的内涵。

二、发挥部队政治工作优势开展宣传动员

中国共产党在洛川会议上就指出抗战是一场艰苦的持久战，会议把深入敌后放手发动群众作为人民军队的战略任务，开展独立自主的游击战，配合友军作战，开辟敌后战场，建立抗日根据地，发展和扩大人民军队，击败日本侵略者。然而，"长期性加上残酷性，处于敌后的游击战争，没有根据地是不能支持的"①。在太原失守以前，党中央预见到战局发展的趋势，指示八路军在战略上要真正实行独立自主的山地游击战，就要以发动群众，创造根据地为主要任务；要求新四军深入敌人后方去，在大江以南创立一些模范的游击根据地。因此，党的宣传动员工作发挥了我军一贯的政治工作优势，加强群众宣传动员，在保证部队作战胜利的同时，担负起了开辟敌后抗日根据地的任务。

为保证敌后抗日民主根据地的迅速开辟，1937 年 10 月 29 日总政治部发出《关于地方工作的指示》，要求发挥部队宣传工作作用，深入开展创造抗日民主根据地的动员工作，"动员整个部队的指战员用高度的热情进行地方工作，创造抗日的根据地，做到人人能做宣传工作，每个干部时刻不忘创造根据地的任务，为完成每一动员计划而斗争"②。

从军队政治工作方面来看，开辟和创建根据地主要是宣传和组织群众。挺进敌后的各部队还专门抽调大量政治工作人员和部分人员，组成民

---

① 毛泽东．毛泽东选集：第 2 卷［M］．北京：人民出版社，1991：418.

② 中国人民解放军政治学院党史教研室．中共党史参考资料：第 16 册［M］．北京：中国人民解放军政治学院党史教研室，1986：29.

运工作团、战地服务团、民运工作组等，分赴各个区域，配合地方党组织开展宣传动员。在此期间，仅一二九师分配出去开展群众工作的政治工作人员及部队就有3000余人。这些民运工作和工作团、组有计划开展的工作包括以下几方面：

一是宣传群众。每到一地，部队都会以各种方式向群众解释、宣传党的《抗日救国十大纲领》等抗日方针与主张，同时宣传我军取得的各种胜利的消息，表明共产党坚持华北抗战、与民众同生死、共进退的坚定决心，包括用中国共产党和八路军、新四军的名义颁发布告、书写标语、散发传单、举行各类人员座谈会、召开群众大会等。在宣传动员中，还特别注意利用日寇奸淫、烧杀、抢掠和伪军、伪政权的暴行来教育群众，以提高群众对日伪军的仇恨心，激发其抗战热情，并坚定必胜信心。

二是组织群众。部队积极协助地方健全各地党的领导，帮助发展党员、建立党的组织，并组织各种训练班，加紧对地方党政干部的培养训练，为巩固和发展根据地培养骨干，并以此为基础，充分发动群众，普遍建立各界抗日群众团体，如抗日救国会、工会、抗敌协会、妇救会、农会青救会等，扩大和充实党的抗日民族统一战线的社会基础。以“一切为着抗战胜利”为口号，有钱出钱、有力出力、有枪出枪、有知识出知识、同仇敌忾、一致抗日的生动局面生成。

三是武装群众。努力培植与发展自卫队、游击队等群众抗日武装，帮助他们进行军政训练，使其担负起侦察、警戒、放哨、坚壁清野等任务，并配合中国共产党主力部队广泛开展敌后游击战争，摧毁一切敌伪政权，肃清汉奸，消灭土匪，把敌人的后方变为抗日的前线，并不断向敌寇占领区纵深，扩大抗日根据地。

四是贯彻政策。抗日民主政权建立之后，部队则进行爱护根据地、尊重抗日政权的教育，并规定认真组织学习讨论和执行抗日政府的一切政策法令。各部队、工作团以及服务团认真宣传与贯彻共产党提出的减租减息、停征田赋、废除各种苛捐杂税等经济政策，并将没收的汉奸财产分发给群众，使其在经济利益方面切身感受共产党及其军队的正确。与此同时，军队所到之处，严格遵守“三大纪律，八项注意”，积极帮助群众恢复田园、发展生产，反对随意支差、轻易砍伐树木、践踏耕地等浪费民力物力现象的发生，通过切身行动，使广大群众拥护共产党的领导，并抗战到底。

三、通过国民教育动员群众坚持抗战

在民族危难关头，历史为中国共产党的生存和选择提供了契机，中国共产党将读书教育与抗日相结合，使党的教育既是传授知识的手段，又是抗日宣传、党的政策传播和动员参与各项工作的重要阵地。加上中国共产党对国家民族命运的关注，对底层民众生活的关心，对侵略者毫不妥协的斗争决心，使得党的全民抗日号召成为争取民心支持的核心凝聚力，为中国共产党开展宣传动员提供了无形的资源和力量，中国共产党的抗日救国主张也因此产生了巨大社会号召力。

党的文化教育中，抗战从来就是既定政策和方针，毛泽东在《论新阶段》中指明："实行抗战教育政策，使教育为长期战争服务。"① 在一切为着战争的原则下，一切文化教育事业均应使之适合战争的需要，因此全民族的第十个任务，在于实行如下各项文化教育政策。第一，坚持教授抗战所需课程同调度学习积极性的原则，进行学制、课程及管理制度等的修订；第二，为培养大量抗日干部，建立、扩充并强化各类干部学校；第三，推广民众教育，创设各级补习学校，开展识字运动、体育运动、歌咏运动、戏剧运动，通过各区域通俗报纸的创办，提升人民的民族文化及觉悟；第四，义务办理小学教育，使新后代获得教育，培育其民族精神。同时也认识到要完成提高民族文化、提升民族觉悟的伟大历史任务，单靠政府利用有限财力办的几个学校、报纸等是不足以完成的，提高民族文化与民族觉悟之伟大任务，必须把政治上动员民力与政府的法令相结合，关键要发动人民自我教育，而政府给以恰当的指导与调整以及物质资助。

"开展抗日民主地区的国民教育，是当前深入动员群众参加与坚持抗

---

① 中共中央宣传部办公厅，中央档案馆编研部．中国共产党宣传工作文献选编（1937—1949）［M］．北京：学习出版社，1996：138.

战，培养革命知识分子与干部的重要环节。"① 这就要求党的宣传教育工作者必须打破以前工作的狭窄范围和圈子，而进入国民教育的广阔实践领域中。国民教育一般分学校教育和社会教育。就社会教育（简称社教）方面，在各村各乡小学校内外，办理民革室、俱乐部之类的文化教育活动的多元中心，建立各种民众学校、夜校、识字班，举办各种识字组、读报、大众黑板、娱乐体育、演讲、戏剧、壁报等任何适合于民众需要并乐于参与的活动。

小学教员应成为乡村社会教育的主持者和承担者，而优秀小学生即可成为他的助手（小先生制）。乡村的共产党员也应首先参与其中，并借此积极团结与教育群众；各级党部、政府、部队、学校、民众团体都应指定专人，负责在其机关周围开办民众学校及救亡室、民革室、俱乐部一类的组织等，吸收机关附近的群众加入，主推社会教育发展。

多样的实施方式。在每县的中心市镇设立民众教育馆，并将其建设为推广社教的典型。特别注重发挥通俗的大众读物的作用，指导各类报纸杂志刊登国民教育相关资料与消息，在条件成熟的地区，兴办国民教育的专刊专报，并加以推广。除此以外，通过召开经常性的关于国民教育的各种会议，吸收一切同国民教育相关的团体与工作者参加会议、讨论问题。还应设立和推行帮助国民教育的各类社会团体，如小学教员联合会、国民教育研究会、社教促进会等。已有各类文化团体，包括文化协会和戏剧协会等，也应把助力国民教育当作其主要工作任务之一。

随着敌后抗日游击战的发展，中国抗日战争逐渐形成战略上互相配合的两个战场，一个是主要由国民党军队担负的正面战场，另一个是以中国共产党军队为主的敌后战场。敌后战场的开辟、抗日根据地的创建对稳定全国战局起了重大作用，是中国抗战转入战略相持阶段的重要条件。

---

① 中共中央宣传部办公厅，中央档案馆编研部．中国共产党宣传工作文献选编（1937—1949）[M]．北京：学习出版社，1996：138.

第四章

合作与斗争：抗战后期应对“反共”与扫荡的宣传动员

中国的抗日战争进入一个以战略相持为特点的新阶段后，局势曲折多变，情况异常复杂。国际局势剧烈变动的背景下，日本侵略者、国民党和中国共产党三者的力量对比和相互关系发生重大而深刻的变动。尤其是抗战后期，中国共产党及其领导的抗战事业不断面临危机，危机的直接来源一方面在于日本灭华企图，特别是侵华后期日军对根据地的残酷扫荡，另一方面在于国民党当局不断制造“反共”活动。在扫荡和“反共”夹缝中，中国共产党面临着政治、经济以及文化等全方位的危机环境。中国共产党面对严峻的国际国内局势，适时提出符合抗战和民众利益的政治主张，并展开了多方宣传动员，为成功冲出危局、战胜困境提供了有力保障。

第一节　缓解国共政治冲突的宣传动员

1938 年 10 月下旬广州、武汉相继失守以后，中国的抗日战争进入相持阶段。这是抗日战争中持续时间最长的阶段，各种政治力量在中国社会生活中地位作用的消长，给全民族抗战带来不同的特点，面临各种新的危机挑战。尤其是国民政府在抗战政策上动摇徘徊、迟疑不定，为维持其独裁统治和一党专政，甚至在民族危亡的紧急关头分别挑起三次“反共”高潮。第一次“反共”高潮于 1939 年冬至 1940 年春爆发，以陕甘宁边区及河北、山西地区为主要针对对象，后在八路军的反击下撤退。1940 年年底 1941 年年初爆发了第二次“反共”高潮，以皖南的新四军为主要打击对象，国民党顽固派炮制了皖南事变。1943 年又爆发了第三次“反共”高潮。借共产国际解散之机，国民党顽固派散布“反共”言论，制造“马列主义已经破产”“共产主义不适用于中国”等舆论，并挑衅陕甘宁边区，甚至伺机对延安突袭。这一时段，国民党中央党部颁布《防止异党兵运方案》《处理异党实施办法》和《运用保甲组织防止异党活动办法》，军委政治部颁布《共党问题处置办法》，等等。这些“反共实施办法”虽然名称不同，但目的都指向“反共”，企图消灭中国共产党领导的抗日民主政权。面对国民党制造分裂、对日投降、形势倒退等政治危机，中国共产党及时制定应对之策，并展开多方宣传动员，成功转危为机。

一、挽救投降与分裂的时局危机

抗战进入相持阶段，中国共产党领导的抗日根据地和游击战争在敌后迅速发展起来，增强了抗战力量，但蒋介石却十分疑忌，加强了“反共”宣传，不断制造摩擦。国民党加紧了“反共”行动，释放出对日准备投降的危险信号。针对局势的千变万化，中国共产党坚持“抗战”“团结”“进步”，反对“分裂”“投降”“倒退”，积极宣传党的主张、动员各方支持。

1939 年 1 月国民党五届五中全会召开，这次会议确定了“溶共、防共、限共、反共”的错误方针，通过了《防制异党活动办法》等训令文件，“反共”活动成为正式决策。在会议中蒋介石将抗战到底解释为恢复“七七事变”以前的原状，成为从积极抗日政策逐步倒退的标志。会后，国民党依据会议通过的《关于党务报告之决议案》指示：“今后本党应着重革命理论之宣传与领导，而使违反主义之思想无从流布于社会。”① 加强了“反共”宣传，制造了湖南平江惨案等多次严重事件。

国民党当局加紧“反共”活动，在中共中央看来，可能是他们准备对日投降的信号。中国共产党利用会议、宣言、报社记者谈话、与中间派政治力量协谈、创办刊物等方式，提出并宣传自己的主张。中国共产党显示

---

① 荣孟源，孙彩霞．中国国民党历次代表大会及中央全会资料：下册［M］．北京：光明日报出版社，1985：554.

出极大的抗日宣传动员能力，连蒋介石都在日记中自问："本党为何不能与共党抗争，一切组织、宣传、训练皆比不上共党?"（1939年3月2日）

1939年6月10日，毛泽东在延安高级干部会议上的报告中讲道："目前形势的特点在于：国民党投降的可能已经成为最大的危险，而其'反共'活动则是准备投降的步骤。"毛泽东特别指出过去还不是事实，现在已有成为事实之可能，所以务须具体指出，这样才能为克服投降危险准备，为如果投降有可能变为事实时提供及时而必要的应对政策。但为了保护抗战大局和已取得的抗战成果，毛泽东态度审慎地说："只要蒋领导抗战一天我们还是拥护的（当然以抗战为条件）。""积极帮助蒋与督促蒋向好一边走，仍然是我们的方针。"① 中国共产党人以大革命失败的历史经验为借鉴，告诫全党必须在思想上、组织上准备自己，并准备舆论，准备群众，以便克服困难，随时对付事变，从而避免可能的损失。

面对步步紧逼而来的横逆，中国共产党不能不严阵以待。否则，敌后抗战已经取得的成果将会丧失，抗战大局会遭到严重破坏。1939年7月7日，中共中央在《为抗战两周年纪念对时局宣言》中提出"坚持抗战，反对投降；坚持团结，反对分裂，坚持进步，反对倒退"三大政治主张。9月16日，毛泽东同"中央"社、《扫荡报》《新民报》三记者谈话中，又向国民党顽固派表明了"人不犯我，我不犯人，人若犯我，我必犯人"的严正态度。

紧接着，摆在中国共产党人面前的是两种时局倾向，犹如一个硬币的两面：一面是抗日民族统一战线存在着投降危险、分裂危险和倒退危险变化发展；另一面是中国共产党已成长为全国性的大党，突破了原来的小圈子，要夺取中国革命的胜利，急需建设成一个全国性的、具有广泛群众性的、思想上政治上组织上完全巩固的布尔什维克化的党，这是一个伟大的工程，要求出版专门的党报帮助其完成。1939年10月《共产党人》作为专门的党报发行，毛泽东在《〈共产党人〉发刊词》中着重强调了在目前时机下，出版专门党内刊物的极端重要性和必要性，因为目前党的重要任

① 中央档案馆．中共中央文件选集：第12册［M］．北京：中共中央党校出版社，1991：82，113，114.

务在于动员群众规避投降危险、分裂危险和倒退危险，同时对可能出现的突然事变做准备，避免使党及其领导的革命事业在可能的突然事变中蒙受不可预料的损失。①

坚持“抗战”“团结”“进步”，反对“投降”“分裂”“倒退”，成为中国共产党在抗日战争中期的主要政治主张。它抓住了时局中的三个关键问题，符合抗战和民众的利益和要求，深得人心，产生了重大影响。

在大后方，中国共产党利用与中间派政治力量的合作时机，扩大自己的政治主张，如多次举行的共商合作问题的聚餐会以及国民党参政会。1939 年 9 月第一届第四次国民党参政会中，毛泽东等 7 人提出要求反对妥协投降和加强党派合作的意见，在与中间派政团的参政员谈话中，强化加强团结、坚持抗战是关系民族存亡关键的认识。

国民党顽固派却把中国共产党维护抗战大局的审慎态度视为软弱，国内的政治局势日益恶化，蒋介石越来越倾向于使用军事手段打击中国共产党，加强了对陕甘宁边区的军事封锁，在敌后不断与八路军、新四军制造摩擦，导致晋东南、晋西北军事冲突和河北摩擦进一步升级。同时，国民党变本加厉地宣传“一个政党、一个主义”的主张，鼓吹“以党建国”，还有一些人叫嚷着只有一个“三民主义”就够了。

为了解决中国究竟向何处去的问题，应对时局中提出的种种疑问，1939 年与 1940 年之交，毛泽东接连发表了《〈共产党人〉发刊词》《中国革命和中国共产党》《新民主主义论》等文章，第一次旗帜鲜明地提出并系统阐释了新民主主义理论，这是客观形势发展所需，回答了中国现阶段民主革命和未来建设新中国的系列根本问题。

为了让世人了解中国共产党对时局和中国未来前途的看法，中国共产党在抗日民族统一战线中坚持独立自主，也必须在全国人民面前旗帜鲜明地提出自己的主张，高举大旗以吸引支持者。

1940 年 1 月，毛泽东在陕甘宁边区文化协会第一次代表大会上进行演讲，鲜明提出：要建立一个新中国！并具体阐述了要造就的新中国的政

① 中共中央宣传部办公厅，中央档案馆．中国共产党宣传工作文献选编（1937—1949）［M］．北京：学习出版社，1996：79.

治、经济和文化，即这是一个无产阶级领导的各革命阶级联合专政的新民主主义共和国，是以国营经济为领导力量的合作经济和民族的、科学的、大众的文化为特点的国家，并由新民主主义革命和社会主义革命两步完成，这是两个前后衔接的阶段。新民主主义理论的提出，使中国共产党领导的民主革命有了清晰的规划。这篇演讲在《解放》杂志上发表，竖起了新民主主义的旗子，也为党的宣传动员工作提供了巨大指导作用。

然而克服逆转，争取时局好转，是一个艰苦斗争的过程。国内抗日进步势力克服投降倒退的力量还不足，就使得投降与倒退的危险依然严重地存在着，依然是目前时局中的主要危险。中国共产党人随时准备对付可能发生的突然事变，意识到虽然目前是局部的地方性的事变，仍应提起高度的警觉性。为了力争时局好转，逆转危险，中国共产党做了全面的宣传动员部署，明确必须强调抗战、团结、进步三者缺一不可。1940 年 2 月 1 日《中共中央关于目前时局与党的任务的决定》指明基本任务是强固抗日进步势力，抵抗投降倒退势力，力争时局好转，克服时局逆转，因此提出必须执行的十大任务，还强调如果能坚决并具体正确地执行这十大任务，就一定能够强固抗日进步力量，克服投降倒退力量，争取时局好转，避免时局逆转。而这十大任务都不同程度地强调了宣传动员工作的落实，比如十大任务中首要的是普遍扩大反汪反汉奸的宣传，坚决揭穿一切投降分裂的阴谋，通过明确具体地证明“反共”是投降派准备投降的反革命步骤，从而从思想上政治上打击投降派与“反共”派。比如猛力发展全国党政军民学各方面的统一战线、广泛开展力争民主政治的宪政运动、发展抗日的民众运动、巩固与扩大进步军队、广泛发展抗日的文化运动等任务的提出，这些任务的完成都需要切实的宣传动员。基于此，中国共产党进一步具体提出目前宣传鼓动的十四条具体口号：一是拥护抗战到底的国策，反对汪精卫的卖国协定；二是全国人民团结起来，拥护蒋介石，打倒汉奸汪精卫；三是拥护国民政府，打倒汪精卫的伪中央；四是拥护国共合作，打倒汪精卫的“反共”政策；五是“反共”就是汪精卫分裂统一战线的阴谋，打倒一切“反共”的力量；六是加剧全国团结，消灭内部摩擦；七是革新内政，开展宪政运动，树立抗日民主政权；八是开放党禁，允许抗日党派的合法存在权；九是人民有抗日救国的言论、出版、集会、结社自由权；十是发展民众运动，实行减租减息减税，改良工人生活；十一是巩固抗日根据地，反对汉奸“反共”派顽固派的阴谋破坏；十二是拥护抗日有功的军队，充分接济前线；十三是发展抗日文化，保护进步青年，取缔汉奸言论；十四是中华民族解放万岁。①

1940 年 3 月 30 日，汪伪国民政府作为日本的傀儡在南京成立，还组织起“和平救国军”等伪军，出卖国家和民族利益，成为日本侵略中国的重要工具。时局危机转换中，党的宣传动员工作的中心任务随之发生转变，痛击的主要对象从过去顽固派转移到亲日派和内战挑拨者身上。日本正在积极引诱中国投降，国内亲日派阴谋家与内战挑拨者正在积极活动，包围与压迫中国当局，发动内战，实行投降。他们的目的在于引起中国分裂，使国共两党互相火拼，两败俱伤，以便坐收渔翁之利。基于此分析，1940 年 11 月 7 日中共中央发出《关于反对投降挽救时局的指示》，呼吁“时局危机极端严重，全党必须动员起来，反对投降分裂，挽救时局危机”②，迅速动员党内外一切积极分子，用口头、文字、图画、书信、电报及一切可能方法，直接间接向国民政府当局、国民党、军队、各党各派各界，诚恳积极地说明：剿共就会亡党亡国，投降必使中国四分五裂，必使抗日军瓦解，必使抗战统帅身败名裂，必使全国人民陷入牛马奴隶的境地。这些正是日本的诡计，正是亲日派阴谋家与内战挑拨者的诡计，我们万万不要中此诡计。我们共产党始终爱护国民党、爱护友军、爱护一切抗日党派团体人员。所要求者只是坚持抗战团结，不投降，不分裂，不内战。在这个基础上，实行中共中央 1940 年“七七宣言”中的一切宣示及历来统一战线方针，愿与国民党及各党各派各界各军团结到底。

同时指明宣传动员的具体策略，指导党内外积极分子做宣传时，应当注意自己的态度。不要骂国民党，不要骂中央军与黄埔系，不要骂杂牌军，不要骂三青团与复兴社，也不要骂英美与英美派（我们当然不能同意

① 中共中央关于目前时局与党的任务的决定［N］．新中华报，1940-02-14.

② 中共中央宣传部办公厅，中央档案馆编研部．中国共产党宣传工作文献选编（1937—1949）［M］．北京：学习出版社，1996：193.

加入英美集团，因为它是帝国主义战争集团，但这不是目前斗争的中心），而要集中一切注意力痛骂亲日派阴谋家及内战挑拨者，强调日本的诱降阴谋，响亮地提出反对投降反对内战的口号，提出枪口对外、中国人不打中国人的口号，提出全国人民团结起来制止投降制止内战、驱逐亲日派的口号。我们的态度要诚恳积极热烈，尽一切可能，到处奔走呼号，不惜舌敝唇焦，表现自己是一个团结全民、捍卫民族的爱国志士与忠心朋友。当此紧张时机，全党的中心任务是反对投降与内战：我们过去对于顽固派斗争的火力，现在主要的要转移到亲日派与内战挑拨者身上，以此为中心而痛击之。如果亲日派与内战挑拨者被击破，顽固派要投降就比较困难了。

二、发动政治攻势化解皖南事变冲突

国民党不断制造“反共”军事摩擦，尽管1940年下半年毛泽东立足分析国内外形势变化，一再警示党内要做好精神准备，应对突然发生的事变，应付最危险、最黑暗的局势到来，然而危险来临还是很快，国民党在1941年1月制造了震惊中外的皖南事变，抗日民族统一战线下国民党制造的三次“反共”高潮，以皖南事变为甚。中国共产党采取坚决的斗争策略，军事守势，政治攻势，开展了广泛的舆论战，争取了各方面的同情和支持，充分展示了中国共产党娴熟的宣传动员技巧，成功化解了危机。

1941年1月4日，新四军军部及直属部队9000多人奉命北移，经过泾县茂林地区时突然遭到国民党8万多名重兵的包围袭击。新四军指战员奋战七昼夜，地形不利、寡不敌众，最终大部分壮烈牺牲或被俘，军长叶挺被扣押，副军长项英被叛徒杀害，参谋长周子昆、政治部主任袁国平等皆遇难。蒋介石反诬新四军“叛变”，通令取消其番号，宣称要把叶挺交军法审判。这就是震惊中外的皖南事变。

皖南事变发生后，中国共产党考虑到全民族抗战的大敌当前，决定采取军事守势、政治攻势的斗争策略，开展了广泛的宣传舆论战，发动了强大的政治攻势，争取了各方面的同情和支持。

（一）当机立断，积极做出应急响应

1941年1月17日，国民党军委会发言人宣布处置新四军事件的决定，

党中央在 18 日立即发出《关于皖南事变的指示》，对党的宣传工作做出具体指示，严峻提指这是一场严重事变，是抗战以来国共抗日统一战线不曾出现的，警示全党及全国人民应予以关注；揭示国民党现已公开宣布的新四军叛变、提军法审判是其采取的政治行动，表明国民党已经准备着与我党破裂，这表现日本全面侵华以来国民党的首次重大政治变化。为了反击国民党，中共中央决定运用宣传武器迎接国民党的进攻：“在各抗日根据地内经过刊物，报纸，会议，群众大会对于国民党亲日派，顽固派同谋歼灭皖南新四军的行动，提出严重抗议，并到处提出口号。”① 在宣传动员工作中应指明抗战要取得胜利，必须进行政治机构改革，实行民主，戳穿抗战以来国民党当局对人民和革命分子反动和黑暗的方面，揭露其压迫、屠杀革命分子，却宽容、消极应对日寇汉奸的行径。

蒋介石试图就事论事，“以指斥新四军为限”“应不涉及共产党或第十八集团军”②，企图快速息事宁人，不让事态再扩大。《中央日报》在 1 月 18 日发布撤销新四军番号令。周恩来不顾对方的新闻封锁，当天即写就抗议题词在《新华日报》刊出，其中一幅为“千古奇冤，江南一叶，同室操戈，相煎何急”，另一幅为“为江南死国难者致哀”。周恩来饱含悲愤的亲笔题词，先在重庆产生了震动，后又扩展到全国，这样大胆地针锋相对，使得受到刺激的部分国民党人主张要将该报社迅速查封。为了让更多的人了解真相，重庆在秘密散发经周恩来审定的《新四军皖南部队惨被围歼真相》，越来越多的中间派与中间人士开始把同情转到中国共产党一方，而对国民党行径表示失望和指责。周恩来等以重庆为基地揭批国民党的内战阴谋，展开宣传攻势。面对国民党强大的新闻检查局限和制约，此种宣传尽管影响普通民众有限，却引发了国民党内部和国际舆论方面的极大震动。事变的发生主要是国民党内部军事领导人策划和推动的，国民党内多数高层干部对剿灭黄河以南中共军队的计划一无所知。所以，作为皖南事

① 中共中央宣传部办公厅，中央档案馆编研部．中国共产党宣传工作文献选编（1937—1949）［M］．北京：学习出版社，1996：207.

② 王世杰．王世杰日记：第 3 卷［M］．台北：“中央研究院”近代史研究所出版社，1990：11.

变期间还忙于两党联络的张冲在得悉实情后，在周恩来面前无奈叹气，表示“没有脸见人”。宋庆龄、柳亚子、何香凝等更是联名上书蒋介石和国民党中央，痛切陈词。冯玉祥、孙科等也用不同方式表达愤慨、忧虑或同情。国内其他各小党派也纷纷反感国民党的这种做法。根据周恩来报告说，章伯钧、左舜生等因不满国民党的做法，拟发起成立民主联合会，目的是与中国共产党合作，团结各党各派、无党无派和国民党左派，一道从事民主和反内战运动。第三党也在当局压力下逐步“左”倾，建议联苏联共，与中国共产党展开更密切的合作。①

（二）观察国际舆论，做出果断决策

皖南事变发生后的事态发展出乎蒋介石的意料，让国民党最感不安的是国际舆论，尤其涉及苏、英、美等国。连在重庆的外国记者对封锁消息一事都极为不满，更不用说外交人员的倾向性了。苏联《真理报》与美国报纸都发表抨击国民党制造皖南事变的言论，英国援华总会和美国政府都对此事表示关切，向蒋介石施压，不希望发生国共纠纷。②

中共中央对国民政府军委会发言人于1月17日宣布的对新四军的处置办法无法接受。为争取政治上的主动，1月20日，中共中央已要求周恩来向国民党提出皖南事变善后办法十二条，要求国民党停止挑衅，撤退华中“剿共”军，平毁西北的封锁线，惩办事变祸首何应钦、顾祝同、上官云相，撤销17日的命令，恢复叶挺自由及交还全部被俘人枪等。③ 随后三日毛泽东反对再与国民党发生任何公文往来，声称对蒋已无话可说。中共中央在25日进一步扩充十二条的要求内容，将此作为解决皖南事变、挽救时局危机的办法，要求周恩来通过张冲转交国民党中央，并说明我党主张是只要蒋不准备全面破裂，中国共产党便“以尖锐对立求得暂时缓和”，“不断绝和他们来往”，以此为策略，不公开反对蒋介石及整个国民党。

---

① 中央档案馆．皖南事变（资料选辑）［M］．北京：中共中央党校出版社，1982：254-255、257-258；王世杰．王世杰日记：第3卷［M］．台北：“中央研究院”近代史研究所出版社，1990：5-11.

② 中共中央文献研究室，金冲及．周恩来传［M］．北京：人民出版社，1989：491.

③ 中共中央文献研究室．周恩来年谱（1989—1949）［M］．北京：中央文献出版社，1991：488.

中共中央的上述条件，是政治反攻的一种方式和策略。毛泽东不止一次地解释说：所以采取这一策略，根本上是因为以此“可以对付两种情势中之任何一种：如蒋业已准备全面破裂，我们便是以破裂对付破裂；如蒋并未准备全面破裂，我们便是以尖锐对立求得暂时缓和”①。

估计到目前形势发生的变化，毛泽东1月24日致电周恩来，对当前时局转变与应对之策做出预计和判断，肯定军事守势、政治攻势，认为17日以后对方已处于防御地位，“只有军事攻势才会妨碍蒋之抗日，才是极错误政策，政治攻势反是，只会迫蒋抗日、不会妨蒋抗日，故军事守势、政治攻势是完全正确的，二者相反正是相成”②。

缜密观察后，中共中央政治局在1月29日召集会议，毛泽东拟定的《关于目前时局的决定》在大会上通过。鉴于目前蒋介石已经从革命走到反革命，国共前途已然朝向破裂，全党一定要做好与蒋介石分裂的准备，强调过去斗争与联合的两面政策已经不适用现在的情形，我们现在被迫要放弃联合政策，而不得不采取单一的斗争政策，指明今后的斗争方向是“动员全国人民，孤立与克服大地主大资产阶级及其首领蒋介石的反动，使一切主张抗日与民主各阶层的人民代表去代替反动了的大地主大资产阶级，组织抗日民主的国防政府”③。然而，受到各方面因素的制约，国共目前未完全破裂，当前仍然应坚持政治反攻与军事防守的策略。

在及时应对的同时，中国共产党积极争取国际支持，包括英、美、苏联等方。周恩来与英国驻华大使进行面谈，大使随后便劝告蒋介石停止国内冲突，以免处理不当造成事变。英、美担心会因此事引发大规模内战，破坏他们用中国牵制日本的打算，也反对蒋介石的做法。正如蒋介石在1941年2月1日的日记中反映的：“新四军问题，余波未平，美国因受共党蛊惑，援华政策几乎动摇。”苏联驻华大使潘友新也当面质问蒋介石，

① 中央档案馆．皖南事变（资料选辑）［M］．北京：中共中央党校出版社，1982：198-199.

② 中央档案馆．皖南事变（资料选辑）［M］．北京：中共中央党校出版社，1982：207-208.

③ 中央档案馆．皖南事变（资料选辑）［M］．北京：中共中央党校出版社，1982：198-199.

日方又乘此派 15 万多军力向豫南发起猛烈攻势。

迫于多方舆论压力，国民党中宣部 23 日受命秘密指示各宣传单位，对皖南事变的说明要严格限定范围，这是军事而不是政治问题、是内政而不是外交问题、是局部而不是全国性问题。蒋介石在 25 日与苏联大使潘友新会面时表示："这绝非政治或党派问题。"① 27 日蒋介石更公开声明针对新四军的行动"纯然是为了整饬军纪，除此之外并无其他丝毫政治或任何党派的性质夹在其中"②。

发动皖南事变的蒋介石，原计划利用有利时机，在国内外不会遭遇大抵制，日本也会感到欣慰，或者最坏也会保持中立。然而，局势的发展远远超出他的预计。他错误地预判了中国共产党的态度、国内舆论引发的不满以及国际社会产生的反响，尤其是日本方动向。实践证明，他想维持抗日的同时发动"反共"是走不通的，迫使他陷入国际、国内孤立和进退两难的被动境地。

此后，中国共产党对国民党破坏统一战线的行为进行了"有理、有利、有节"的斗争，国共关系暂时趋向缓和，避免了全面分裂的危机。

（三）吸取事变教训，坚持宣传动员中的辩证法

尽管皖南事变后避免了抗日统一战线全面分裂危机，但国民党反动宣传变本加厉。由于国民党的抗战政策具有两面性，必然导致其在宣传上也表现出两面性，体现在诸多方面，如一面抗战，一面随时进行投降阴谋；一面要求民众参战，一面强行统制民众；一面联共，一面随时进行"反共"活动；一面要求精诚团结，一面强行绝对统一；一面强调三民主义，一面修正三民主义；一面高唱精神动员，一面厉行思想统制；一面强调文化教育，一面厉行复古主义。此类现象举不胜举，针对国民党宣传的两面性必须辩证看待和处理，展开宣传应对，以奠定思想基础，确保人民觉悟程度的提升，达到抗战与新民主主义共和国的胜利。中国共产党吸取皖南事变的深刻教训，中宣部于 1941 年 3 月和 5 月连续下发了《关于反敌伪宣传工

① 王世杰．王世杰日记：第 3 卷［M］．台北："中央研究院"近代史研究所出版社，1990：14.

② ［日］古屋奎二．蒋总统秘录［M］．台北："中央"日报社，1974：115.

作的指示》和《关于展开对国民党宣传战的指示》两个重要文件，全面部署国民党的宣传战，制定了中国共产党开展宣传战的基本政策，指明应该坚持和反对的：一方面坚持把抗战到底放在首位，坚持抗日民族统一战线与新民主主义政治，遵守真正的三民主义与总理遗嘱。同时，多角度揭露国民党“反共”投降的阴谋，以及违背三民主义与总理遗嘱的言行，以此促进国民党进步分子，争取中间分子并孤立其反动分子。另一方面，广泛联合同情者和同盟军，一道反对国民党的“反共”、投降，以及复古主义和一党专制主义，呼吁思想、信仰、研究、言论、出版、教育、创作等自由，要支持和帮助中间分子的自由主义立场，同情被压迫与排斥的地方势力。

以确定的基本政策为前提，《关于展开对国民党宣传战的指示》进一步指出共产党要秉承宣传动员中的辩证法，辩证对待国民党宣传的两面性。一是拥护和赞助国民党的抗战及合理方面的宣传；二是对于国民党反动的、具有虚伪性与局限性的宣传，应当仅拥护其真实进步和合理的成分，反对和批评其不彻底性的成分，揭露其两面性和虚伪性，力图冲破其局限性；三是利用其合理、进步的一面，以打击其反动、谬误的一面。但在实际的宣传工作中，要有针对性地具体分析和回应国民党不同的宣传内容和特点。在反对国民党思想上、政治上的一般反动宣传时，应以马列主义批评其反动理论，以真正的三民主义和总理遗嘱对抗其修正三民主义，以新民主主义文化对抗其复古主义文化，击破其反动政策。

击破国民党虚伪、夸大、造谣、掩饰等宣传武器，应坚持革命现实主义的和真正科学的立场，宣传鼓动中某些夸张的东西是不必要的。

在反对国民党的“反共”宣传时，应注意以下原则：以科学立场解释共产主义和中共适合中国国情的需要；以客观事实证明八路军、新四军及各抗日根据地的合法地位（合于三大政策的三民主义，合于总理遗嘱，合于抗战建国纲领）；以真凭实据粉碎其造谣诬蔑，以公开揭露对付其秘密宣传。

在反对国民党一般的“反共”宣传中，遵循有理、有利、有节的原则，并需要以说理明事的态度，去贯彻义正词严的立场，以便争取社会的尤其是中间分子的同情。但对于顽强的、有影响的“反共”宣传，则应进行系统彻底的斗争，直至对方全军覆没、哑口无言。

要同国民党展开全面的、进攻的宣传战。全面是要从理论、政治、军事、文化、文艺，以至教育、经济、历史科学和自然科学等各方面都建立和巩固作战地。为此，要有计划地培养和调节各方面的干部，系统地加深他们的专门研究。

在瓦解反动宣传方面，不但应当从外面来击破它，还应当乘隙打入国民党的各种宣传堡垒里面去瓦解它，尤其要善于利用其内部矛盾而各个击破。在反对反动宣传和扩大进步宣传方面，应当同时使用合法战与非法战，应当动员外围军和中间力量，并利用外国宣传机关。为胜利地使用这些战术，就需要我们灵活地、正确地执行宣传战方面的统一战线政策，善于建立、扩大和巩固外围力量与中间力量，善于处理秘密工作与公开工作的联系，务求长期保护宣传战方面的内线工作、外围力量与中间力量。

在国民党区域的出版发行工作（党的和同情者的），要以精干政策战胜国民党的量胜政策，以分散政策抵抗其统制政策，以隐蔽政策对抗其摧残政策。因此，需要改变和改善宣传战方面的组织工作，主要是出版发行工作。知己知彼，百战百胜。要想战胜国民党反动宣传，就必须既熟悉共产党的政策、口号及其事迹、言论、文献，又熟悉三民主义及国民党历史，熟悉其文献、政府法令、内部派别、领袖人物及言论，但要做到这些，就必须纠正党内和宣传工作干部中相当普遍的轻视或忽视研究国民党的观点。

要战胜国民党反动宣传，宣传工作干部就必须努力于马列主义中国化的事业，努力研究中国历史和中国社会，在我们的宣传战上真正做到“中国人喜闻乐见”的“中国气派与中国作风”①。

上述指示及其实施充分展现了中国共产党宣传动员工作趋于成熟，在国内外引起了强烈反响，国民党最终陷入了四面楚歌的困境，而中国共产党则借此大大提高了威望，皖南事变也由此成为抗战时期国共政治力量对

① 中共中央宣传部办公厅，中央档案馆编研部．中国共产党宣传工作文献选编（1937—1949）［M］．北京：学习出版社，1996：223-225.

比发生变化的一大转折。中共中央还吸取皖南事变的深刻教训，对增强党性做出了明确规定。

三、应对共产国际解散后国民党的舆论战

1943年5月，共产国际宣布解散。国民党顽固派借机发动第三次“反共”高潮，对中国共产党进行舆论攻击和军事打击，使中国共产党面临新的危机。共产国际宣布解散的消息传至国内后，引发了当时国民党的极大关注，蒋介石感到这必然是“影响国内民心内政的一件大事”，应“重加研讨”对共产党的对策，因为在蒋介石看来，共产国际的解散必将动摇共产主义精神的根本，“乃至完全丧失”。于是国民党在蒋介石的部署下，借机准备发起一场针对中国共产党的重大舆论进攻，宣传机器全开，围绕此事展开了长达半年之久的大肆宣传。国民党利用直接或间接控制的出版社密集发行和出版相关文章和书籍，多达70余篇文章以及22本专题书籍声称“中共已因共产国际之消灭而失其领导机构”，就像“皮之不存毛将焉附”一样，因此“中共实无存在之必要”①，企图对中国共产党存在的合法性加以否定，还叫嚣“解散中国共产党”“取消陕甘宁边区”。

国民党顽固派不仅展开舆论攻势，还调动兵力准备进攻陕甘宁边区，着手准备军事打击。中国共产党面临重重外部危机，党内部分人士也存在思想分歧和疑虑，有被国民党从内部分化的危险。因此，中国共产党既要应对国民党顽固派的舆论和军事双重攻势，又要统一党内思想，纠正关于共产国际解散的错误认识以及对于中国革命前途的模糊认识，以统一的思想认识领导抗战胜利。面对共产国际解散后的各种危机形势，中国共产党采取多种举措冷静应对，展开宣传部署，进行了有理、有利、有节的斗争，运用强大的宣传动员能力，既成功击退了国民党顽固派的攻击，又统一了党内思想，增强了组织力和凝聚力。

（一）正确研判形势，正面发声

针对国内可能持续引发的“反共”政治危机，中国共产党亟待官方做

① 言论界应注意的几点［J］. 宣传通讯，1943（114）.

出强有力的舆论回应。在得知共产国际解散的消息后，中共中央没有贸然发声。毛泽东给当时在重庆的周恩来发电告，中国共产党的应对态度应积极稳妥，并对收到共产国际执委会主席团文件后的行动做出指示，先与各报同时在《新华日报》发表，暂不评论。1943 年 5 月 22 日，共产国际执委会主席团《关于提议解散共产国际的决定》在苏联《真理报》正式公布。当天，周恩来在会见外国记者时态度比较谨慎，表明：针对共产国际解散一事中共中央之后会发表决定，共产国际的解散是自然发展的结果，中国共产党自共产国际七大之后一向自主决定本国问题。中共中央在 5 月 26 日迅速召开政治局会议，此时刚拿到《真理报》发表的决定，做出《中国共产党中央委员会关于共产国际执委主席团提议解散共产国际的决定》（以下简称《决定》）。在《决定》中，中共中央十分清晰地用历史唯物主义表达了中国共产党的态度，讲明共产国际完成了它的历史使命，具体介绍了共产国际解散的基本情况，具体分析和阐释了解散的原因及影响，当前中国共产党更需要独立地根据自身特殊条件解决一切事务，同时指明，中国共产党是近代中国历史发展所需创立的，目前已经能够完全独立地运用马克思主义指导中国革命实践；解散共产国际“将使中国共产党人的自信心与创造性更加加强，将使党与中国人民的联系更加巩固，将使党的战斗力量更加提高”①，而不会对中国共产党领导的中国革命事业造成削弱。26 日晚，毛泽东在中共中央书记处召开的延安干部大会上做出关于共产国际解散问题的报告。在报告中毛泽东充分肯定了共产国际在它存在的整个历史时期中的重大贡献，同时说明现在需要加强各国民族共产党，共产国际这个革命的组织方式已经与现在斗争要求不相适应了，解散其不是要减弱各国共产党，相反是为了更加强化。因而，毛泽东更加着重强调中国共产党人对自己所担负的历史责任要有更清醒的认识，高度发挥自身创造力。他指明：“有两种团结是绝对必要的，一种是党内的团结，一种是党和人民的团结，这些就是战胜艰难环境的无价之宝。全党同志必须团结在中央的周围，只要共产党人团结一致，同心同德，任何强大的敌人，

① 中共中央文献研究室．毛泽东年谱（1893—1949）：中卷［M］．北京：中央文献出版社，2013：440-441.

任何困难的环境，都会向我们投降的。"①《决定》与报告立场鲜明地表达了中国共产党的独立性和立场，也表明了中国共产党为实现抗战胜利而团结一心奋斗的决心。

周恩来于5月26日向毛泽东并中共中央书记处发电告知：国民党会在三日内就共产国际解散一事发表宣言，届时会向中共提出交出军权和政权的要求，下一步极有可能向边区发起挑衅，建议中央立即发表决定，免于被国民党抢在前面。毛泽东连夜致电周恩来，告知中央已就此事件做出决定，并附原文，要求周恩来在《新华日报》刊登并请其将全文发给莫斯科。次日，《解放日报》刊登了《决定》。紧接着，第二天社论《论共产国际底解散》在《解放日报》首版刊登，同时刊发了毛泽东在延安干部会议上所作题目为《关于共产国际解散的报告》的讲话。在此之后，各根据地通过召开干部大会传达中央精神，具有正本清源的重要意义。

（二）强有力回击，开展舆论斗争

国民党顽固派对中共中央公开发布的《决定》和毛泽东的报告熟视无睹，不顾民族统一和抗战大义，污蔑造谣行径不但没有收敛，反而变本加厉，急于消灭共产党，秘密谋划欲采取军事行动。在国民党顽固派的直接挑衅和攻击态势下，中国共产党从根本问题出发，紧紧抓住争取抗战胜利的民族大义这一核心，正面引导联合舆论斗争，把宣传反击和军事反击结合起来同时进行，成功化解了国民党顽固派的进攻危机。

第一，立足民族统一和抗战大义，呼吁共同抗战。中国共产党把党的抗战成绩与揭发国民党阴谋的宣传相结合，坚决从抗战大局和民族大义出发，呼吁为了争取抗战胜利，国共两党应团结起来。周恩来在1943年6月4日召开南方局会议，对国民党由于共产国际解散可能会对中国共产党采取的策略展开分析，并制定了应对之策，指出要以努力分化顽固分子、教育民主分子、争取更多支持为政治原则展开宣传，宣传内容主要侧重中国共产党抗战与建设的成绩、坚持团结与民主的主张和事实，同时宣传马列

---

① 中共中央文献研究室．毛泽东年谱（1893—1949）：中卷［M］．北京：中央文献出版社，2013：441.

主义的普遍真理，以敌伪的阴谋和对国民党当局政策矛盾的揭发为辅助。①6月27日，《解放日报》发表社论《再论共产国际的解散》，对共产国际解散一事从马克思主义、国际主义和中国共产党3个维度进行了全面分析。从马克思主义维度指出："共产国际的解散，表明马克思主义的历史又到了一个更新的和更高的阶段。""马克思主义之将在全世界继续发展，乃是一种具有历史必然性的不可抵抗的现象，而决不以任何国际中心的存在和帮助为其必要前提。"从国际主义维度提出："觉悟的人类，有这种国际组织也好，有那种国际组织也好，甚至完全没有任何国际组织也好，其不分国家民族而团结一致，是一件再自然不过的事情。"这就从国际共产主义运动的角度阐明了共产国际的解散并非共产主义的失败，恰恰是在新的历史条件下的新发展，强有力地回应了国民党叫嚣的"共产主义在世界即将消亡"的错误言论；尤为重要的是，社论最后从团结统一、一致抗日、争取抗战胜利的高度强调，中国共产党是一个最民族化的政党，直呼迅速地将两党间的关系予以调整和改善，抓住国际局势一天比一天更加有利于中国的抗战的机会，攻克国内困难，促进抗日民族统一战线巩固，为抗战胜利而努力，只有这样才算是没有错过今天世界反法西斯战争的有利条件，没有辜负共产国际解散这一件大事了。

第二，强化宣传力度，积极开展舆论回击和军事斗争。一心想消灭中国共产党的国民党顽固派对中国共产党巩固抗日民族统一战线的呼声置若罔闻，甚至在1943年7月一边制造舆论攻击，一边加紧了军事进攻。毛泽东在7月3日和4日两天内，给周恩来、林彪、董必武等发去电报，就胡宗南进攻边区的最新军事动向进行通报，表明目前面临空前严重内战危机，很有可能在数日内爆发战事，要求周恩来等同国民党方积极交涉，采取措施尽快阻止其行动。7月6日，国民党当局不仅派军队包围《新华日报》报馆，禁止发表《中共中央为抗战六周年纪念宣言》，还在其作为政府官方通讯社的"中央"通讯社发布一条新闻，公开"反共"、摧毁团结，声称：西安各文化团体曾于第三国际解散后举行了讨论国际局势的座谈

① 中共中央文献研究室．周恩来年谱（1898—1949）［M］．北京：中共中央文献出版社，1998：568-569.

会，并经决议联名致电毛泽东，督促其自觉、及时解散共产党组织，放弃边区的割据。7月7日，中共中央政治局即召开会议，讨论如何应对国民党的“反共”宣传及其意欲进攻陕甘宁边区事宜。毛泽东发言揭露国民党公开宣传、制造“反共”舆论以及准备进攻边区的行径，本质上是企图利用共产国际解散的机会，解散中共、取消边区和八路军。对于他们实施的军事压迫和政治阴谋，我们应该用宣传回击“反共”宣传，以军事对付军事进攻。会议通过了毛泽东的意见，并做出相应的四项反击决定。① 当天下午，胡宗南陕甘宁边区关中分区驻军前沿警戒阵地进行炮击。8日，毛泽东为中共中央起草致各中央局、中央分局的电报，提出宣传反击要求：本月内各地在延安宣传带动下，先后动员当地舆论，并召集民众会议，给新华总社发通电要求国民政府制止内战、惩办内战挑拨者，通过广播造成压倒反动气焰的热潮。与此同时，将延安及当地发表的各个文件印刷成册，提供给干部阅读并加以讨论，借助此机会强化对党的内部和人民的教育。延安各界群众于第二天便行动起来，3万余人举行了声势浩大的纪念抗战六周年大会，发出呼吁团结、反对内战的通电，揭露了国民党挑起的破坏团结的“反共”言论和反动军事进攻，要求避免内战，立即撤退国民党军队对边区的包围，严惩挑拨内战分子。当日毛泽东还在给董必武、周子健的电报中，指示他们要通过多种渠道，广泛散发揭露国民党当局“反共”和准备进攻陕甘宁边区的各种文电材料，强调这个工作的特殊性和重要性，“此种宣传品散发愈普遍则愈于我方有利，请用全部精力组织此事”②。

中国共产党运用宣传和军事反击相结合的方法，在宣传舆论战场有力地回击了国民党，使其遭到国内、国外舆论的指责，同时迫使蒋介石、胡宗南不得不下令撤退，声明“误会”，改变了计划，成功战胜了内战危机。

第三，深入思想理论层面，击碎国民党“反共”舆论的立论基础。

---

① 中共中央文献研究室．毛泽东年谱（1893—1949）：中卷［M］．北京：中央文献出版社，2013：449，451.

② 中共中央文献研究室．毛泽东年谱（1893—1949）：中卷［M］．北京：中央文献出版社，2013：451-453.

1943年3月，国民党出版了由蒋介石授意、陶希圣执笔的《中国之命运》一书。该书的核心在于宣扬“一个主义”“一个党”，公然反对共产主义，从理论上为国民党一党独裁作粉饰。共产国际解散后，国民党顽固派攻击共产主义和中国共产党的论证基础大多来源于此。因而，要打赢这场舆论战，必须深入思想理论层面，必须集中力量对此书进行彻底的批判，击碎国民党“反共”舆论的立论基础。毛泽东写的社论《质问国民党》在7月12日的《解放日报》上发表，质问和抗议蒋介石和国民党不用力气抵抗日本的侵略和惩办汉奸卖国贼，而极力“反共”、破坏抗战大局和准备进攻陕甘宁边区这种亲痛仇快的行径，进一步揭露这种行径来源于国民党顽固派的“反共”反人民思想：共产国际解散后，国民党围绕企图解散共产党“忙得不可开交”，“但是偏偏不肯多少用些力量去解散若干汉奸党和日本党”，“盼望马克思列宁主义破产”，而针对“汪精卫的三民主义与德意日的法西斯主义不置一词”，本质上是因为“你们和他们之间，都有许多共同的地方，其中最基本的共同思想，就是‘反共’反人民”①。董必武也致电中共中央，建议对《中国之命运》一书组织力量开展批判，接着开始集中火力批驳。7月18日，《解放日报》再发社论《再接再厉，消灭内战危险》，未点名地批判《中国之命运》一书是“中国法西斯主义的经典”。7月21日，毛泽东为中共中央宣传部起草致各中央局、中央分局并转各区党委电，要求在《解放日报》上发表《评〈中国之命运〉》一文，各地收到后要在当地报纸上发表并印成小册子，要求广大干部细读，还要将其散发到国民党军队中去，“乘此机会作一次对党内党外的广大宣传，切勿放过此种机会”。同日，毛泽东致电董必武说：为了彻底回答自皖南事变以来的宣传攻势、揭穿阴谋，除已发表的通电及《解放日报》社论外，还要发表驳斥《中国之命运》一书的系列文章，“以便在中国人民面前从思想上理论上揭露蒋之封建的买办的中国法西斯体系，并巩固我党自己和影响美、英各国，各小党派，各地方乃至文化界各方面”。② 毛泽东明确指出

---

① 毛泽东．毛泽东选集：第3卷［M］．北京：人民出版社，1991：903-908.

② 中共中央文献研究室．毛泽东年谱（1893—1949）：中卷［M］．北京：中央文献出版社，2013：458.

批判《中国之命运》一书在思想理论和实际斗争层面均具有相当重要的意义。

（三）提升批判力度，开展“反中国的法西斯主义运动”

为了有力批驳国民党顽固派制造的“反共”舆论，除了从民族和抗战大义出发、针锋相对，以及从思想理论深层次展开驳斥以外，中国共产党还将对其批判置于世界反法西斯主义斗争的大体系下，开展“反中国的法西斯主义运动”，扩展到“法西斯主义与民主”的斗争，批判更为深刻和有力度。中国共产党一直把中国人民抗日战争作为世界反法西斯战争的重要组成部分，具有世界意义。1943 年 6 月 14 日，《解放日报》发表题为《抗战与民主不可分离》的社论，立场鲜明地批判了“中国式的法西斯主义”，揭穿国民党反动派打着“三民主义”的幌子，倡行盲从领袖、全民政治、全民经济独裁，反对共产党，压迫人民大众，摧毁一切民主自由。因而要取得抗战和人民的胜利，就要将抗战教育和民主教育同时进行，反对德意日法西斯主义，也要反对中国法西斯主义。1943 年 7 月 25 日，墨索里尼倒台的消息传至国内。8 月 2 日，周恩来在延安欢迎会上的演说中回顾了此前共产国际解散带来的质疑声音，短兵相接地讲道：“中国共产党不仅不会因为你们的造谣中伤而分裂，反而会因为你们的阴谋破坏而更加警觉，更加团结，更加巩固起来！”他进一步指明“共产主义不但适用于中国，而且它经过我们党的领袖毛泽东同志的运用和发展，已经和中国民族的解放运动、中国人民的实际利益结合起来，而成为在中国土地上生根的共产主义了”，中国共产党所依靠的不是共产国际，依靠的是中国的人民，共产国际解散后，“中国共产党将要更负责地更独立地解决中国革命问题”。[①] 8 月 8 日在中央党校第二部的开学典礼上，毛泽东讲明外国法西斯和中国法西斯的异同，指出外国的法西斯是侵略的、帝国主义的，而中国的法西斯是买办的、封建的，它不具备向外侵略的力量，没有表现出侵略的性质，但它确是反人民的。随后中共中央为了揭穿国民党的实质并使革命队伍受到思想教育，做出 8 月和 9 月开展反中国法西斯主义运动的

① 周恩来．周恩来选集：上卷［M］．北京：人民出版社，1980：133-141.

决定。11 日，毛泽东和周恩来致电董必武，对发动反中国法西斯主义运动宣传做出指示：继续广播评《中国之命运》的各类文章，通电全国严禁传播法西斯主义思想，并指示重庆《新华日报》和《群众》杂志应多登载反法西斯主义文章，以揭露国民党本质，开展思想斗争。16 日，周恩来起草《论中国的法西斯主义——新专制主义》报告提纲，21 日《解放日报》又发表社论《请重庆看罗马》，都直指中国的法西斯主义特点。周恩来更直接指出国民党就是法西斯主义，其国家观是新专制主义的个人独裁，随着世界法西斯主义走向灭亡，中国法西斯主义不可能独立存在，指明新民主主义一定是中国抗战的胜利前途。总体上看，“反中国的法西斯主义运动”宣传，使得宣传批判更加深入。

面对危机怎样应对、如何化解，是对一个政党智慧和能力的严峻考验。在共产国际解散后开展的宣传工作不但是一场面对全区的动员，还是针对全党进行的一次思想政治教育。此时中国共产党政治敌后根据地开展全党整风运动，为争取抗战胜利并把抗战胜利引向人民的胜利奠定了思想基础。但是共产国际的解散特别是国民党加紧的反动宣传，还是给中国共产党党内一些同志的思想认识带来了影响，他们对革命未来、政治方向把握不定、认识上存在偏差，对如何应对“反共”舆论和军事进攻存在不正确的认识。党员尤其是党员干部是抗战事业的主心骨，必须首先武装思想。在公布共产国际解散消息的第二天，《解放日报》头版头条重申党内团结和党与人民团结的绝对重要性和必要性，将这两种团结作为无价宝。基于此，中国共产党在与国民党进行舆论斗争的同时，适时推进党内宣传教育，加强政策策略教育和阶级教育，坚定政治方向和立场，统一党内思想认识，厘清党报党刊和文艺等宣传战线立场，既让党员干部都经受了一次思想的洗礼，又进一步统一了思想认识、提升了组织凝聚力，成功地化危为机，使党员干部在国民党顽固派发动的“反共”浪潮中变得更为成熟和强大。

第二节 突破经济封锁的宣传动员

正当八路军、新四军在敌后同日本侵略军进行极端艰苦的战斗时，国民党当局实行防共、限共政策，并在1940年冬完全停发八路军的薪饷、弹药和被服等物资，而且对陕甘宁边区等抗日民主根据地实行严密的军事包围和经济封锁，断绝外界对边区的援助，而陕甘宁等根据地又屡屡发生自然灾害。1942至1943年，一场旷日持久的特大干旱，夹杂着蝗、风、霍、水等各种灾害，又席卷了以河南为中心，包括黄河中下游两岸的华北大地。中国共产党领导的晋冀鲁豫边区受灾最为严重。“从一九四一年冬到一九四二年春，太行区的雨量就很少。”“与其相邻的冀南、冀鲁豫分区也普遍欠（歉）收，冀鲁豫重灾村有一千零五十个，轻灾村五百八十个。到了一九四三年，旱灾继续蔓延，受灾面积差不多包括太行和冀南的全部、太岳大部和冀鲁豫的一部。”“太行区的大部从五月中旬一直到八月初，八十多天滴雨未下，赤日炎炎，如灼如烤，许多地区水井干涸，河流断源，水荒严重威胁到了人畜的生存。耕地龟裂，茎叶干枯，着火即燃，所以早种的玉米、豆子、南瓜、菜蔬及大部分谷子，尽皆旱死，平均收成仅三成，灾民在三十五万人以上。”① 由于连年干旱，边区各地普遍发生蝗灾。随后又发生水灾，使根据地军民的生活陷于严重经济危机。在敌后抗战这个最艰苦的时刻，为解决根据地物资短缺等生存困境，中国共产党制定了一系列发展重要的政策：进一步实行减租减息、开展大生产运动、精兵简政、在政权中贯彻执行“三三制”。党在宣传动员方面做了大量工作，以保障和服务于这些政策的实施。

一、夯实宣传动员的民众基础

有力的宣传动员需要民众的支持和参与，而中国共产党能否制定有效

① 李文海，等．中国近代十大灾荒［M］．北京：人民出版社，2019：278-279.

的政策并坚决执行，却是获得民众支持的前提条件，也是宣传动员的合理定位。在坚持对日作战的同时，面对严重的经济困难，中国共产党断然采取几项重大措施：在加强党的一元化领导下，进一步实行减租减息，开展大生产运动，精兵简政，在政权中贯彻执行“三三制”。

中国共产党领导的抗击日本侵略者的人民战争，主要依靠的是占人口绝大多数的贫苦农民。为了战胜面对的严重困难，更需要倚仗他们的力量，减租减息的要求在抗战一开始就提出来了，也就是一方面减租减息，另一方面要求交租交息，以利于团结大多数地主抗日。这种政策在各根据地已开始实行。但由于当时忙于在敌后打开局面、应对残酷“扫荡”以及其他原因，许多抗日根据地都把重点放在合理负担上，减租减息没有普遍认真地实行。1948 年 1 月 28 日，中共中央做出《关于抗日根据地土地政策的决定》，指出：“在有些根据地内，还只在一部分地方实行了减租减息，而在另一部分地方，或则还只把减租减息当作一种宣传口号，既未发布法令，更未动手实行，或则虽已由政府发布了法令，形式上减了租息，实际并未认真去做，发生了明减暗不减的现象。在这些地方，群众的积极性不能发扬，也就不能真正将群众组织起来，造成热烈抗日的基础。在这些地方，抗日根据地就无法巩固，经不起敌人的扫荡，变成软弱无力的地区。”①《决定》和它的三个附件，对执行土地政策的基本原则和具体办法做出详细的规定，它的基本精神是先要能够把广大农民群众发动起来，如果群众不能发动起来，一切无从说起；在群众真正发动起来后，又要让地主能够生存下去，所以在经济上只是削弱（但一定要削弱）封建势力，而不是消灭封建势力。这个《决定》的制定和贯彻执行，是抗日根据地的一件大事。自 1942 年起，各地据此制定或修正有关条例法令，抓紧反“扫荡”作战间隙和夏收、秋收季节，采取有力措施，使减租减息运动进入前所未有的高潮。在许多地方，土地关系发生明显变化，中农数量有很大增长。这对于发动群众、坚持和巩固抗日根据地发挥了重要作用。

为了克服严重的物质生活困难，坚持抗战而又不过于加重人民的负

① 中央档案馆．中共中央文件选集：第 13 册［M］．北京：中共中央党校出版社，1991：280-281.

担，中共中央接受党外人士、陕甘宁边区政府副主席李鼎铭提出的“精兵简政”的意见，精简机关，充实连队，加强基层，节约人力物力。毛泽东把它称为“一个极其重要的政策”。1943 年，晋冀鲁豫边区政府人员由 548 人精简到 100 人，八路军前方总部和一二九师师部合并办公。

同时，在政权机构中，中共中央要求各抗日民主根据地普遍实行“三三制”民主政权，也就是共产党员、非党进步分子和中间派分子各占三分之一。各根据地普遍成立了参议会，它的目的都是健全各根据地的民主制度，团结各抗日阶级和阶层，共同对敌。

正是这些在实践中逐步摸索出来的切合实际情况的政策措施，在抗日根据地进行广泛经济和政治民主革新，始终紧紧依靠民众，真正站在中国人口最大多数的农民一边，从他们的利益出发，不断打击侵略者，在根据地开创出一种新的社会生活，形成了坚不可摧的民众支持基础，为战胜经济困难和危机的宣传动员工作提供了群众拥护和支持的必要条件。

美国很有影响的《时代》和《生活》两本杂志的驻华记者西奥多·怀特和安娜·雅各布敏锐观察到一场在农村底层发生的、中华民族历史上从未有过的深刻变动。他们有一段生动的描述：

“共产党的全部政治论题可以概括为下面的一段话：如果你遇见这样的农民——他的整个一生都被人欺凌、被人鞭笞、被人辱骂，而且他的父亲把祖祖辈辈传下来的痛苦感情都转移给了他。你真正把他作为一个人来对待，征求他的意见，让他投票选举地方政府，让他组织自己的警察和宪兵；给予他权力，让他决定自己应交纳多少赋税，让他自己决定是否减租减息。如果你做到了这一切，那么，这个农民就会变成一个具有奋斗目标的人。而且，为了保卫这个目标，他将同任何敌人——不管是日本人还是中国人——进行殊死拼搏。如果你再给这个农民提供一支军队和一个政权，帮助他耕种土地、收割庄稼，为他消灭曾经强奸他妻子、糟蹋他母亲的日本鬼子，那么，他就必然会忠于这支军队、这个政府以及控制军队和政府的政党；必然会拥护这个政党，按照这个党给他指引的方向进行思考，并在很多情况下成为这个政党的积极参加者。”

他们又写道：“共产党开始教育农民自己管理自己。在漫长的中国历史上，农民从来没有管理自己的经验。现在，农民们成立了乡、县参议会，参议会都被赋予权力，能解决有关农民切身利益的问题，这些都是农民们自孩提时代起就一直面临的问题。农民们第一次进入政府机构，并且发现自己具有不容置疑的管理能力和从未显露的才华。为了群众的利益，决定谁应多交赋税、谁应少交，这并不需要受过高深的教育。乡民们都知道谁收了多少粮食，是从哪块田地上收获的，由他们自己来分配各人在战争中所应承担的义务是最适宜的了。组织乡村自卫队就更不需要具有大学学历的学者和官僚了。在具有远见的共产党的领导下，农民们被新的责任所激发出来的才干虽然还不完备，但却正得到巧妙的发展。"①

中国共产党宣传动员工作常常能得到有效落实，原因也在这里。

二、自上而下，开展生产动员

日本侵略军的残酷扫荡、国民党当局的停发薪饷和经济封锁、严重的灾荒，这三者交错在一起，使中国共产党面对着极端严重的经济危机和考验。毛泽东在《抗日时期的经济问题和财政问题》中写道："我们曾经弄到几乎没有衣穿，没有油吃，没有纸，没有菜，战士没有鞋袜，工作人员在冬天没有被盖。国民党用停发经费和经济封锁来对待我们，企图把我们困死，我们的困难真是大极了。但是我们渡过了困难。"② 面对根据地生存危机，中国共产党发动大规模生产运动，自己动手、生产自救，党的宣传动员工作发挥了极大的动员号召力，以自上而下的推动来保障党政军商全行业的生产动员。

1939 年，毛泽东在干部动员大会上尖锐地提出问题：我们该怎么办呀，饿死吗？解散吗？与会者都不愿意，高喊：不能，我们要抗战！毛泽东扫视了底下的观众，继续道：看来饿死解散，没一个人赞成，自古以来的人类是怎样生活的呢？还不是自己动手活下去的吗？我们这些后代子孙，连这点聪明也没有了吗？我们确信能解决困难的，我们对这一切问题

① 西奥多·怀特，安娜·雅各布．风暴遍中国［M］．王健康，康无非，译．北京：解放军出版社，1985：216-218.

② 毛泽东．毛泽东选集：第 3 卷［M］．北京：人民出版社，1991：892.

的回答就是四个字，自己动手！以毛泽东和朱德、周恩来、任弼时等为代表的领导人以身作则，开始亲自劳动生产自救。

1940年2月10日，中共中央、中央军委发出《关于开展生产运动的指示》，要求“开辟财源，克服困难，争取战争的胜利”，“一面战斗、一面生产、一面学习”。在这种形势下，大生产运动率先在陕甘宁边区轰轰烈烈地展开。

军队、政府机关和学校中本着“发展经济，保障供给”的方针，开展大生产运动，实行生产自给。因此，要宣传动员部队、机关、学校自己动手，解决财政来源，减轻农民负担。各项生产事业中，以农业为主，兼及畜牧业、工业、重工业、运输业、商业等。党内为此撰写了一系列指示，如1942年2月的《抗日时期的经济问题和财政问题》、1942年10月的《关于发展军队的生产事业》、1943年2月的《妇女工作者应参加经济工作》、1943年10月1日的《中共中央政治局关于减租、生产、拥政爱民及宣传十大政策的指示》、1943年11月29日的《组织起来》、1944年12月15日的《一九四五年的任务》、1945年1月10日的《必须学会做经济工作》、1月13日的《游击区也能够进行生产》、1945年4月27日的《论军队生产自给，兼论整风和生产两大运动的重要性》等，指导大生产运动并为之鼓劲呐喊：一方面正面宣传大生产运动的目的意义，要求“把一切老百姓的力量、一切部队机关学校的力量、一切男女老少的全劳动力半劳动力，只要是可能的，就要毫无例外地动员起来，组织起来，成为一支劳动大军”①；另一方面严肃地批评与大生产运动相违背的种种错误观点，指出“凡不注重研究生产的人，不算好的领导者。一切军民人等凡不注意生产反而好吃懒做的，不算好军人、好公民”②。

面对根据地经济可能更困难、牺牲与损失也可能更大的危急形势，宣传动员工作的中心任务也随之发生转变。1942年9月9日《解放日报》发表社论《敌后形势与我军政治工作》，指明“八路军新四军政治工作的责

① 毛泽东．毛泽东选集：第3卷［M］．北京：人民出版社，1991：928.
② 毛泽东．毛泽东选集：第3卷［M］．北京：人民出版社，1991：911.

任更加重大与艰辛了，目前政治工作的中心任务应当是鼓励斗志与克服困难”①。事实上鼓励斗志与克服困难成为此时宣传动员工作的中心任务。同时指出政治工作的具体任务：第一，鼓励军民斗志。由于敌寇的“扫荡”与“蚕食”，由于敌我军事技术上的悬殊，敌后斗争日益困难与残酷，我军占区相对缩小，我军经济状况日渐困难，平原根据地很多现已变成游击区，堡垒线与封锁沟又分割了我军占山地。在这样的情形下，军队转移频繁，易于疲劳，民众生命财产的损失亦见增多。因此，我军政治工作应当负担起鼓励军民斗志的重大任务。我们应当用一切方式，向军人及老百姓解说：困难是严重的，但是临时的，我们有光明的前途。第二，改革工作机构。敌后环境指引我们，政治工作的机构与工作方式应当有所改进。战斗的频繁，地区的分割，各个地区各个方面独立性的增强，使得政治工作的原有机构已经不能适用。新的机构，必须是精干灵活的，适合目前环境的，而不是庞大重叠的，与实际需要相违背的。从山地到平原，从主力到地方部队，从领导机关到连队组织，均应按照上述原则适切加以改变，否则，我们不能领导部队，就不能有效地进行自己的工作。应当合并的必须合并，应当撤销的必须坚决撤销。第三，改进工作方式。政治工作不能也不应像过去那样集中，集中程度必须缩小，而下级独立工作的能力必须大大提高，要有意识有准备地去加强，将坚强的干部从领导机关向下面转移，使下级的领导能力得到提高。紧张的战斗环境要求我们必须实事求是，提高工作的质量，环境正在逼迫着我们，不能给我们很多时间来正常地进行工作，这就要求我们的工作更加准确，更加敏捷。第四，巩固内部团结。政治工作要更加巩固部队和加强我军内部的团结。八路军、新四军是坚持敌后的主力，是抗战的中坚，我们要爱护它，要巩固它，要保障它在激烈的斗争火焰中不是削弱，而是保持其有生力量。战争局势一时的困难，不足以引起悲观失望，只要我们的力量保存了，敌人就无法奈何我们的游击战争与群众运动。为此目的，就要在部队中进行有力的宣传鼓动，要反复解说党的一年打垮希特勒、两年打垮日本的口号，要善于把这个口

① 中共中央宣传部办公厅，中央档案馆编研部．中国共产党宣传工作文献选编（1937—1949）［M］．北京：学习出版社，1996：451.

号与当地发展着的具体形势密切联系。由于地区缩小，兵额的补充与财源的开发已属不易，因此，必须用全力来巩固部队，减少疾病逃亡，避免战斗中的过大牺牲与失散。尽可能关心战士们的物质生活，致力于各种实际问题的解决，不要使政治工作仅仅局限于精神上的鼓励，应当使精神上的鼓励同实际问题的解决配合起来。要注意增进内部的团结，保障我军官兵之间、上下级之间、同事之间、这一部分与那一部分之间，彼此精诚无间。这里，要防止敌人挑拨，要反对意气用事及在困难面前的相互推诿与相互埋怨。须知我们的团结越紧，力量就越大，而困难中之团结比之寻常时候其意义尤为重大，因此，大家要用严于律己的精神与诚恳坦白的态度去团结别人、团结全体。要牢牢记着，团结是胜利的保障，而军队的团结又是巩固根据地的枢纽。要加紧对敌伪军的宣传和争取，因为争取敌伪官兵同情，是决定胜利的重要条件。

然而，从心底激发群众生产热情，仅仅靠提倡艰苦奋斗精神的宣传动员是远远不够的。中国共产党在领导大生产运动深入开展的过程中也意识到了这一点，及时发现宣传动员工作中的不足，并适时调整，这种自我革新能力是中国共产党应对危机挑战的重要秘诀。1943 年 10 月 1 日，中共中央政治局发出的《关于减租生产拥政爱民及宣传十大政策的指示》就指出：“在有根据地的条件下，不提倡发展生产为改善物质生活而斗争，只片面地提倡艰苦奋斗的观点是错误的。”得出应从群众生活实际出发动员生产积极性的结论。同时，自上而下的宣传动员最怕流于上热下冷的局面，因而必须强调群众工作，“我党在根据地上细心地认真地彻底地争取群众和群众生死存亡的任务，较之过去六年有更加迫切的意义”“各级党政军机关学校一切领导人员均须学会领导群众生产的一全套本领”“不注重组织党政军群众与人民群众的广大劳动力，以开展群众生产”“不注意全面地发动群众生产运动”①，只片面地注意少数政府人员或者经济机关组织少数人从事生产是错误的。为达到克服困难迎接光明的目的，中共中央政治局把拥政爱民、发展生产和时事教育都列入我党在根据地实行的最切

① 中共中央宣传部办公厅，中央档案馆编研部．中国共产党宣传工作文献选编（1937—1949）［M］．北京：学习出版社，1996：535-536.

要的十项政策之中，并强调必须将十大政策联系一致的思想向党内做普遍的宣传，使全党首先使干部认识，只有是全部地而不是残缺不全地，认真地而不是粗枝大叶地实行联系一致的十大政策，就一定能够造成许多有利条件，克服困难迎接光明。

经过自上而下的宣传动员，根据地军民的大生产运动轰轰烈烈地开展起来。从 1943 年起，敌后各根据地的机关一般能自给两三个月甚至半年的粮食和蔬菜，生活得到显著改善，而敌后根据地人民的负担只占总收入的 14%左右。

三、树立典型，带动生产竞赛

宣传动员围绕大生产运动积极开展，通过开展劳动竞赛，树立典型，奖励与表彰英雄、模范，激励其他群众。如 1941 年年初八路军三五九旅开赴南泥湾。他们披星戴月，挥镐开山，使荒草遍地的南泥湾变成了“到处是庄稼，遍地是牛羊”的“陕北的好江南”。到 1942 年，全旅粮食自给达 80%，经费自给在 90%以上。

以八路军三五九旅为例，当时抗日根据地面临日本扫荡和国民党封锁，扬言不让 粒米和一寸布运进边区，饿死共产党八路军，各根据地面临严重的困难。朱德提议三五九旅开进了一片荒无人烟的原始森林南泥湾，实行“屯田政策”。“南泥湾呀烂泥弯，荒山臭水臭泥潭，方圆百里山连山，只见梢林不见天”，传唱南北的歌曲《南泥湾》形象地描绘了当年南泥湾的恶劣自然条件，荆棘丛生加上腐烂的树枝树叶，导致地表水有毒。这片荒山恶水，在八路军三五九旅入住后，使“处处是荒山”的南泥湾变成了“陕北的好江南”。没有住所，没有工具，环境恶劣，他们都能克服，最难的是他们心里的障碍。从 1941 年开始，日军实行“三光”政策，调集了 60 万兵力扫荡根据地，甚至用毒气，所以三五九旅战士们要上前线杀敌。当兵就应该抗日打仗，而不是来当农民，这时候需要反复耐心地做他们的思想工作，让他们明白在这里生产和在前线作战一样光荣，他们多生产一斤粮食，前线的弟兄们就能多坚持一天，才有可能坚持到胜利的一天，于是每个部队开始生产竞赛，都出现了劳动英雄。

经过他们的日日夜夜的辛劳，如果形象直观地看他们的成果，可以说他们每十个人可能就有一头牛，每三个人就有一头猪，每个人有一只羊，背后付出多少汗水，才让陕甘宁边区度过了非常艰难的危机时期。三五九旅的旅长王震作战勇猛，领了作战任务就不刮胡子，毛泽东和朱德都戏称他“王胡子”。正是王震把作战中的勇猛带到了垦荒上，才能率领三五九旅短短几年时间把南泥湾变成了陕北好江南。1944 年外国记者考察团和美军观察组来到了延安，开始对中国共产党领导的敌后抗日根据地进行考察。美军观察组的第一站便是三五九旅，当时看到的景象是田野里处处是喊着号子的生产者，只有从堆放在身边的武器才能看出他们的真实身份是战士。三五九旅在王震的号令下进行检阅，美军观察组以为部队这么重的生产任务，肯定影响军事技术，可是展现在他们面前的是训练有素、随时准备杀敌的精锐部队，原来他们生产之余的重要任务就是作战训练，充分准备杀敌，美国人不禁伸出了大拇指表示赞赏。三五九旅开到南泥湾开垦荒地，到 1942 年做到全旅粮食自给 80%，经费自给 90%以上。在这里，没有投机操纵，军民上下一心为提高生产而奋斗。

党中央领导宣传战线及时竖起三五九旅这面全军大生产运动的先进旗帜，推广他们的经验。中央领导同志亲赴南泥湾视察，给各根据地军民以极大鼓舞。1942 年 12 月 12 日《解放日报》发表社论《积极推行“南泥湾政策”》。陕甘宁边区高干会议结束时举行颁奖仪式，对生产运动中成绩卓著的单位和领导干部颁发了西北局的锦旗和毛泽东亲题的奖状。受奖单位有 3 个，三五九旅名列第一。受奖干部 22 人，其中军队有 9 人。大生产运动也扩大到整个抗日根据地，从此刻起中国共产党的军队不仅要打仗，还生产，成了全世界军队中独特的现象。1943 年 2 月 3 日《解放日报》又发表《向领导经济建设受奖同志学习》的社论。到 1943 年，陕甘宁边区开荒 97.62 万亩，耕地总面积达到 1338 万亩，粮食总产量达到了 181 万石，从而逐步摆脱了困难局面。①

大生产运动不仅具有经济价值，更具有政治宣传教育意义；不仅增加

① 邓力群，主编．经济战略家毛泽东 2［M］．北京：中央民族大学出版社，2003：532.

了物质财富，更体现了自力更生、艰苦奋斗的延安精神。经过军民努力生产，收入增加，民众的负担大大减轻。如陕甘宁边区农民缴纳的公粮1940年为9万担、1941年为20万担，到1942年减少为16万担。① 直至1944年陕甘宁边区实现生产自给，不但改善了生活，减轻了人民负担，并且因而能扩大军队，而且立即带来了许多精神副产物。这些副产物“一是改善官兵关系。官兵一道生产劳动，亲如兄弟了。二是增强劳动观念。生产自给以来，劳动观念加强了，二流子的习气被改造了。三是增强纪律性。在生产中执行劳动律，不但不会减弱战斗纪律和军人的生活纪律，反而会增强它们。四是改善军民关系。部队有了家务，侵害老百姓财物的事就少了，或者完全没有了。在生产中，军民互助，更增强了他们之间的友好关系。五是军队埋怨政府的事也少了，军政关系也好了。六是促进人民的大生产运动。军队生产了，机关生产更显得必要、更有劲了；全体人民的普遍增产运动，当然也更显得必要、更有劲了”②。

四、重塑劳动荣光，激发生产热情

在抗日根据地面临重大经济困难的危急之时，如不能在实践中解决生产问题、通过宣传动员解决共识问题，中国共产党及其领导的革命事业将面临巨大危机。此时，中国共产党关于“劳动光荣”的宣传定位，成为解决一系列困境的重要突破口。为此，中国共产党以《解放日报》为宣传主阵地，开展“劳模运动”，重塑“劳动光荣”，实现了凝心聚力、共赴生产，扭转经济困局，推动革命事业发展。

以1943年陕甘宁边区“劳模运动”的相关宣传为例，可较为细致地了解宣传动员工作是如何开展、何以凝心聚力的。

大生产运动急需边区上下的广泛和积极参与，然而，生产运动并不是一帆风顺的，一开始面临着诸如上热下冷、行动不足的困境。第一，陕甘宁自然条件差，本身属于贫瘠之地，民众对生产动员带有疑惧。第二，在

---

① 毛泽东．毛泽东选集：第3卷［M］．北京：人民出版社，1991：893.

② 毛泽东．毛泽东文选：第3卷［M］．北京：人民出版社，1999：97.

征粮工作和减租减息工作中，个别干部敷衍了事、注重形式不重落实，给群众留下了不好的印象。大生产运动如若推行过急，反而会引起人民的消极情绪。正如毛泽东强调的，“一切空话都是无用的，必须给人民以看得见的物质福利”，要切实“组织人民、领导人民、帮助人民发展生产”。除此以外，还应“在这个基础上一步一步地提高他们的政治觉悟与文化程度”①。这说明宣传动员的主要任务在于组织民众、提高觉悟。《解放日报》作为根据地第一大日报充当了鼓角手，塑造和推广劳动英雄、树立生产榜样成为其很重要的宣传方向，自1942年一直到抗战结束。《解放日报》主要通过社论窗口、报纸第二版面等，推广党的政策、树立新的劳动观念，破除劳动贫贱的封建思想，形成劳动英雄是“干部的后备军”“人民的领袖”等话语导向，同时报道工、农、商、学、兵等的生产经营情况，配合边区政府的劳模评选活动，营造学劳模、抓生产的热烈氛围。然而，实际上并非一经深入宣传即会形成轰轰烈烈的生产，做到有力地宣传动员远非如此简单。

一方面，挖掘出的劳模，使群众有疏离感。早在1938年，《陕甘宁边区人民生产奖励条例》和《机关、部队、学校人员生产运动奖励条例》便设立“劳动英雄奖章”，到1940年边区机关生产总结大会上，包括毛泽东、张闻天等在内的中央领导被评选为“特等劳动英雄”，示范引领边区干部积极参加生产劳动。中央机关报《解放日报》开始刊载劳动模范的英雄事迹，集中系统地进行报道始于1942年。宣传部门发现了农业劳动英雄吴满有、工业劳动英雄赵占奎、机关学校种菜英雄黄立德等，奖励劳动英雄、举行生产竞赛的报道也层出不穷。毛泽东赞许道：“边区的生产新闻，劳动英雄也上了报纸的一版头条，这就和边区人民、解放区的人民，有了联系。现在报纸的方向对了。”② 但自上而下的寻访和发现或指定的劳动英雄，一时难以唤起群众的生产热情，因为劳模虽然是实实在在的模范，但是经《解放日报》辛苦挖掘来的，而非群众自发举荐，使得劳模与群众之间有疏离感。

---

① 毛泽东．毛泽东文选：第2卷［M］．北京：人民出版社，1999：467.

② 齐志文．记者莫艾［M］．北京：光明日报出版社，2010：187.

另一方面，劳模报道模糊，群众难以模仿。《解放日报》对劳模高产的英雄事迹进行了大量报道，比如描述吴满有“地种得多，荒开得多，粮打得多，缴起粮来踊跃争先，数量既多，质量都好，是一个抗属，模范的农村劳动英雄”①。但具体到吴满有如何实现高产，则笔墨不多。赵占魁的介绍也存在类似现象，他“始终如一、积极负责、老老实实、埋头苦干、大公无私、自我牺牲的精神，也正是我们新民主主义地区公营工厂工人应有的新的劳动态度”②。大量的宣传报道强调高产、强调精神，倡导学习劳模，配合大生产运动的高涨，提高人们生产积极性，原则上没有错，但容易引发只要精神觉悟高就可以高产的误解，群众难以从中模仿他们的生产技术、劳作方式和所需环境等要素。忽视这些因素，劳动模范的复制就会大打折扣，如何学习变得抽象而不具体，高产经验更多的是被膜拜而不是模仿学习，在一定程度上可能消解群众的生产积极性。

如此而言，1943 年宣传动员工作所面临的问题根源在于宣传策略。从各行各业涌现的模范的影响力局限于宣传文字中，还难以落实到群众生产行动中。无论是群众对劳模的疏离感还是难以模仿，都使得宣传难以深入人心，不利于大生产运动的大面积开展。

1943 年的宣传动员急需扭转“上热下冷”的困境。

宣传要深入发动群众，必须立足群众特点，真正走进人心。毛泽东在 1942 年全党整风开始后，就曾亲笔为《解放日报》题词并发表“深入群众，不尚空谈”，领导《解放日报》的改版。具体到 1943 年的宣传动员就是要改变“眼光向上”的工作作风，真正走近群众、熟悉群众，《解放日报》的记者走向民间，了解群众需求和实际困难，熟悉群众的表达习惯，学会运用他们的语言。《解放日报》开始重新定义劳动模范，重新塑造劳动光荣。

1943 年年初，《解放日报》实现自我转变，聚焦于劳动英雄的奋斗和艰辛，介绍其生产经验，重新解释英雄的来源。如《解放日报》于 1943 年 1 月 11 日发表的社论《开展吴满有运动》，总结“肯劳动”“经营得法”

---

① 莫艾．模范英雄吴满有是怎样发现的［N］．解放日报，1942-04-30.

② 社论．向模范工人赵占魁学习［N］．解放日报，1942-09-11.

“会计划”等生产经验，而不是只强调其觉悟高。这篇社论还描写吴满有“天还没亮，他就喂牛上山，天已黑了，才从地里回来”，不辞辛苦地耕耘劳动成为他生产的主要秘诀，他们只是普通人，吴满有自己也说“我没什么秘诀，就是肯劳动”。这样的报道，褪去了英雄光环和神秘感，使群众感到只要肯吃苦劳作，自己也能成为英雄，使得劳动模范变得可以复制。《解放日报》大量报道劳动英雄的生活、生产和日常活动，如介绍赵占奎的事迹文章，呈现了他带伤上工、守着火炉劳作、公布计划、赠慰问金以及获得奖励等劳动和生活图景，使群众对劳动英雄产生亲切感与认同感，消解了英雄的神圣性和超越感，可将其转化为效仿的对象，产生“只要努力也可以成为像他一样的英雄”的直接动力。

除此以外，大生产运动中群众生产动力不足，还由于畏惧困难和缺乏指导。1943 年的《解放日报》站在群众立场，切实解决实际劳动困难。《解放日报》副刊“科学园地”刊载《蔬菜栽培简明表》，用平实的语言总结生产经验。比如详细介绍光华农场的种菜方法，信息具体，便于操作，包括种菜播种期、选地、播种法、数量和距离，以及移栽、定苗、株数、基肥量、追肥量等。而且诸如此类的报道涉及各行各业的劳模，仅 1943 年上半年，《解放日报》刊登的模范人物就多达 600 余名，包括炊事员模范冯二拴、种菜模范曹振伍、仓库盘斗员模范阎永文、种棉模范王宗华等。这些鲜活的人物和事例给群众展现了劳模的生产技术，解决了群众实际生产无门的困境。从群众实际需求出发的宣传动员鼓舞了群众的生产积极性，坚定了群众自己动手的信心。

1943 年 10 月《解放日报》又发起让群众自己选举劳模的举措。10 月 14 日，《解放日报》头版发表了《劳动英雄与模范生产工作者及其代表选举办法》，明确劳动英雄及模范生产工作者的选举，属于农村的，以自然村或行政村为单位，召集居民大会选举；属于工厂和合作社的，以厂或社为单位召集全体职工大会选举。全边区劳动英雄及模范生产工作者代表会的代表，由分区劳动英雄及模范生产工作者大会选举。让群众评选出的劳模，在《解放日报》上得到大力宣传，宣传战线呈现出崇尚英雄、学习英雄、捍卫英雄、关爱英雄的浓厚氛围，极大地激发了人们的生产热情。

1943年《解放日报》大力表彰和宣传报道劳动英雄，使劳模运动乃至大生产运动发展成为一场真正的群众运动后，党的宣传动员战线重塑荣光，引导人们树立了新的劳动观和英雄观。旧中国社会，农民劳动者处于社会的底层，一向存在看不起工农劳动者的倾向，无法树立正确的劳动光荣的价值观。而《解放日报》重塑了劳动荣光，通过鲜活的事例和人物形象讲述了"拿锄头的、拿斧头的、拿鞭子的、拿剪刀"的普通劳动者也能成为英雄的道理。同时，在宣传动员中也把劳动者的自身解放与国家前途命运紧密联系起来。正如毛泽东讲的，"这是人民群众得到解放的必由之路，由穷苦变富裕的必由之路，也是抗战胜利的必由之路"①。之所以把劳模称为英雄，是因为他们能够组织和带领其他劳动者集体生产、共同致富、一起求解放，这是一种为人民服务的精神。1943年年底，边区第一届劳动英雄代表大会召开，中共中央专门为185名模范代表举行了招待会，毛泽东邀请了吴满有、孙万福等劳动英雄座谈生产经验，《解放日报》对此事件及其劳模英雄事迹进行了跟进报道，展现了作为人民的代表与革命领袖毛泽东"握手""抱住肩膀"的场景，被称为"人民的领袖"。无形之中，"劳动光荣"的价值观被旗帜鲜明地树立起来，劳动不仅能够改变自己乃至大家的命运，每一位劳动者的勤劳勇敢也正在改变着边区乃至中国的命运。除了《解放日报》，宣传战线以劳动模范为原型，运用歌曲、民歌、诗画、摄影、秧歌剧、版面、木刻等载体，创作了大批群众喜闻乐见的作品，如石鲁的版画《群英会》、莫朴的素描《毛泽东会见农民诗人孙万福》等，给予劳动英雄无上的荣光。这些模范来自群众，又回到群众中去，动员和组织群众一起耕地、纺织、普及卫生，甚至除奸自卫。

由此可见，党的宣传动员工作能顺应并引领时代潮流，彰显了中国共产党在面对危机时也能始终保持生机与活力。究其原因，宣传动员工作是做人的思想工作，必须站到群众的立场，从群众需求出发。大生产运动中的劳动模范示范引领，重塑"劳动光荣"，走进群众、了解群众、熟悉群众，解决群众之所"困"，才得到群众的支持和认同。而1943年的宣传动

① 毛泽东．组织起来［N］．解放日报，1943-12-02.

员把生产与抗战联系到一起，讲清了二者之间的联系，把群众组织起来，群策群力地打赢这场生产大战，就能实现抗战的最终胜利，坚持党的领导成了群众的普遍共识。有些游击区还创造了新的斗争形式，即劳力和武力相结合，出现了实行劳动生产初步合作的互助组和变工队等组织形式。

第三节 拯救战时文化危机的宣传动员

抗日战争进入相持阶段后，一方面，日本帝国主义加紧文化侵略，通过奴化活动和奴化教育腐蚀中华民族意识和气节，达到殖民中国的目的；另一方面，大地主大资产阶级顽固派，在文化上鼓吹买办性的封建主义旧文化，颂扬独裁专制，反对民主政治，压制抗日反帝运动，成为日本帝国主义奴化中国的帮手。这种文化上的奴化与倒退，给中华民族的抗战前途和民主事业推进造成了重大危机。在此形势下，中国共产党人区分文化领域中的三种不同势力斗争，即抗战民主派，日寇、汉奸、亲日派，大地主大资产阶级的“反共”顽固派，提出和传播、践行新民主主义文化，积极开展抗战文化动员，坚决反对买办性的封建主义文化、反对大资产阶级的文化专制政策、反对日寇汉奸奴役的殖民文化，成为文化领域宣传动员的重要任务。

一、反国民党专制的文化宣传

抗战中后期，国民党变本加厉地强化其专制统治，与抗战初期呈现出的民主化趋势越来越背道而驰，“一党专政”和“领袖独裁”日益严重，并且为其专制统治大造舆论。蒋介石接连不断地发出“训词”“文告”，国民党也频频发布宣言和决议，同时国民党一些御用文人如叶青等理论家，也煞费苦心地从理论上论证国民党实行独裁专制适合中国需要，并且合乎世界潮流。1943 年国际反法西斯战争形势朝着胜利的方向发展，而国民党却加剧反动、落后、倒退文化宣传。蒋介石还授意撰写《中国之命运》，中华民族融合的动力是文化而不是武力，全力宣称中华民族固有的德性，醉心于封建礼教、四维八德，着力渲染“一个主义”“一个政党”，粉饰国民党一党独裁，不仅反对共产主义，连自由主义也不能容忍，并且在政府推动下很快发行100万册。面对其独裁的文化宣传带来的危机，中国共产党展开了大量宣传动员工作，积极应对。

（一）通过反宣传表明态度

面对国民党独裁的文化宣传，早在1941年5月，邓小平就分析道：“这种买办性的封建主义旧文化，对日本帝国主义的奴化政策起了帮助的作用，对民族前途危害至大，我们是坚决反对的。”① 大地主大资产阶级顽固派在文化上鼓吹买办性的封建主义旧文化，是其在政治上具有抗日的不彻底性和两面性的表现。中国共产党对其文化宣传的特点进行分析：他们提倡旧思想、旧制度、旧道德，主张尊孔、复古，保存“国粹”，读经救国；压制新文化运动，摧残新文化事业，封闭进步书店，禁售进步书籍报刊，压制抗日言论，镇压与取缔人民的反帝运动；宣传“反共”，排除异己，反对进步，鼓励倒退。组织封建迷信团体，破坏抗日军队、抗日政府和抗日根据地；颂扬独裁政治，反对民主政治，宣传“安分守纪”“严守国法”，使人民任其宰割。

1943年10月5日，延安《解放日报》发表毛泽东撰写的社论，指出国民党在目前不外有三种选择：投降日本帝国主义、照老路拖下去和改变政治方针。毛泽东号召一切爱国的抗日党派、抗日人民和一切爱国的国民党人“团结起来，不许国民党当局走第一个方向，不让它继续走第二个方向，要求它走三个方向”②。1944年3月1日中共中央发出《关于宪政问题》的指示，3月12日周恩来在延安发表《关于宪政与团结问题》的演说，表明中国共产党的态度，敦促国民党进步。

（二）开展国统区宣传动员

中国共产党积极推动国统区反对国民党一党专政的人民民主斗争和民主党派活动。1944年春天，民主党派和民主人士在重庆、成都、昆明、桂林、西安等地组织各种讨论时事的政治性团体，利用报刊和集会讨论宪

① 邓小平文选：第1卷［M］．北京：人民出版社，1994：24.

② 毛泽东．毛泽东选集：第3卷［M］．北京：人民出版社，1991：926.

政，抨击国民党法西斯专政。5月，中国民主政团同盟发表对时局的主张，谴责国民党排斥异己，拒绝民主改革、坚持独裁制度。文化界人士也积极投身民主运动，提出将“抗战、团结、民主”作为文艺创作的三大目标。著名民主人士李公朴、闻一多在昆明创办《自由论坛》。国内民主呼声日益高涨，各界人士急切要求废除国民党一党专政。9月15日中共代表林伯渠在三届三次国民参政会上正式提出废除国民党一党专政，建立民主联合政府的主张。10月10日，周恩来发表《如何解决》的演说，指出解决目前危机的唯一正确办法是由国民政府立即召集全国各方代表开紧急国是会议，取消一党专政，成立各党派联合政府。中国共产党关于民主联合政府的主张，把国统区的爱国民主运动推向高潮。9月19日，中国民主政团同盟改名为中国民主同盟，吸收无党派人士参加，呼吁立即结束国民党一党专政，建立各党各派联合政权，实行民主政治。24日，重庆各界各党派代表500余人举行大会，要求改组政府，成立联合政府，挽救危亡。宋庆龄、郭沫若、张澜等72人发起活动，追悼文化界著名爱国斗士邹韬奋，参加大会的各界人士达数千人，一致谴责国民党践踏民主、迫害爱国人士的罪行，提出要向法西斯统治做斗争。10月7日，成都2000余名学生举行国是座谈会，一致要求改组国民政府及其统帅部，成立民主联合政府。10月10日，中国民主同盟发表《对抗战最后阶段的政治主张》。在中国共产党的宣传、教育和影响下，国统区民主力量空前团结，中间派别日趋进步，建立民主联合政府成为共同目标，爱国民主运动出现了崭新局面。

抗战时期中国共产党对民主政治的追求与宣传素被传为佳话，延安时期的民主政治令人神往。谢觉哉1940年在他所写的《民主政治的实际》一文中曾说：为什么全国进步人士如潮水般奔向边区？因为边区有民主。全世界进步人士为什么称赞边区，说到中国不到延安等于没有到中国？因为边区有民主。抗战以来，边区的文化、经济、军事各方面的进步和动员，为什么为全国所不及？因为边区有民主。1940年进入晋察冀边区考察的爱国民主人士李公朴也情不自禁地引吭高歌：“在祖国的膏壤上，烈士的鲜血灌溉着抗日民主政治之花，使它绽开丰盛的肥葩。"①

（三）宣传并践行自己的文化主张

中国共产党提出并坚持自己的文化主张。1940 年毛泽东提出民族的、科学的、大众的新民主主义文化，强调中国文化应有自己的形式，这就是民族的形式，号召发扬中国灿烂的古代文化，剔除其封建性的糟粕，吸收民主性的精华，颂扬传统文化，强调农民大众的刻苦耐劳和革命传统。中国共产党倡导马克思主义中国化，使马克思主义具有中国老百姓所喜闻乐见的中国作风和中国气派，是中国革命实践的经验总结，表现为中国共产党指导革命实践的政策、纲领、指示和讲话。的确，在抗战时期中国共产党的政治口号中，"民主"与"抗日"同等重要。中国共产党作为相对弱小的政治和军事反对派，高举民主的旗帜向国民党争取生存和发展的权利。中国共产党人不遗余力地论证民主为抗战所必需，各政治党派都应享受合法地位、和平竞争等权利，批判国民党的"法西斯主义"或"新专制主义"，还提出了"实施宪政""建立民主联合政府"等具体主张。

在中国共产党所建立的根据地，中国共产党则依据民主原则颁布了一系列纲领、政策和条例，力求依据"三三制"原则组织各级参议会和行政机关，特别是对乡村基层干部严格按照民主程序进行民主选举。中国共产党还为了解决农村选民不识字、不会写选票的情况，积极采用给候选人碗里投豆的选举方式，激发农民群众的民主意识和参政热情，干部工作效率得到极大提升。中国共产党人在抗日根据地的民主政治实践，使中国共产党的民主政治宣传教育具有说服力，民主政治保护了农民的切身利益，使动员农民参与政治活动有效落实。

二、抵制日本的文化殖民与思想奴役

侵华战争中，日本军国主义当局运用了一整套"思想宣传战"及文化侵略的举措。日本国内强化了对舆论宣传与思想统治的掌控，宣传问题相关的"大纲""纲要"等系列文件相继出台，一切舆论传媒机器马力全开，

① 李公朴. 华北敌后——晋察冀［M］. 北京：生活·读书·新知三联书店，1979.

全国的战争舆论受到操纵，大张旗鼓地开展针对中国的“思想宣传战”。在中国沦陷区，日本则在实行军事占领后迅速开启所谓的“文化工作”。一些日本文人学者加紧“对支文化工作”措施的钻研，针对“对支文化工作”的指导原则、思想理论和价值意义进行整体论述，表明“对支文化工作”要以对中国的长期占据与统治为前提，旨在攻心为主，利用思想文化的教育渗透达到收揽人心的目的。因而，日本遣派“文化工作”从事者作为特派员进驻中国，一方面，利诱与劝降中国上层特别是知识阶层，另一方面，由日军组成所谓“宣抚班”，对下层老百姓展开宣传“安抚”活动，目的是实现奴化统治。与此同时，在新闻媒体、宗教信仰、日语教育、情报机构等全方位开展所谓的“在支文化事业”。就新闻媒体而言，日本各新闻通讯社紧随对中国的军事占领迅速进入，他们借助武力占领或摧毁中国原有的报馆、新闻及通讯机构，建立他们自己的报社、通讯社与杂志社，还扶持和支配汉奸傀儡政权的宣传途径，不准中国报纸流入非沦陷区，便于为日本在中国的盘踞和奴化统领造势；就教育而言，为了做好长期占领中国的准备，日本奴化教育在中国有规划地一步步推行，强制推行日语教育是其主要手段。一些学者在著作和文章中指明要把日语作为“亚洲第一语言”或“亚洲通用语言”。依据台湾模式和经验在中国东北地区推广皇化教育，增设中小学和所谓“建国大学”，推行一整套教育体系，用以对学生和民众宣传奴化思想，诸如“五族协和”“满洲建国”“王道乐土”。在其他各沦陷区，日本人对从小学一直到大学的各级各类学校教育主权进行了全面掌控，推行“皇化教育”的教学理念，还在社会教育中开设大批特定的日语学校，企图利用学习日语拉近和培育中国人的所谓“亲日”感。日本还十分注重通过宗教文化服务于对中国的文化侵略。

对此，中共中央宣传部在 1941 年 3 月 20 日发出的《关于反敌伪宣传工作的指示》一针见血地指出了日寇打宣传战的本质，指出在侵华战争中，日寇是十分重视宣传战的，其进行宣传战的基本方针为分裂中国的团结，消灭中国人民的民族意识，使中国从联共抗战变为“反共”降日，其宣传的主要内容为“共同防共”“中日亲善”“剿共灭党”“恢复东洋固有文化”“建立东亚新秩序”等，其宣传的主要方法和方式为“虚妄夸大”

“造谣侮蔑”“挑拨离间”“软硬兼施”“利用汉奸”“利用中国旧形式和民间形式”等，并动员大量的财力、物力、人力及庞大的宣传工具与宣传机关，在各种不同的社会阶层里，在各个不同的思想意识领域里，广泛与深入地散布其灭华宣传的毒素。虽然这些宣传不难被敌人的一切残酷与反动行为所自行揭露，但我们必须估计到这些武断的宣传在觉悟不足的群众中可以产生暂时的麻痹作用，在中等阶层中可以引起动摇，而在大地主大资产阶级中可以获得应声虫，特别是在“反共”的宣传与活动上，大地主大资产阶级是和敌寇直接、间接地配合着的。因此，必须更广泛与更深刻地展开反敌伪的宣传战。

邓小平于1941年5月在八路军一二九师全师模范宣传队初赛会上的报告中特别指出：敌人文化侵略的方法是多样的，其特点是善于迎合落后群众与农民的心理，善于以数量掩盖其政治上的基本弱点，善于不厌其烦地重复宣传某几个中心口号，善于利用时机，抓住某些具体问题来进行欺骗宣传。我们应足够估计其危险性和毒辣性，与敌展开激烈的思想战是今天的严重任务。①

中国共产党的反敌伪宣传与敌寇的灭华宣传针锋相对，与敌人的一切欺骗宣传相对立，旨在从各方面阐明“抗战到底”“全民族团结”“共产党的抗日目的和政策”“共产党及其领导的军队在抗战中的模范作用”“科学的教育”“思想的自由”等道理，并揭露敌人的暴行与灭华阴谋。

改进宣传方式方法。中国共产党致力于扩大宣传效果，其前提是对敌我宣传优劣的认识和分析。一方面，我国广大人民拥护抗战，敌国、敌军内部及敌伪之间存在着许多矛盾，国际上广大人民同情我国抗战，因而我们有打赢宣传战的理由。但另一方面，敌人异常凶恶，有其狭隘民族主义与武士道精神的教育，有其庞大周密的宣传组织与活动。相比较之下，我们缺乏进行这个工作的足够干部与经验，便造成了反敌伪宣传战中的困难。

区分不同对象的宣传重点。如对敌军的宣传方针，目的在于瓦解敌军

① 邓小平文选：第1卷［M］．北京：人民出版社，1994：23.

力量。但必须考虑到敌军士兵的思想觉悟程度，不要提出不切实际的口号，不要把最高的政治任务与具体的宣传任务混为一谈。据此，必须注意：第一，选择一些与战争和政治看似无关的内容，利用人性中的亲情、友情、爱情等情感因素并适当激起当前日本士兵的情绪，如思念家乡与想念亲人的情绪、反战情绪，以及对长官打骂的愤懑情绪，使他们陷入悲观情绪，逐渐瓦解敌军的心理防线，进而使其精神懈怠，意志消沉，削弱其战斗的力量。第二，宣传品的文字必须用日文来编辑，形式要短小精悍，印刷要精美，在文字表述上要符合日本本土语言的表达习惯，内容力求通俗易懂，让不同文化程度的敌军都能产生共鸣。第三，禁止虐待和枪杀俘虏，并给俘虏以优厚的招待与慰问，消除对方对我军的怀疑和不信任，愿回者则给以简短宣传后，就释放他们。对不愿回去者进行政治教育与训练，逐渐启发其阶级觉悟，并分配给他们一些工作，格外注意训练和奖励一些进步的俘虏，使他们能帮助我们进行对敌军的宣传工作。

对伪军伪政权的宣传方针是：努力争取他们，唤起他们的爱国情感，使他们同情抗日，加入抗日战线，直接或间接地帮助抗日事业，孤立日寇，瓦解伪军和伪政权力量，并通过他们实现瓦解敌军的工作。据此，必须注意：从外部的、临时的转为内部的、长期的工作，要专门培养一些干部，利用一切关系进入伪军和伪政权内部，秘密地、长期地进行宣传工作，团结一切可以团结的力量，动摇伪军的亲日信念，并对他们进行爱国抗日的潜移默化的影响；主要口号是“中国人不打中国人”“不要帮助日本人来打压中国人”“中国同胞要联合起来共同抗日”等，而不能一开始或不合时宜地提出过高不切实际的要求。必须先使他们增长对日不满的情绪，然后逐渐启发他们的民族觉悟和爱国情感，争取得到他们对抗战的同情。等到他们产生同情抗战的共鸣时，可使其对日寇采取两面派的办法，从中给抗日军队私下通传消息并进行物资上的帮助，不能盲目地直接提出抗日口号，只有在适宜的时机，才能提出抗日的口号；要经常在群众中进行反对伪军、伪政权的宣传工作，激化日军、伪军之间的矛盾和群众的反战情绪，宣传抗日的正义性，使伪军伪政权在群众中陷于孤立。

对沦陷区同胞的宣传方针是：着重揭穿敌伪伪装和欺骗，揭破他们施行的屠杀与怀柔的两面措施，反对麻醉，以提高民众警惕性和民族觉悟。基于此，中国共产党做出具体的宣传应对部署：往敌占区的各种合法群众组织里派遣忠诚可靠者谨慎开展工作；借助敌人的残暴，揭露其伪善与怀柔，强化对敌仇视；时常对我军的勇猛战绩与抗日政权的进步政策、法令做报道宣传，以提升国家意识与民族自尊心。针对此目标，各抗日根据地应多出版专门向沦陷区人民宣传的刊物、报纸、小册子等。

总的来讲，中国共产党反敌伪的宣传动员工作，遵循如下方针原则，作为群众工作来开展；必须精细地研究敌人及敌人的宣传；一方面须注意敌人的欺骗，一方面更须注视客观现实以及敌人欺骗宣传的根据和它在群众中可能发生的影响与作用，从这方面击破、击溃它，抓住宣传战的主动性。同时，应纠正公式化的作风，而注重当时的政治形势，以适合于当时当地的具体情形而生动地表达出来，抓住宣传战的具体性。在表现的方式上，充分利用旧形式，并须根据宣传品在群众中的反应而改进。

三、发展抗日文化运动

中国共产党在反对复古、反对大资产阶级的文化专制政策以及反对日寇汉奸的奴隶文化等方针指引下，积极发起文化运动。1940 年 9 月 10 日中共中央发出《关于发展文化运动的指示》，强调抗日文化运动具有头等重要性，指出文化运动“不但是当前抗战的武器，而且是在思想上干部上准备未来变化与推动未来变化的武器”①，同时指导文化运动不应该由共产党孤立地开展，须联合民族资产阶级与广大小资产阶级的知识分子一道进行。开展文化运动要动员各阶层知识分子、各部门文化人与大批青年学生加入其中，需要依照各地具体情况，进一步将反对复古、反对大资产阶级的文化专制政策、反对日寇汉奸的奴隶文化等方针口号细化和具体化。并且国民党区域的党部要商议在所有文化部门中推行文化运动的办法。随后，中共中央宣传部、中央文化工作委员会在 1940 年 10 月 10 日发出《关

① 中共中央宣传部办公厅，中央档案馆编研部．中国共产党宣传工作文献选编（1937—1949）［M］．北京：学习出版社，1996：161.

于各抗日根据地文化人与文化团体的指示》，特别强调必须正确对待文化人与文化团体，实为发展各抗日根据地文化运动的关键所在。①

在国统区和敌占区，中国共产党特别注意在国统区和敌占区大城市应对发展文化运动问题，把文化运动的推动、发展及其策略与方式等问题经常放在自己的日程上。南方局遵照中央指示，决定由周恩来、凯丰负责文化工作委员会，下设书店、社科、宣传、新闻等组。南方局通过联系文化界人士，组成浩浩荡荡的文化大军，采用多种方式宣传群众和教育群众。周恩来号召大家进行社会科学研究，占领思想阵地。1941 年至 1942 年邓初民的《中国社会史教程》和郭沫若的《青铜时代》《十批判书》相继出版，用唯物史观解释中国社会和中国历史的发展规律，对于提高人们的思想认识有很大的启迪作用。1941 年 5 月 29 日，茅盾等 9 人联名发表《我们对于国是的态度和主张》，揭露国民党对日妥协倾向和对文化事业的迫害。南方局还召集文化人举办各种讲座、讲演会、报告会，宣传抗日民主思想。周恩来等十分重视团结文艺界人士开展文艺活动，大力支持老舍主持的“中华全国文艺界抗敌协会”的活动。1941 年夏秋，周恩来与阳翰笙等讨论利用戏剧反击蒋介石的法西斯专政，认为“在文艺形式中，话剧比较易于结合现实斗争，能直接和群众交流，而且观众又多是年轻人，影响比较大”②。在南方局领导下，1941 年秋至 1942 年春，抗战戏剧运动形成第一个高潮，上演剧目达 200 余个，大部分是进步剧目。特别是郭沫若创作的《屈原》在重庆上演时更是轰动一时。演出活动还推广到桂林、昆明、贵阳等地，极大地推动了国统区的民主运动。

在部队，强调宣传队在部队文化工作中的重要地位，并规范宣传队工作任务。中国共产党重视培养部队宣传员，使其变为文化教育的得力干部，让宣传队化作新民主主义革命的先锋军，宣传队还是培养干部尤其是政治学校干部的摇篮。在政治机关的宣传教育部门的领导下，宣传队的主

---

① 中共中央宣传部办公厅，中央档案馆编研部．中国共产党宣传工作文献选编（1937—1949）［M］．北京：学习出版社，1996：163.

② 中共中央文献研究室．周恩来年谱（1989—1949）［M］．北京：中央文献出版社，1991：515.

要职责任务：一是组织部队的文化娱乐工作，协助政治机关、宣传教育部门检查连队政治与宣教工作，下沉到连队增强实践锻炼；二是要不间断地开展战时宣传鼓动工作；三是要推进连队的群众宣传动员工作；四是密切联系地方文化工作者、小学教员等，建立并扩展文化统一战线，推进地方文化运动；五是要通过刻苦学习提高自身政治素养、文化水平以及工作技能，不断更新知识。①

在根据地，半殖民地半封建社会的中国，文化落后、工农群众文化水平不高、思想觉悟低。面对这样的现实，中国共产党始终注重把宣传动员与提高群众文化水平相结合，以开展社会教育运动提高群众觉悟，抵御文化侵略。社会教育与干部教育、学校教育一起构成党的三大教育系统，作为党的教育体系中的一个重要组成部分，发挥着重要的宣传动员功能，通过社会教育向广大群众灌输新思想、新观念和新意识形态，以此激发群众民族意识，提高其政治文化水平，达到宣传组织动员群众参加革命的目的。正如毛泽东在党的六届六中全会上所指出的，“单靠政府用有限的财力办的几个学校、报纸等等，是不足以完成提高民族文化与民族觉悟之伟大目的”，必须“广泛发动民众教育，组织各种补习学校，识字运动，戏剧运动，歌咏运动，体育运动，创办敌前敌后各种地方通俗报纸，提高人民的民众文化与民族觉悟”②。因此，党对农民进行了广泛的动员，结合文化教育，充分调动各阶层抗日积极性。刘少奇要求“各地方党及群众团体大规模地进行社会教育与国民教育，特别是对群众中积极分子的教育。目的是提高群众的政治觉悟程度（主要还不是为了提高群众的文化水平，但国民学校的教育及以后的社会教育，提高文化仍是主要目的），是为了在思想上巩固这些群众在我们党的影响之下，不致因为某种变动与挫折而动摇群众对我们的信仰”③。社会教育中组织群众参与宣传动员的方式主要有以下几种：

---

① 邓小平．邓小平文选：第1卷［M］．北京：人民出版社，1994：29.

② 中国人民解放军政治学院党史教研室．中共党史参考资料：第8册［Z］．北京：中国人民解放军政治学院党史教研室，1979：200.

③ 刘少奇．刘少奇选集：上卷［M］．北京：人民出版社，1981：228.

第一，冬学运动。冬学运动就是利用冬季农闲时间对群众开展补习教育的一种组织形式。抗战时期，边区政府利用这一时间进行文化教育和革命宣传，使其成为在边区开展社会教育以动员群众的最主要亦是最有效的形式。“冬学运动不仅是提高广大民众文化水平，而且应注意与长期反‘扫荡’战争的动员与配合，使得广大民众经过冬学运动动员起来，积极准备与参加反‘扫荡’战争。”① 为了动员广大群众参与其中，中国共产党首先开展了对根据地干部、各群众团体和积极分子的宣传动员工作，让他们起模范带头作用，再对一般农民进行动员。其次，坚持与群众的实际生产斗争相结合，以吸引其参与其中。最后，相互监督检查，以形成积极参与的氛围。在冬学运动中，举行识字、故事、讲演竞赛、开联欢会、定期测验、相互参观等。冬学运动配合抗战任务向群众宣传抗战形势，进行民族气节和爱国主义等教育，在思想上动员了根据地各个阶层的男女老少，使他们积极投身抗日战争中，“冬学运动与抗战动员工作取得了密切的联系，教育与政治完全打成一片……许多教员、学员都参加实际的动员工作（如归队动员、征收救国公粮等）”②。在社会教育运动的开展中，党的各级组织者常常根据当时、当地的具体条件，提出更为直接而具体的政治要求。例如，1941 年 10 月 19 日，中共中央北方局宣传部发出关于冬学运动的通知：“开展冬学运动的目的，不仅在于利用冬季农闲时间，着眼于广大民众文化水平的提高，而其主要的目的之另一方面，还在于借此管束与启发民众的民族抗战意识，促进与加强他们的政治水平……使得广大民众从经过冬学运动中动员起来，积极准备与参加反扫荡战争。”③ 这种社会教育形式的参与群体几乎涵盖了每一个阶层和各个年龄段，从量上看，1937 年陕甘宁边区有冬学 382 个，学员 10337 人；1938 年有冬学 723 个，学员 12824 人；1939 年有冬学 643 个，学员 17750 人；1940 年有冬学

① 陕西师范大学教育研究所．陕甘宁边区教育资料：社会教育部分（下）［M］．北京：教育科学出版社，1981：163.

② 中央教育科学研究所．老解放区教育资料（二）：上册［M］．北京：教育科学出版社，1986：15.

③ 社论．开展冬学运动［N］．解放日报，1941-10-24.

965个，学员21689人；1941年有冬学655个，学员20915人。①

第二，识字班、识字组及各种补习学校。识字班与识字组通常以生活或工作接近的人为单位组成，在乡村以几个集中的窑洞或家庭为单位，在机关和部队以工作便利编成小组，还有家庭、妇女识字组等，3~7人为一组，并公推一人做组长，利用生产、工作之余学习，当地小学教员或教育干部流动教学。组员还可以再去组织识字小组，以不断扩展受教育的人群范围，并以区为单位，每月召集组长联席会议一次，汇报、交流经验。后来识字组又发展成为读报识字组，进行时政宣传教育，使"农民不出门，能知天下事"。补习学校有夜校、半日校等，设在村庄、城市、机关、部队、企业等各个地方，有固定的授课地点，组织上较为严密，规模大，吸收的学员多，设有专门的校长负责动员入学，在学习识字等文化课的同时，向学员传授抗日民族统一战线、当前的抗战形势等政治内容，以提高学员思想觉悟。

第三，民众教育馆（以下简称民教馆）及俱乐部。民教馆和俱乐部都是综合型的社会教育组织。在一些主要城镇，如延安、绥德等县市中心城镇才建有民教馆，兼有领导机关与实施机关双重性质，负责社会教育和民众的动员宣传。备有书报，发行刊物，组织演讲、时事报告、标语宣传，举办各种文化展览等，是地方文化中心。俱乐部既是教育机关，又是宣传鼓动、工作讨论与布置的场所，利用各种集会展开对一般民众的教育和训练，如识字、读报、开问题讨论会、给文盲群众上政治常识课、出版墙报、组织唱歌等文娱活动。

第四，其他辅助形式。在边区的社会教育运动中，还创建了多种形式动员群众参与。比如，黑板报、墙报，在各市镇和人口较集中、识字者较多的村庄，创办大众黑板报，每天抄载新闻，并使之真正成为当地群众中有威信的善于表扬而慎于批评的舆论机关，成为推动乡村生产、卫生、识字、娱乐、传播新闻与改革旧习的武器。墙报以时论、诗歌、漫画、木刻、小说等形式登载抗战时事消息、不良风俗的改善及革命理论的灌输等

① 陕西师范大学教育研究所．陕甘宁边区教育资料：社会教育部分（下）［M］．北京：教育科学出版社，1981：326.

内容。还有即学即知、即传即用的“岗哨教育”：在村口设立测验识字牌和进行政治教育的问答牌，站岗放哨的儿童还要考问过路行人。还普遍推行“小先生制”，调动一些识字较多的小学生，在自己的家庭里教亲属识字、为家人读报，在附近或本村组织识字组。

抗战时期陕甘宁边区采取的这些社会教育形式在各根据地不断推广，并适应当地形势进行了各种新创造，使抗战思想动员工作深入各区社会的每个角落，组织动员了不同性别、各个阶层、各个年龄段的人群参与其中，在受到文化教育的同时启发思想、提高认识，使得抗战时期的宣传动员工作顺利开展。

第四节 应对民族危机的文艺宣传动员

随着日本全面侵华的发动，中国共产党及其领导的革命事业处于民族矛盾和阶级矛盾、国共合作和国共摩擦的复杂环境中，毛泽东告诫全党要认清“帝国主义和中华民族的矛盾，乃是各种矛盾中的最主要的矛盾”，面对深重的民族危急，中国共产党认识到深刻的民族觉醒源于广泛的民众动员，中国唯一的出路就在于全民族抗战并坚决抗战到底。而文艺作为中国共产党宣传动员的主要载体，成为唤醒民众的重要武器。中国共产党围绕不同阶段形势与矛盾变迁灵活运用各种文艺载体，主要体现在选择、组合和创新文艺形式为抗战宣传和实现党的中心任务服务，从坚持文艺阵地领导明晰方向、阐释文艺功能引领风尚、推行文艺大众化以实现主客体互动、应时变而调整优化四个方面展开，形成了诸多富有成效的做法，为战胜民族危机挑战、取得抗战最终胜利奠定了民众思想基础。

一、坚持党对文艺阵地的领导

党的文艺主张是在指导人民大众开展文艺抗敌运动中逐渐形成的，又保证和推动文艺精神引领作用的发挥。在全面抗战时期，中国共产党坚持对文艺阵地的领导，通过制定文艺指导方针、创办各种性质的文艺团体组织和文艺教育机构，实现对文艺的直接领导、政策指引和思想影响，使文艺具有明晰的政治方向、具体的宣传动员目标和任务，文艺载体得以有效运用，担负起抗日救国宣传教育的历史使命。

（一）制定文艺指导方针

为确保文艺成为有力配合军事手段的抗战武器，中国共产党相继发布了一系列文件、指示，不仅对根据地文艺宣传教育的开展做出指导，对国统区以及部队和地方的文艺工作也有专门指示。首先，在抗日根据地，毛泽东在延安文艺座谈会上的讲话中提出文艺的工农兵方向、文艺工作者的立场、方法和普及提高等问题。1943 年 11 月 7 日中共中央宣传部做出《关于执行党的文艺政策的决定》，明确指出讲话规定了党对于现阶段中国文艺运动的基本方针，全党的文艺工作者都要“使文艺更好地服务于民族与人民的解放事业”①，决定精神迅速传达到各抗日民主根据地。其次，在国统区，1940 年 9 月 10 日中共中央在《关于发展文化运动的指示》中明确要求国统区各个文化部门广泛发展抗日文化运动，强调这是“一项极端重要的工作”，因为“不但是当前抗战的武器，而且是在思想上干部上准备未来变化与推动未来变化的武器”②。此外，1941 年 1 月总政治部、中央文委《关于部队文艺工作的指示》明确了部队文艺不仅有助于政治教育与宣传鼓动，还是密切部队与群众联系及扩大我军影响的有力工具。同时，也对地方文艺形式做出具体指示，比如 1944 年 2 月 5 日中央军委、总政治部《对全山东政治工作会议的指示》指出部队政治教育方式可采用“演戏、士兵演讲、讲故事、唱歌”③ 等。

（二）建立文艺团体组织

面对强敌，中国共产党意识到要将民众组织在各种抗日团体内才能展现强大的抗击力量。在中国共产党的直接领导和影响下，建立了各种各样

---

① 中央档案馆．中共中央文件选集：第 14 册［M］．北京：中共中央党校出版社，1991：107.

② 中央档案馆．中共中央文件选集：第 12 册［M］．北京：中共中央党校出版社，1991：486.

③ 中央档案馆．中共中央文件选集：第 12 册［M］．北京：中共中央党校出版社，1991：165.

的文艺团体组织，使有组织、有计划地开展多种文艺活动具有了强有力的依托和保障。除了具有重大影响力的中华全国文艺界抗敌协会成立外，党中央所在地延安也先后建立了各种形式和性质的文艺组织和团体，不仅包括文艺协会和带有综合性质的文艺团体，如陕甘宁边区音乐界救亡协会、陕甘宁边区美术工作者协会、中华戏剧界抗敌协会安安分会、文化俱乐部等，还有专门的文学、戏剧、音乐、美术、电影等团体，如战歌社、抗战文艺工作团、人民抗日剧社、中央剧团、延安青年大合唱团、鲁艺木刻工作团、陕甘宁边区抗敌电影社等。这些团体组织深入农村、前线、部队，通过演戏、合唱、诗歌朗诵、电影、漫画、小说，尤其是秧歌剧等丰富与生动的形式，提高民众民族意识和政治觉悟。

（三）创办文艺教育机构

文艺工作者的思想政治素养高低直接决定了文艺载体有效运用的程度，因而，在战火纷飞中，中国共产党创办了多种性质和办学形式的文艺教育机构。有的隶属于中央，比如鲁迅艺术学院（1940 年改称鲁迅艺术文学院）；有的属于地方或者部队，诸如部队艺术学院、星期文艺学园、陕甘宁边区艺术干部学校等。

党通过教育方针制定、教学方式指导等保证文艺教育机构的思想政治教育方向。比如鲁艺的教学方针由中宣部拟定、经中央书记处通过：“以马列主义的理论与立场”，“训练适合今天抗战需要的大批艺术干部，团结与培养新时代的艺术人才，使鲁艺成为实现中共文艺政策的堡垒与核心”①。而部队艺术学院开学典礼上朱德明确指出其宣传功能与方法：“部队艺术要从打仗着手，方法要艺术。八路军天天打仗，离不开对敌人及群众的宣传，因此部艺的学员应练习战斗的生活与宣传的才能。”② 除此以外，中共中央组织部、宣传部议定改组成立了西北战地服务团，后经晋察冀区党委批准，西战团开办了乡村艺术培训班，以提高前线战士的民族自信心和民族牺牲精神，唤醒、动员和组织战地的民众来配合前线作战为宗旨，为抗战培养锻炼了一批记者、诗人、文学家和美术家。

---

① 《延安文艺丛书》编委会．文艺史料卷［M］．长沙：湖南文艺出版社，1987：786.
② 《延安文艺丛书》编委会．文艺史料卷［M］．长沙：湖南文艺出版社，1987：98.

二、发挥文艺服务抗战的功能

一个时期有一个时期的特征，一个时期有一个时期的任务。全面抗战时期，面对纷繁复杂的国际国内格局、内忧外患的社会特征，党的宣传动员文艺载体的运用基于对当时社会主要矛盾的判断，明确以服务抗战为目标指向，做到有的放矢。中国共产党十分重视挖掘文艺感染人、鼓舞人的各种教育因素，并有意识地根据形势变化把思想政治教育内容渗透和融入文艺作品与文艺活动中，对文艺在抗战中的功能做出新的阐释，使文艺有效承载和传递宣传动员信息。

（一）民族救亡启蒙

当中华民族的生死存亡问题成为社会矛盾和时代意识最重要的课题时，发动民众力量投身民族救亡就成了必需，需要建立在广大民众的民族意识觉醒和抗战觉悟形成基础之上。基于此认识，中国共产党选择文艺作为启蒙、动员和组织全面抗战的重要载体。1941 年 6 月 20 日《中央宣传部关于党的宣传鼓动工作提纲》明确将文艺纳入宣传鼓动活动的范围，并且指明其宣传党的纲领与主张、在思想意识上动员全民族为革命胜利而奋斗的任务。毛泽东也强调："使文艺很好地成为整个革命机器的一个组成部分，作为团结人民、打击敌人、消灭敌人的有力武器。"① 同时，将激发抗日救亡意识的功能渗透各个文艺团体。在全国文艺界抗敌协会成立大会上，周恩来殷切希望："作家多多取材前线将士的英勇奋斗，与战区敌人的残暴，后方全民众动员的热烈，一定可以发扬举国同仇敌忾，加强战胜敌人的信心。"② 而在文协成立五周年之际，郭沫若强调指出新文艺所负的使命在于"加紧反法西斯的斗争，增强对敌伪的憎根""以争取民族解放与人类解放的胜利"③；陕甘宁边区抗敌电影社成立明确两个任务：一是用血的教训教育人民，使他们坚决地走抗战的道路，二是告诉全世界人民，中华民族怎样为正义而战，以博得他们的同情和援助；鲁迅艺术学院创立

① 毛泽东．毛泽东论文艺［M］．增订本．北京：人民文学出版社，1992：35.
② 全国文艺界空前大团结［N］．新华日报，1938-03-28.
③ 郭沫若．新文艺的使命［N］．新华日报，1943-03-27.

则缘起于艺术，是宣传鼓动与组织群众最有力的武器。

（二）政治军事宣传

围绕服务抗战的总目标，从反法西斯侵略到歌颂抗战英雄事迹，从呼唤抗日民族伟力到抗战深入后对民族前途命运的判断，再到抗战政策与主张宣传，党十分注重发挥文艺政治军事宣传的功能。因此，不仅文艺作品的题材思想反映政治军事，如保卫卢沟桥、平型关大捷、台儿庄战役中的英雄事迹等成为报告文学、小说、诗歌、合唱等的主要内容，并配合根据地抗战、扩军、生产、冬学等中心工作，普及党的政策、解开群众在革命斗争中的思想问题，而且以节庆活动为契机展开宣传，如陕甘宁边区政府文化工作委员会领导“八一”建军节举行晚会3天，动员音乐、美术、戏剧各界向工农兵做有力的宣传，以反法西斯侵略、建立新中国及全世界和平为主要内容；中共中央宣传部具体部署十月革命节纪念，用“图画、音乐、戏剧”① 等方式，展示世界与中国的光明前途、庆祝红军的伟大胜利及法西斯主义的溃败，宣传人民大众与共产党的力量是不可战胜的。

（三）生产生活教育

随着抗战进入漫长的相持阶段，面对内忧外患及经济困顿，如何保持军民生产生活热情以展开自救与战斗，成为必须解决的问题。在战争时期物资匮乏、生存困难的条件下，党重视文艺反映现实的功能，通过展现抗日根据地军民艰难困苦但可歌可泣的生产生活，激发军民艰苦奋斗和积极进取的精神。1941年10月延安文抗会《文艺小组工作提纲及其组织条例》提出文艺小组的晚会节目要在生产工作中起宣传鼓动作用；而边区和各抗日根据地的戏剧运动以为战争、生产及教育服务为总方针；1943年，鲁艺秧歌队，平剧院，西北文艺工作团，留守兵团政治部的青年剧院、文协的民众剧团等剧团下乡展开文艺宣传运动，节目大多反映保卫边区、生产运动、军民团结、丰衣足食等现实的战斗生活；而1944年年底，西北局宣传部提出春节宣传应“着重宣传八路军、新四军及敌后各解放区人民英勇奋斗的战绩与陕甘宁边区的建设成绩。宣传与表扬边区劳动英雄及群众中卫

① 中央档案馆．中共中央文件选集：第14册［M］．北京：中共中央党校出版社，1991：105.

生识字的范例”①。具体以秧歌剧为主要宣传教育载体。此外，还注重发挥文艺的社会教育功能，特别强调“各种文化团体，如文化协会，戏剧协会等应以帮助国民教育为它们的主要任务之一”②。

三、文艺宣传引发大众共鸣

文艺最接近人的心灵，能用栩栩如生的作品形象潜移默化地引发人们价值观、政治态度、思想情感的变化。全面抗战时期，中国共产党选择文艺为重要载体，动员与唤醒分散无序、无组织状态的民众，从多重维度探索文艺载体的运用方法。中国的抗日战争是全民的战争，没有广大民众同仇敌忾不可能取得胜利，因此必须发动广泛的动员。中国共产党利用文艺本身形式丰富、适用广泛、感染力强等特征，推行文艺大众化，引发大众共鸣、武装教育大众，让文艺成为联结宣传动员主客体的纽带并使之产生互动，实现文艺载体的有效运用。

（一）明确运用文艺载体作用的客体

抗战爆发后党便敏锐意识到人民大众的抗战伟力，若要选择直观形象、蕴含丰富的文艺作为激励和唤醒千百万民众的武器，就需要对人民大众有客观认识。首先要明确文艺载体作用的客体。有效运用文艺载体的前提是明确其作用客体即文艺的接受对象。动员占全国人口90%的工农大众是战胜帝国主义的决定性因素。而后党进一步明确回答了文艺载体作用的客体，毛泽东指出：“文艺作品在根据地的接受者，是工农兵以及革命的干部……各种干部，部队的战士，工厂的工人，农村的农民，他们识了字，就要看书、看报，不识字的，也要看戏、看画、唱歌、听音乐，他们就是我们文艺作品的接受者。”③ 正因为有对客体的明确认知，文艺宣传必然要针对工农兵普遍生活贫苦、文化水平低下等特点，使得文艺的影响得以突破过去狭窄的知识分子圈而深入大众。

---

① 《延安文艺丛书》编委会．文艺史料卷［M］．长沙：湖南文艺出版社，1987：217.

② 中央档案馆．中共中央文件选集：第12册［M］．北京：中共中央党校出版社，1991：72.

③ 毛泽东．毛泽东论文艺［M］．增订本．北京：人民文学出版社，1992：37.

（二）把文艺大众化作为联结主客体的重要选择

熟悉了解大众是重要选择。党十分注重文艺所承载和传递的宣传动员信息被工农大众所选择和吸收，而文化精英与大众之间存在无形的疏离与隔阂，若是大众不认同，便难以形成有效的互动，文艺载体功能发挥自然会受阻。正因为如此，更应要求文艺紧密结合大众、易于被大众理解与喜爱，尤其是处于抗战这样的大时代，文艺“更应该是人民大众的日常生活的一部分”①，从而指明全国文艺界抗敌协会的最主要的任务应是文艺的大众化。早在1939年5月17日中央《关于宣传教育工作的指示》即强调宣传鼓动工作的大众化和通俗化，突出各种宣传品生动活泼的特点，因而要“特别注重于戏剧歌咏等的活动”②。随着抗战形势的变化，把“一个为群众的问题和一个如何为群众的问题”③ 上升为文艺工作的基本问题。同时，还揭示了大众化的本质即“我们的文艺工作者的思想感情和工农兵大众的思想感情打成一片”④。由此，新秧歌剧、易演易懂的歌剧话剧、木刻与版画艺术制作的年画、连环画等，形成了席卷各抗日根据地的群众性文艺活动，显示出文艺大众化促使主客体互动的巨大威力。

（三）强调文艺联结主客体的实现方式

第一，熟悉了解大众。熟悉了解大众是实现与大众互动的首要条件，毛泽东针对工农兵及其干部是文艺工作的对象，特别强调熟悉了解他们的问题，并且把熟悉了解大众放置于文艺工作的首要地位。⑤ 我们党还将熟悉了解大众具体化为熟悉大众的生活、贴近大众的感情、认真学习大众的语言。为此，文艺工作者纷纷走向战区、深入农村与部队。

第二，学习社会。了解大众还应把大众放置到整个社会的阶级状况中去考察，需要文艺工作者学习研究社会，要“研究社会上的各个阶级，研

---

① 中华全国文艺界抗敌协会资料汇编［M］．成都：四川省社会科学院出版社，1983：27.

② 中央档案馆．中共中央文件选集：第12册［M］．北京：中共中央党校出版社，1991：72.

③ 毛泽东．毛泽东论文艺［M］．增订本．北京：人民文学出版社，1992：41.

④ 毛泽东．毛泽东论文艺［M］．增订本．北京：人民文学出版社，1992：38.

⑤ 毛泽东．毛泽东选集：第3卷［M］．北京：人民出版社，1991：850.

究它们的相互关系和各自状况，研究它们的面貌和它们的心理”①。在此基础上的文艺创作才能了解大众所处的阶级状况、紧密结合复杂社会现实中的大众需求，反映工农兵丰富的斗争生活与真实的阶级情感，切实发挥文艺纽带作用。

第三，创新文艺形式。在毛泽东文艺推陈出新的号召下，更新旧内容、改造旧形式并创造新文艺成为深入大众内心的重要选择，如延安文化俱乐部开展街头文娱活动，特在文化沟口搭建街头艺术台，并举办《街头诗》《街头画报》《街头小说》三种巨型墙报；新诗歌会致力于诗歌大众化，开展延安及边区街头诗，推进诗歌朗诵活动；抗日根据地的戏曲工作者对旧剧目、旧形式加以利用和改造，从传统戏到新的历史剧和现代剧，进行了大众化的改造。

四、文艺动员顺应时变

抗战全面爆发后，国际国内形势瞬息万变，各种矛盾交织发展，中国共产党应地、应时、应事而变，调整优化不同阶段、不同地域文艺功能、形式与承载的内容，探索文艺载体的有效运用。

（一）因时而进

根据形势发展需要，适时推进文艺载体功能的变化。战略防御阶段，党充分利用一切可能的条件，发挥文艺维护抗日民族统一战线、反侵略抗日宣传的功能，明确强调“作风应该是统一战线。统一战线同时是艺术的指导方向”②。进入战略相持阶段，国民党内对日投降、分裂和倒退危险凸显，党中央指出“宣传与鼓动，同时包含有对共同思想进行联合，对敌对思想进行斗争的两个方面”③，成为文艺载体功能发挥的指导方针。特别是太平洋战争爆发后，文艺工作者除了发动民众抗击敌人之外，还应责无旁贷地担负起“从千百年的封建压迫和一百年的帝国主义侵略下恢复我们民

---

① 毛泽东．毛泽东论文艺［M］．增订本．北京：人民文学出版社，1992：40.

② 毛泽东．毛泽东论文艺［M］．增订本．北京：人民文学出版社，1992：11.

③ 中央档案馆．中共中央文件选集：第 13 册［M］．北京：中共中央党校出版社，1991：126.

族健全自由的体魄和精神”① 的职责。战略反攻阶段到来后，国人日益把实现民主、争取抗战胜利的希望寄托在中国共产党身上，同时国民党顽固派策动新的“反共”逆流，在此形势下，中国共产党一方面运用文艺团结一切抗日民众。毛泽东指出：“我们的任务是联合一切可用的旧知识分子、旧艺人”“帮助、感化和改造他们”②。另一方面更为注重国统区文艺工作者争取民主的职责：《新华日报》针对国定戏剧节不许戏剧进农村、上前线的情况呼吁“戏剧的生路只有一条：是争取民主！”③ 郭沫若、老舍、茅盾等文协成员纷纷通过谈话或发文的形式来承担文艺界争取民主的责任，呼吁文艺是民主运动的先锋，应密切配合当前的民主运动。

（二）应地而变

在激烈的反侵略战争中，形成国统区、抗日根据地及沦陷区三大区域。党依据不同区域的不同需求，运用文艺载体的不同表现形式和功能，呈现出应地而变的不同特点。

在国统区运用文艺载体团结各民主党派、推动抗日救亡运动。党借助第三厅及建立中华全国文艺界抗敌协会等文艺界抗日民族统一战线，集中了一批文化界进步人士和著名人士，开展文艺宣传以歌颂正面战场的抗战，同时反映大后方民众的苦难和官僚政治的弊端。如开展献金支前、保卫武汉等各种大型的群众艺术活动；通过戏剧表演进行宣传和批判；开展扩大宣传周活动，活动逐日安排，比如歌咏日、美术日、戏剧日、电影日等；而中华全国文艺界抗敌协会则组织文化工作团、战地慰问团、服务团、访问团、演剧队和抗敌宣传队，广泛开展文艺活动。

沦陷区文艺则以培养抗战热情和揭批敌伪麻醉为主要功能。针对日本侵略者在思想文化领域大力推行奴化教育，中央宣传部发布《关于反敌伪宣传工作的指示》，制定了“揭破敌伪所加与他们的欺骗与麻醉，揭破敌

① 社论：祝文协成立五周年［N］．新华日报，1943-03-27.

② 毛泽东．毛泽东选集：第3卷［M］．北京：人民出版社，1991：1012.

③ 文天行．国统区抗战文艺运动大事记［M］．成都：四川省社会科学院出版社，1985：265.

寇所用的屠杀与怀柔的两面政策，以提高他们的民族觉悟程度与警惕性”①的方针，因此应积极组织各种战地服务团、演剧队、宣传队、文化工作队、歌咏队等，固定或流动地在战区工作。

抗日根据地文艺以动员组织群众为主。以延安为核心的各抗日根据地发展大众的艺术形式，群众化和喜闻乐见是其重要特点，尤其是新秧歌剧和街头文艺，演出的节目题材包括抗日反汉奸、反对旧习俗、歌颂新人新事、反映生产生活等，成为动员群众强有力的力量。

（三）顺势而为

抗日战争时期，民族矛盾与阶级矛盾交织，党顺应所处形势变化，利用物质贫乏、条件简陋的有限资源，采取可行的文艺形式，充分发挥文艺载体的宣传教育功能。第一，顺应地域特点，凸显文艺地方性。立足战时实际情况，并充分尊重当地风俗语言以及审美习惯和传统文化，结合或改造当地民间文艺，使文艺载体往往渗透着地域性特点，如花鼓、民歌、小调、秧歌剧、梆子等。第二，文艺形式因战争发展形势需要，不拘一格。从抗战全面爆发到战争持久深入发展，文艺形式由小型到大型，文艺风格近于标语口号的公式化煽动到文艺内容愈加丰厚的新文艺创作。抗战初期的文艺在内容上呈现出直观、抒情、鼓动的特点，以诗歌和独幕剧为主要形式，而随着战争的持久化，文艺作品的广度、深度和密度都有不同程度的增强。

综观全面抗战时期，在严酷的战争环境和多变的政治形态中，中国共产党运用文艺载体宣传动员民众，充分发挥其不同地域、不同阶段的不同宣传动员功能，具有极为重要的作用。其中，还贯穿着文艺与政治、文艺与人民、文艺与民族关系的厘清与争鸣，使文艺深入民众战斗生活，深刻地影响了他们的思想风貌，体现了鲜明的时代精神。

① 中央档案馆．中共中央文件选集：第 13 册［M］．北京：中共中央党校出版社，1991：65.

第五章

1931—1945 年：中国共产党应对重大危机宣传动员的经验与启示

对中国共产党宣传动员工作历史考察的意义在于当下，在于给予新形势下的宣传思想工作以启迪和借鉴，因而，自觉反思并科学总结历史经验与教训，在历史与现实的统一中认识与思考危机应对中党的宣传动员贯彻的历程，有利于在继承与借鉴的基础上大力增强当前宣传思想工作的实效性，凝心聚力、形成共识，以防范和化解各种风险挑战。

第一节　始终坚持党对宣传动员的领导

抗日战争时期中华民族的抗日斗争和党领导的革命事业面临重重危机，中国共产党能战胜各种危机和风险挑战，实现抗战胜利，赢得人民信赖，得益于自身的坚强领导。而宣传动员工作在党的领导下，紧密围绕、服从和服务于党的中心任务，保证落实党各项方针和政策。中国共产党能够应对各种危机挑战，首先表现在政策的灵活性上。一般认为，政党的政治见解实际上包含着两个层面的内容：一是这个党对具体事务的看法、评价，根据这种就事论事的看法和评价，政党制定自己的政策；二是这个党在长期活动中形成的一套价值观念、理论体系和是非标准，它是这个政党在提出任何主张、做出任何决策时都有意无意地贯穿其中的，是政党制定政策的依据。两者之间存在着显而易见的区别。后者就是政党的意识形态，而前者只不过是政党对于具体事件的应对之策。政党的意识形态和它的具体政策有着紧密的联系。政党的意识形态决定了党的政策的基本方向，政策不能偏离这个方向。但是，政党的意识形态和它的政策之间的关系，远比我们想象的要复杂得多。政党的意识形态一经形成，往往具有较强的稳定性。一个经常变换自己意识形态的党是不可想象的。与政党意识形态的稳定性相反，由于政党周围环境的变化，政党的政策应能经常发生变化，对客观环境做出适时的反应。抗日战争时期，中国共产党的政策主张表现出较强的弹性，而相应的，在此政策领导下的宣传动员工作也具有较强的针对性。

一、坚持党对宣传部门及其工作的统一领导

中国共产党的宣传动员在应对各种危机中，能有效宣传党的政策、策略，并动员各种力量参与具体工作，形成了党对宣传动员工作集中领导的基本经验。中国共产党把宣传部门及其工作纳入党的统一领导下，包括党管报刊、健全宣传机构以及监督检查宣传系统工作等。1937 年抗战全面爆发之初，中国共产党的总兵力只有八路军数万人和新四军 1.2 万余人。而到了 1945 年，中国共产党已经拥有正规军 91 万人、民兵 220 万人，抗日根据地所控制的人口扩大到 9550 万余人。① 中国共产党旨在将抗战的胜利引向人民的胜利，其抗日民族革命构想是在无产阶级领导下，以抗日民族统一战线为起点，最终走向中国革命即新民主主义革命的胜利。这理应成为理解抗战时期党的宣传动员方针策略的出发点。

（一）明确党报的党性原则

列宁在 1901 年提出宣传、鼓动和组织是新闻出版工作的三大职能。中国共产党成立后也据此确定党的新闻工作的地位，发挥报刊的喉舌作用，宣传和动员群众参与革命的洪流。党报管理是宣传思想工作党性建设的集中表达，因为报纸每天联系数十万的群众并对他们产生影响，是党的宣传动员工作最得力的武器。因此，党的中心工作之一就是把报纸办好。党报的社论在一定程度上体现和反映了中共中央权威，早在 1931 年中共中央第 203 号通知中就已确认这一点："中央以后对于指导的方式，决定改变过去发表极长的分析政治的通告的方式，而以党报的社论为代表中央政治局在

① 朱德．朱德选集［M］．北京：人民出版社，1983：135-183.

政治上的分析与策略上的指导。"① 1941 年 7 月 4 日《中央宣传部关于各抗日根据地报纸杂志的指示》又规定各抗日根据地任何报纸杂志必须"掌握党中央的政策与党的原则，为它们的贯彻而进行各方面的斗争，防止任何违反政策与原则的言论"。② 紧接着，1942 年 3 月《中共中央宣传部为改造党报的通知》指明把宣传和贯彻党的政策、反映党的工作和群众生活，作为党报的核心使命，"如果报纸只是或者以极大篇幅为国内外通讯社登载消息，那么这样的报纸是党性不强"③，就是未能完成共产党的职责，只是扮演别人的义务宣传员。为了使各地的党报变成真正的党报，务必要强化编辑部的工作，把报纸的编辑工作纳入各地党的高级领导机关工作事项，亲自过问，把党报编辑部与党的领导机关的政治生活融为一体，党的政策、党的工作、抗战、当地群众运动和生活要反映在党报上，而且要刊登在重要位置。通讯员或特约撰稿员要熟悉党的生活、了解群众生活实际，规定党政军民各方面的负责人给党报经常供稿。9 月 22 日，《解放日报》发表社论秦邦宪的文章《党与党报》，亮出"党报是党的集体喉舌"的观点，指明党报工作者一定要自觉维护中共中央权威，"一切要依照党的意志办事，一言一动一字一句都要顾到党的影响"，若非如此"就一定党性不强，一定闹独立性，出乱子，对于党的事业，不但无益而且有害"④。毛泽东在 1944 年与《晋绥日报》编辑人员的谈话中也谈及："报纸的作用和力量，就在它能使党的纲领路线，方针政策，工作任务和工作方法，最迅速最广泛地同群众见面。"⑤

（二）健全党对宣传工作的领导机构

成立中央党报委员会。中共中央政治局于 1931 年 1 月通过关于党报的

---

① 中国社会科学院新闻研究所．中国共产党新闻工作文件汇编（上）[M]．北京：新华出版社，1980：70.

② 中共中央宣传部办公厅，中央档案馆编研部．中国共产党宣传工作文献选编（1937—1949）[M]．北京：学习出版社，1996：264.

③ 中央档案馆．中共中央文件选集：第 13 册 [M]．北京：中共中央党校出版社，1991：358.

④ 吴葆朴，李志英，等．博古文选：年谱 [M]．北京：当代中国出版社，1997：312-313.

⑤ 毛泽东．毛泽东新闻工作文选 [M]．北京：新华出版社，1983：149.

决议，正式决定成立中央党报委员会，中央党报的一切领导工作由委员会负责。此外，抗战时期中共中央书记处决定在地方宣传部下设立宣传委员会，其重要职责是对宣传教育工作的内容与方法展开经常性讨论与检阅，并对中央与上级党部的决定与指示做出正确解释，在此基础上进一步统一中央和地方的思想认识。

建立发行部。为了适当地散发、分配与推销党的各种出版物，统一对各种发行机关的领导，打破各地顽固分子对于本党出版物的查禁与封锁，研究各种发行工作的经验，1939 年 3 月中央决定从中央起至县委止一律设立发行部，必要时区委亦应设立发行部，支部委员会设发行干事，地委以上发行部除部长及必要的干事外，得依工作的需要设立巡视员若干人。发行部坚持党的统一领导，各级党委应动员一批有发行工作经验的同志担任发行工作，发行部应与在本党领导下的各种交通机关的负责同志取得密切联系，后者在接到发行部交来的出版物后，应尽量保证党的刊物的迅速传递。各级发行部直接受同级党委之领导，但上级发行部应经常给下级发行部以工作上的指示，检查其工作，下级则应经常向上级做工作报告。①

建立各地方党的宣传部。1939 年 5 月 17 日中央发出《关于宣传教育工作的指示》，决定建立各地方党的宣传部工作，在宣传部下组织宣传委员会，统一宣传教育工作的领导，随形势变化改变宣传鼓动的内容与方法，适当地利用与结合多方宣传形式以实现当时当地所要求的目标。上至中央局再到省委区党委，下至带有独立性的地委中心县委，都要出版地方报纸。编辑、出版、发行地方报纸应成为党委与宣传部的关键任务，为出版地方报纸，各中央局、中央分局、区党委、省委，应采用多种办法创建自己的印刷所，翻印中央党报及书籍、小册子。

设立党对国民教育的领导机构。以加强党对国民教育的领导为宗旨，党的宣传教育部内设立了国民教育科。1940 年 3 月 18 日《中央关于开展抗日民主地区的国民教育的指示》强调党的宣传教育工作者走进国民教育领域，深入动员群众参加与坚持抗战，为了加强领导，党的宣传教育部内

---

① 中共中央宣传部办公厅，中央档案馆编研部．中国共产党宣传工作文献选编（1937—1949）[M]．北京：学习出版社，1996：38.

应该有国民教育科，经由政府的教育厅或科及其他国民教育的社团对国民教育进行领导。该指示具体阐明了党对国民教育的领导方式和途径，比如党委与宣传教育部通过检查、督促、讨论、总结经验等方式，还应提供实际帮助。为了促使国民教育顺利开展，学校教育可由上级政府的教育厅或部下设诸如“督学”分区进行巡视，社会教育则可由诸如社教督导团或巡回教育团施行，党和政府通过他们掌握下面实际情况，从中提炼经验，并给各地提供经常性的现实帮助。各种国民教育的教科书力求齐备、统一，由上级政府的教育厅或部下设专人与机关负责，包括教科书的编辑、审查、出版、发行等事务。

（三）规范宣传动员工作的要求

坚持党的统一领导还在于对宣传动员工作的严格要求，以确保宣传动员与党的路线方针保持一致。1941 年《中共中央书记处关于统一各根据地内对外宣传的指示》规范各中央局、中央分局、省委、区党委负责同志的公开发言，要求一切对外宣传均应遵照党的政策与中央决定，恪守全党意见与步调统一。中共中央领导机构也必须遵守相关的宣传纪律。

贯彻党的路线方针政策作为党的宣传的基本内容，1933 年 2 月《中共中央关于纪念马克思逝世五十周年的决议》进一步强调了宣传党的路线方针政策的重要性，号召全党“切勿一般地抽象地进行马克思主义和列宁主义的宣传，要将这一思想和理论战线上的工作与中国革命的迫切任务联系起来”①。受各种成分的影响，各地时常出现在宣传工作中背离党的路线和方针的现象，中共中央对此进行了批评教育。1945 年 5 月 14 日，刘少奇在《论党》中指出，为了确保党的统一性与全国性，必须在各地广泛宣传中共中央与上级组织出台的决议和政策，但也要谨记，“我们全党只能有一个方针、一条路线，而不能有几个方针、几条路线。对于全国性的问题，只能有一种态度、一种意见，而不应有几种态度、几种意见②。”在

① 中共中央文献研究室，中央档案馆．建党以来重要文献选编（1921—1949）：第 10 册［M］．北京：中央文献出版社，2011：123.

② 中共中央文献编辑委员会．刘少奇选集：上卷［M］．北京：人民出版社，1981：369.

此，刘少奇从党章高度对问题做系统说明，强调了宣传党的路线方针政策与维护中共中央权威的一致性，并对某些地方党组织的执行情形做了批评，要求其加以检查和改正。他的这篇报告对统一全党的宣传思想有着重要的意义。

抗战后期中国共产党进一步加强了宣传审查工作，1941 年 5 月 25 日《中共中央书记处关于统一各根据地内对外宣传的指示》指出："宣传部应负责立即停止在这方面的无监督无政府的现象，中央局、中央分局、省委、区党委应经常检查这一工作，并加强其领导。"① 指明今后各级宣传部的活动和工作，务必与整个党委的活动和工作密切联系和配合，高级宣传部要能善于掌握党的政策、策划如何把党的每个政策在思想上和工作上贯彻于全部党的工作中，指导党的思想，要能历史地反映党内各种倾向，找到纠正的正确办法。各级宣传部对中央及各地高级党委各项政策和决议，务必贯彻始终，宣传解释，检查反映，不要离开当时当地的实际问题去空空洞洞地宣传，而不去切切实实地检查反映，这样的宣传工作是离开实际的，因此也就得不到效果。

二、党的领导确保宣传动员工作以局势预判为前提

中国共产党善于根据革命形势的变化，对于革命所面临的危机和困局以及形势发展做出科学分析和理性预判，在此基础上进行有针对性的宣传动员。

早在 1935 年 11 月 28 日，张闻天主持制定了《中华苏维埃共和国中央政府、中国工农红军革命军事委员会抗日救国宣言》，这是第一个公开号召建立抗日民族统一战线的文告，是党内进行策略转变思想教育的一篇文章。文章指明"革命的形势是千变万化的"，这要求我们"把握住各种不同的情况，而提出各种不同的策略。党的战略方针在一个时期内是不变的，但实现这一战略方针的策略，则应该是变化无穷的"②。

---

① 中央档案馆．中共中央文件选集：第 13 册［M］．北京：中共中央党校出版社，1991：112.

② 张闻天选集编辑组．张闻天文集（二）［M］．北京：中共党史出版社，1993：31.

在红军长征中，红一、四方面军主力会合后，1935 年 8 月 5 日沙窝会议中央政治局通过《中共中央关于红一、四方面军会合后的政治形势与任务》的决议，对红一、四方面军会合后的形势特点做出预判和分析，提出创建陕甘苏区根据地的根本任务，是今后宣传动员的基本方向。认为帝国主义侵略更进一步，特别是日本占领华北，国民党的统治处于削弱和崩溃中；白区工农群众的革命斗争继续存在着，虽然许多斗争往往带有自发性，然而这种斗争是普遍地蕴藏着，造成了伟大事变立刻就要到来的形势；而苏维埃革命运动在两大主力会合后，在西北具有极大胜利的前途，证明中国革命形势依然存在，苏维埃革命并未低落，而是继续发展着。国民党正在以空前的仇恨与疯狂向着白区工农群众的革命斗争尤其是苏维埃革命进攻，使我们陷入不利地区内，然后寻求主力决战，这是蒋介石反革命的基本战略方针。但是敌人进攻时遇到了很大的困难：部队远离军事政治经济的中心城市，交通的不便，给养的困难，内部的不统一与冲突，减员、疲劳、冻饿与失败情绪的增长，财政支付的空前不敷等。而在另一方面，全国民众的革命斗争，各地苏维埃红军的发展，尤其是红一、四方面军的会合，大大兴奋了全中国的工农劳苦群众，加强了他们对于革命胜利的信心。由于红一、四方面军的会合，革命斗争经验的交换，指挥的统一，红军战斗力不但在数量上增加了而且在质量上也加强了。红一、四方面军在中国西北部的活动，将大大推动西北少数民族反帝国主义与反国民党的斗争，使西北广大地区土地革命的斗争进一步尖锐化，使共产党苏维埃红军的影响大大地扩大。同时，西北各省是中国反动统治及帝国主义力量最薄弱的地区，这更成为苏维埃与红军发展的有利条件。中共中央的正确领导与适切的战略战术方针，更使我们坚信我们一定能够彻底粉碎敌人对于我们的进攻，创造和巩固西北苏区根据地，并就此分析的基础上提出创建陕甘苏区根据地是我们的基本任务，为宣传动员工作指明新的方向。①

“九一八”事变后，中国共产党立即旗帜鲜明地提出坚决抗日的主张，号召全国掀起反对日本帝国主义侵略东北的抗日斗争。处于“九一八”事

① 中国人民解放军历史资料丛书编审委员会．红军长征：文献［M］．北京：解放军出版社，1995：608.

变发生地的中共满洲省委在当天就发出《中共满洲省委为日本帝国主义武装占领满洲宣言》，指出："九一八"事变不是偶然的，"是日本帝国主义者为实现大陆政策、满蒙政策，所必然采取的行动"。宣言批判了国民党的不抵抗方针，号召民众奋起斗争："伟大的任务已经落在我们的肩上了！只有我们以英勇的斗争才能完成它！"① 1931 年 9 月 20 日，中共中央和中国工农革命委员会分别就"九一八"事变发表宣言。9 月 22 日，中共中央发布《关于日本帝国主义强占满洲事变的决议》。中国共产党的宣言和决议揭露了日本帝国主义发动"九一八"事变的反动性质和罪恶目的，严厉谴责了国民党政府的不抵抗方针。与此同时，中共中央向全党发出反对日本帝国主义侵略的指示，党在这次事变中的中心任务是：加紧组织领导发展群众的反帝国主义运动，大胆地警醒群众的民族自觉，而引导他们到坚决的无情的革命斗争上来，其后，针对日本帝国主义侵略中国的态势和步骤，中国共产党及时而不断提出警告，反复向全国发出抗日号召，坚毅地向全党做出抗日的部署。

华北事变后，进入一个新的阶段，内战停止，红军改编为国民革命军，组织形式上降低了政治工作的地位，加之军阀军队影响侵入，红军面临历来的优秀传统如党的绝对领导、机动灵活、英勇战斗、干部指战员团结友爱、军民和爱等受到侵害的局面，"在新的环境中千百倍加重了共产党对红军的领导责任"，由于要依靠党的领导加强和保持红军的光荣传统，要提高部队的战斗力，因而宣传动员工作要保证党在红军中的绝对领导，"成为部队全部生活决定的骨干，成为一切政治工作的支持与依靠"②，同妨害部队传统保持的各种不良倾向做斗争。

卢沟桥事变后，面对严重的民族危机，在国民党极力压制抗日斗争的形势下，处于非常困难状态的中国共产党适时明确提出抗日主张，坚毅做出抗日的党内部署，尽力为形成全国抗日局面而进行广泛的宣传动员。它

① 东北抗日联军史料编写组．东北抗日联军史料：上册［M］．北京：中共党史出版社，1987：33.

② 中共中央宣传部办公厅，中央档案馆编研部．中国共产党宣传工作文献选编（1937—1949）［M］．北京：学习出版社，1996：2.

彰显出中国共产党以国家利益和人民利益为最高追求的精神境界，也彰显出中国共产党拯救民族危机、正确应对危机的战略谋略和高超能力。它具有鲜明的针对性和强大的号召力，对于激励人民群众奋起抗日产生了重要作用，扩大了中国共产党抗日主张的传播和中国共产党的政治影响。

日本帝国主义大举进攻中国，对全中国广大民众的生存构成巨大威胁。在生死存亡的关头，中国国内的阶级状况开始发生重大变化，革命力量得到重新集结。除了工人阶级和农民阶级作为抗日的主力，毅然反对日本帝国主义外，民族资产阶级与城市小资产阶级，甚至部分地主阶级也站到抗日行列中来。阶级关系领域发生的新变动，成为我们党提出抗日民族统一战线的政策前提和依据，也为我们党能够组织民众提供了坚实的阶级基础。但是，在抗战的开始阶段，把民众组织起来的工作并未全面开展，直接原因是国民党蒋介石统治集团中有人还在限制与摧残民众运动，我们党内部分人对于组织民众的基本原则、方式方法还不甚了解也缺乏研究。基于此，1941 年 6 月 20 日下发《中央宣传部关于宣传鼓动工作提纲》，指明宣传动员的对象和宣传动员工作的活动范围及其具体任务，强调“动员全民族与全国人民为革命在一定阶段内的彻底胜利而奋斗”，把全国人民作为宣传动员对象，任务聚焦在马列主义的理论、党的政策纲领、战略策略的宣传上，从思想意识上发动全民族与全国人民为推动革命胜利而奋斗，进一步明确“举凡一切理论、主张、教育、文化、文艺等等均属于宣传鼓动活动的范围”①，破除把宣传动员工作的活动范围限定在狭小范围内的错误认识。

估计到新的抗战形势下，必有一部分人因为主要大城市与交通线的丧失、财政经济的困难、国际援助的不及时而发生着与增长着对于抗战前途悲观失望的情绪。而日寇、汉奸、亲日派必将利用这种情绪，大放其和平妥协空气，企图动摇这些人抗战的决心。“全民族的第一任务，在于高度发扬民族自尊心与自信心，克服一部分人的悲观情绪，坚决拥护政府继续

---

① 中共中央宣传部办公厅，中央档案馆编研部．中国共产党宣传工作文献选编（1937—1949）［M］．北京：学习出版社，1996：250.

抗战的方针，反对任何投降妥协的企图，坚持抗战到底。"① 这一任务，比过去任何时期都更为重要。为此目的，必须动员报纸、刊物、学校、宣传团体、文化艺术团体、军队政治机关、民众团体及其他一切可能力量，前线官兵、后方守备部队、沦陷区人民、全国民众，做广大之宣传鼓动，坚定地有计划地执行这一方针，主张抗战到底，反对投降妥协，清洗悲观情绪，反复地指明最后胜利的可能性与必然性，指明妥协就是灭亡，抗战才有出路，号召全民族团结起来，不怕困难，不怕牺牲，我们一定要自由，我们一定要胜利，以达到全国一致继续抗战之目的。

为此目的，一切宣传鼓动应顾到下述各方面。第一，利用已经产生并正在继续产生的民族革命典型（英勇抗战，为国捐献，平型关，台儿庄，八百壮士，游击战争的前进，慷慨捐资，华人爱国，等等）向前线、后方、国内、国外广为传播。第二，揭发、清洗、淘汰民族战线中存在着与增长着的消极性（妥协倾向、悲观情绪、腐败现象等）。第三，将敌人一切残暴兽行的具体实例向全国公布，向全世界控诉，用以达到提高民族觉悟、发扬民族自尊心与自信心之目的。

抗日战争进入相持阶段后，国民党反共分裂活动日益加剧，中国共产党应对投降与倒退风险中的宣传动员，就是基于当时国内时局特点的分析，1940 年 2 月 1 日《中共中央关于目前时局与党的任务的决定》中提出扭转时局所要完成的十大任务，并提出宣传鼓动具体要求，就是在对国内外时局特点的深入分析的基础上得出的，认为目前国内时局的特点是在敌我战略相持阶段中，大资产阶级的投降方向与无产阶级、小资产阶级及中产阶级的抗战方向两方面展开日益明显、日益严重的斗争。由于国内抗日进步势力克服投降倒退的力量还不足，使得投降与倒退的危险依然严重地存在着，依然是目前时局中的主要危险。但由于中国共产党八路军新四军的阻力、国民党中大多数人的阻力、全国人民的阻力及日本灭华的坚决方针，英美法与日本之间还存在着相当严重的矛盾，欧战削弱了英法在远东的地位，因而很难迅速召集远东慕尼黑会议，苏联的强大及其积极援华的

① 中央档案馆．中共中央文件选集：第 11 册［M］．北京：中共中央党校出版社，1991：605.

方针等国内国际情况，投降与举行全国的“反共”战争甚为困难。双方斗争的结果，或者是时局的好转，或者是时局的逆转。但好转的可能性并未丧失，如有正确方针，加上全国的势力，是能够改变目前局面、时局好转的。中国共产党的基本任务就在于强固抗日进步势力，抵抗投降倒退势力，力争时局好转，克服时局逆转。

时局瞬息万变，1942 年至 1943 年是中国共产党面临严重危机困难的时期，毛泽东在 1942 年 4 月 20 日《关于整顿三风》中明确现在的时局是一个国民党“反共”高潮可能到来的时局，对付黑暗，迎接光明都需要加强内部教育。“报告时局，估计时局，这是思想准备的一种。”① 要通过宣传教育，让党内同志了解时局的黑暗只是暂时的，是要变化的，为了迎接光明，要做思想的准备。强调把马列主义搞通、把主观主义反倒是加强教育更深刻与彻底的方法。据此，全党展开整风运动，这次整风历时 4 年之久，用马克思主义统一了全党上下的思想，克服和清除了“左”倾教条主义错误思想的影响，转变党的学风、文风和党风，有力推动了党内团结，尤其是党员干部的思想认识得到提高，才有本事迎接将来的光明世界，掌握这个新的光明的世界。

三、党的领导使宣传动员工作保持共产党的独立性

在日本军国主义的大举进攻下，中国共产党积极倡导和促成抗日民族统一战线，集聚全民族最广大的力量一致抗日。对于国民党顽固派采取的“消极抗日，积极反共”政策，中国共产党铭记历史教训，在抗日民族统一战线中坚持更为灵活的策略方针，秉承无产阶级的政治领导权，提出统一战线内党的独立自主原则。毛泽东在 1937 年 11 月党的活动分子会议上，讲到全党“一定要实行‘统一战线中的独立自主’这个原则，一定要克服投降主义或迁就主义”②。继而毛泽东在 1938 年党的六届六中全会上又进一步强调，共产党要在统一战线中保持思想、政治和组织上的独立，大力

① 中共中央宣传部办公厅，中央档案馆编研部．中国共产党宣传工作文献选编（1937—1949）［M］．北京：学习出版社，1996：369.

② 毛泽东．毛泽东选集：第 2 卷［M］．北京：人民出版社，1991：395.

发动群众和壮大人民武装力量，以摆脱国民党的限定和牵制，为无产阶级领导权的巩固扎牢基础。这一方针原则也保证了党的宣传动员工作的独立性。

1940 年 5 月 6 日，《总政治部对新四军政治工作的指示》也十分明确，我军的政治工作依托的是共产党的理论、策略、纲领和口号，由此，“军队中的政治工作，仍旧是共产党的工作，并不因统一战线的环境和战区的指挥关系而有所改变”①。所以，宣传动员工作必须在政治、理论、组织以及工作内容与方法上保持中国共产党的独立性。任何迁就国民党而丢弃或削减我党独立性的方式均无益处。

宣传动员中以中国共产党坚持的理论与目前策略路线为依据，必须正确适当地把阶级教育与民族解放教育联结起来。在目前尤其重点表明投降妥协的危险，阐释反对这种危险的斗争及其重要性，说明资产阶级在中国革命中的两重性与动摇妥协性。不应把国民党首领的演说宣言编成讲话材料，这种方法是不妥当的。在居民中应当根据党的政策进行宣传和组织工作。

在全面抗战中，“共产党领导的军队中的政治工作，在抗战中应有其独立性”，“应当根据民族战争的环境来确定政治工作各方面的具体方针，我们应当使军队的政治工作变成实现党的每个政策的有力武器。”②

中国共产党的领导使宣传动员工作保持共产党的独立性，还表现在中国共产党面对危机时的独立领导和成熟应对，充分体现了党管意识形态。如在 1943 年应对共产国际解散危机中，当时中国共产党存在的合法性遭到舆论质疑和猛烈抨击。既然共产国际解散，“中国共产党也应解散”的舆论甚嚣尘上。中国共产党领导的宣传战线运用马列主义的利剑，高扬共产主义旗帜，牢筑意识形态之基，其成功的经验表现在：一是始终坚持党的统一部署。如《解放日报》发表毛泽东、李富春、徐特立等多位领导人的

① 中共中央宣传部办公厅，中央档案馆编研部．中国共产党宣传工作文献选编（1937—1949）［M］．北京：学习出版社，1996：146.

② 中共中央宣传部办公厅，中央档案馆编研部．中国共产党宣传工作文献选编（1937—1949）［M］．北京：学习出版社，1996：153.

署名文章，为这场宣传舆论战指明了方向。共产国际的解散不可避免地带来了舆论方面的纷争，在危急时刻，《解放日报》发表社论树立起中国共产党的主导地位，深刻阐释国际局势判断，“共产国际的解散是比较其继续存在，更加有利的”，而从国内形势出发，“（这）将使中国共产党人以更大的责任感，更大的自信心，更大的创造性，坚定地站在马克思主义的立场上，站在革命斗争的先锋岗位上来更好地更有成效地工作”。[①] 毋庸置疑，社论从理论上有力地回击针对中国共产党的激烈打击，将共产国际之危转化为中国共产党之机。二是善于借助于形势变动。当国民党顽固派故意寻衅、挑起舆论时，中国共产党沉着对待，寻找最佳时机回击而非贸然行动；等国民党顽固派的攻势不再猛烈时，中国共产党的回击并未在此停步，反而更深入揭批其“反共”反人民的本质。三是统筹把握国际国内形势。中国共产党运用国际形势与国内有利环境，促使斗争局势向好推进。一方面，借欧洲局势变化尤其是墨索里尼政府倒台一事，进行“反中国的法西斯主义运动”宣传，把反对国民党顽固派列入世界反法西斯战争体系内。另一方面，利用美苏联合开辟欧洲第二战场的计划，其态度是反对中国内战，期盼东亚战场维持稳定，使国民党顽固派更加孤立。四是加强党内教育，提升应对危机挑战能力。中国共产党十分重视党内教育，通过整风、整顿，统一党内思想，增强组织团结，推进自身宣传组织能力的提升，使党的宣传动员在应对复杂局势和危机风险时更加有效。经过努力，共产党运用宣传武器战胜了皖南事变、共产国际解散后所面临的内外危机挑战，积累了宝贵经验，并且化被动为主动、将危机转化为发展自身的良机，极大地促进了党的建设及其领导的革命事业的发展。中国共产党已显现出一个成熟政党应具备的抵御危机风险能力，还展示了宣传动员工作在中国共产党的领导下，准确把脉时代变化和局势特征，面临舆论攻击时以更新的理论、更为广阔的视野、更多样的方式去应对。

---

① 社论．论共产国际的解散［N］．解放日报，1943-05-28.

第二节 注重宣传动员工作的自我革新

坚持真理、修正错误，是敢为人先、先行先试的根本要求。无论是苏区还是敌后根据地，在面临各种危机挑战的过程中，中国共产党都对宣传动员工作中的不足和问题进行自我批评，以及时修正错误倾向，积极应对风险挑战。中央苏区时期，李立三“左”倾冒险主义错误和王明“左”倾教条主义错误先后在党内占据统治地位，以毛泽东同志为主要代表的中国共产党人坚持马克思主义、坚决斗争、不懈探索，最终促使党以自身力量纠正了错误，转危为安，扭转了中国革命局面。实践充分证明，中国共产党之所以伟大，并不是不犯错误，而是从不文过饰非、讳疾忌医，勇于直面错误与问题，并展开自我修复。在中国共产党的宣传动员领域亦是如此，勇于自我革命。

一、敢于正视问题

意识形态是政党的黏合剂，虽然其他因素也会起作用，如组织强制力和共同利益，但只有意识形态能把人们从精神上、心理上真正凝聚在一起。因而，一个政党最大的危险在于组织强制力和共同利益占了上风，而意识形态实际上不再发挥作用。中国共产党十分重视发挥宣传动员在精神引领方面的作用，因而不断主动发现自身的问题与不足。

苏区报纸起了重要的宣传动员作用，登载了各地动员的消息，极大提升了群众的积极性，比如《红色中华》，读者从1万人增加到4万人，《青年实话》《红星》等也是如此。但面对苏区党的生存发展种种危机，“我们的报纸在为了党的与苏维埃政府的中心任务而坚决斗争方面，还是非常薄弱的”，这种自我检视与革新的态度在中华苏维埃共和国临时中央政府机关报《红色中华》中体现得更淋漓尽致。《红色中华》是开展批评与自我批评、进行思想斗争的有力工具，也是督促中央苏区各地苏维埃政府克服宣传动员工作中的缺点错误、改正工作的重要阵地。

《红色中华》的发刊词中把纠正各级苏维埃在工作中的缺点与错误作为其主要任务之一，宣传动员工作中时有不执行上级决议的现象。《红色中华》刊载了批评不执行上级决议的错误行为文章。1932 年 2 月 10 日《反对忽视上级命令和敷衍塞责的恶习》中严正指出，地方苏维埃政府对于上级政府的命令和决议存在忽视或敷衍塞责。项英的《实际工作的检查》刊载于《红色中华》1932 年 2 月 24 日，指出临时中央政府成立以来将苏维埃的建设，领导各种斗争以及加强革命发展的力量各种很实际的方针和办法，做成很多训令、通令、决议、条例等来指导各级政府，若是很切实际地按照所示的办法去做，那么，对于苏维埃及革命的发展，毫无疑义的有很大的进步和发展，可是在近 3 个月以来，各地对于中央政府一切训令、通令、决议等的执行，非常令人不满。很多政府不但没有实际工作的报告制度，连讨论都没有讨论，更谈不上执行。

还批评了妇女宣传动员中的错误，1932 年 3 月 2 日《纪念“三八”与妇女工作应有的转变》批评过去苏区妇女运动之所以不能发动妇女来参加一切的革命工作，就是因为还没有使妇女了解，只有苏维埃政权胜利才能使妇女解放，因此妇女运动与实际斗争没有联系起来，没有使她们为本身解放而奋斗，没有激励她们参加革命工作的积极性。正当革命战争发展的时候，劳区妇女运动要经过各种群众团体吸收广大劳动妇女组织看护队、洗衣队、慰劳队、敌情的探查队等组织，发动她们鼓励老公当红军，欢送红军，启发她们在这一大规模的革命战争中认识革命。

在春耕运动中，1932 年 3 月 9 日《反对对于参加革命战争的消极》中就直接批评没有将广大群众动员起来去进行这一运动的错误，在群众中更看不见一种对于参加革命战争的热烈空气，事实上所表现的是太平无事，乐业安居，是非常严重的现象，究其原因，是各地政府对于参加革命战争工作的领导消极，没有去动员和领导群众来执行这一工作。

除了苏区《红色中华》中对宣传动员工作中的不足展开自我批评外，抗战全面爆发后，面对新阶段，1937 年 9 月 7 日，毛泽东发表《反对自由主义》，批评党内自由主义取消思想斗争、主张无原则的和平，结果是腐朽庸俗的作风发生，使党和革命团体的某些组织和某些个人在政治上腐化起来。自由主义宣传工作方面的具体表现是：见群众不宣传，不鼓动，不演说，不调查，不询问，不关心其痛痒，漠然置之，忘记了自己是一个共产党员，把一个共产党员混同于一个普通的老百姓。毛泽东主张积极的思想斗争，因为它是达到党内和革命团体内的团结利于战斗的武器。每个共产党员和革命分子，都应该拿起这个武器。[①] 进入抗战新阶段，教育制度已在变化中，尤其战区有了显著的改进。但还没有整个制度适应抗战需要的变化，这种情形是不好的。“伟大的抗战必须有伟大的抗战教育运动与之相配合，二者间的不配合现象亟应免除。”[②]

二、精准揭示问题

中国共产党精准揭示自身宣传动员工作中的问题，为有针对性地开展自我革命提供条件。张闻天根据苏区宣传动员工作实际总结道：“图画、唱歌以及戏剧等的宣传鼓动的方式，事实上已经证明更为群众所欢迎，更能吸引广大群众，然而我们并没有把这些方法充分的应用。”[③]

在《红色中华》中，更是随处可见对苏区宣传动员工作中的问题的精准揭露。

（一）揭露在各种具体工作中缺乏深入的宣传动员

1934 年 3 月 17 日《严重的赣县的赤少队突击》揭露赣县整理赤少队的缺点，在召开各种会议时，没有把整理赤少队的意义与重要性解释得深入每个群众的头脑中去，所以大家没有很热烈地加入赤少队；1934 年 3 月 29 日《零都模范赤少队检阅的流产》指出整理赤少队的突击中动员工作不深入、思想斗争没开展；1934 年 4 月 7 日《一月来整理赤少队突击运动的概况》中也指出相似的问题，在突击运动中，一般缺乏深入的宣传解释工作，不能与战争动员密切联系起来，强迫命令和抄名字的方式时有发生。还进一步与模范县兴国的成绩相比较，因为他们的动员方法正确，能够真

---

① 毛泽东．毛泽东选集：第 2 卷［M］．北京：人民出版社，1991：359-361.

② 中央档案馆．中共中央文件选集：第 11 册［M］．北京：中共中央党校出版社，1991：659.

③ 张闻天选集编辑组．张闻天文集（一）［M］．北京：中共党史出版社，1990：316.

正从党内外动员，并且事前预先进行了很好的宣传鼓动工作；1934年4月10日《完成赤少队突击运动前面的重要问题》指明突击运动进行得迟缓是因为：一方面，缺乏深入的政治上的宣传鼓动，另一方面，不能与战争动员和配合红军作战密切联系起来。

（二）党员干部宣传动员工作不得力

《红色中华》中批评了在宣传动员工作中一些党员干部存在的问题，有针对性地、具体地进行了揭示。1934年4月19日《反对滥发文件》中就指出：乱发文件，那些人们没有头脑，混混沌沌地坐在机关里，把文件当作唯一的“工作”，不管发给哪些机关是必要的，哪些机关是不必要的。这样的问题揭示既详细又具体，可以引起相关人员的注意，以便及时纠正。同样，1934年4月19日《关于建立模范营中党的工作》中，批评模范营中党员比重较小，是完全不能容许的。并且揭示了真实的原因，在于各地的党部没有深刻了解“党应动员党团员积极加入赤少队特别是模范营，以巩固党在赤少队模范营中的领导作用”中央这一指示的重要意义，没有采取实际办法来执行这一指示。党中央在1934年5月12日给各级党、党团和动员机关的信上也指出：直到今天，我们的运动还只偏在组织的工作方面，直指宣传工作者还没有充分地被利用起来，而且他们还不知道怎样去做最激动人的、有效的动员工作。

（三）宣传动员方式不恰当

宣传动员方式直接影响其效果，因而中国共产党在对宣传动员工作展开自我批评的过程中，特别关注宣传动员方式是否恰当。1934年4月10日《人民委员会为万泰群众逃跑问题给万泰县苏主席团的指示信》，通过指示信的方法，批评万泰群众逃跑的主要原因是苏维埃政府领导上的错误。指出许多区乡苏维埃的工作人员，不论是在推销公债、扩大红军方面还是在收集粮食方面都采取了严重的摊派与强迫命令的办法，任何宣传鼓动、解释说服的工作也没有。还以东郊乡为例，具体指出在5月扩红突击运动中，由区派来了一个突击队，可是这个突击队不深入群众中去进行艰苦的宣传解释，使群众了解目前战争动员的任务，而只是开干部会和代表会，一开会题目多得很，使到会的同志不知以哪一个工作为中心，结果代表和干部不能在群众中去活动。

1934年5月18日《把动员中的宣传鼓动工作实际的加强起来》中批评长篇累牍的宣传大纲成为宣传鼓动的头一个问题。而1934年5月28日《一鸣惊人，瑞金县首先胜利》中则批评强迫威吓的方式的采用：该乡的领导机关除了天天坐在机关里面只管开会以外，还用许多空话去威吓群众，如对逃兵不耐心地去宣传鼓动他们归队，却用“马上要归队，不归队即用纪律裁制”的话来威吓逃兵，结果逃兵都跑完了；1934年6月5日《红五月节省粮食运动的检阅》指出红五月节省粮食运动宣传鼓动群众的工作，做得非常不充分，或者存在着一些强迫的方式；1934年4月14日《一月来响应本报节省号召的成绩》中分析了节省运动动员要深入，只有每个同志都想办法、都监督节省，才能有成绩，如果只以为群众不愿节省而不耐心做宣传鼓励工作，或者只简单地在会议上宣传节省是得不到好的成果的。

除苏区宣传动员中能精准找出问题并展开自我批评外，全面抗战时期亦是如此。比如1940年10月14日中共中央宣传部做出的《关于充实和健全各级宣传部门的组织及工作的决定》中指明，干部问题是充实和健全各级宣传部门组织及其工作的中心问题之一，分析全国党组织中到处反映宣传鼓动工作干部的缺乏，而现任的宣传部门工作干部中，还多少存在着政治水平较低或工作能力太弱的现象、将政治上不可靠的干部或工作中表现不好的干部送到宣传部去“考验”的现象、理论与实际脱节的现象。而1941年国内政治形势异常紧张、日本侵略加剧，要求我党统一对外宣传及采取慎重处事的态度，但是党的对外宣传是不适合于这个要求的。1941年5月25日，中央做出《关于统一各根据地内对外宣传的指示》就批评了根据地内对外宣传不适合形势要求。

三、着力解决问题

对于宣传动员工作中存在问题，中国共产党不仅提出自我批评，还在指出问题的同时提出解决方案，才使得宣传动员工作实现自我革新，以应对各种危机挑战。

1933 年 12 月，张闻天针对报纸上的空洞议论与叫喊多于利用具体的材料来教育广大的群众等问题，指出即使把列宁这句名言“我们不但要使我们的报纸成为集体的宣传者，而且也要它成为群众运动的组织者”，拿来一千零一遍地背诵，并不能在实际上真正转变我们的工作，而是“需要坚持到底的布尔什维克的具体的实际工作”①。

1934 年完成赤少队突击运动，缺乏政治上深入的宣传鼓动，进行得迟缓。针对此问题，《红色中华》指明具体的改进办法：要从目前战争形势的紧张来宣传强大赤少队突击运动的伟大意义，来动员广大工农群众武装起来加入赤少队。反对登门造册的强迫命令主义，也要反对“加入赤少队不当红军”的歪曲的解释办法。应该把粉碎敌人五次“围剿”决战的形势与赤少队的意义和任务在群众中做广大的宣传鼓励。而且，尤其要赞扬模范营上前线配合红军作战的光荣例子，如瑞金出发了四连来动员全体模范赤少队勇敢地开到前线作战去。指明要巩固组织与加紧训练教育工作，必须在巩固和健全赤少队的组织中，同时加强政治、军事、文化的教育和训练、在赤少队干部与队员中加强工人与党团员的管理，进行充分的宣传鼓动。②

苏区模范营中党员比重较小是完全不能容许的，究其原因，在于党团员的作用没有发挥。针对此问题，党中央指出具体解决方法，如分头召集干部会等，立即使这种号召传播到党团员群众中去。必须在支部小组中开展广泛讨论和解释，指明赤少队模范营的意义和作用以及党员的责任，提高党员的政治水平和积极性，领导群众加入赤少队特别是模范营。这里，需要支部中的耐心说服工作，同时需要反对那些能够加入而坚持不愿加入的分子，开展思想斗争。杜绝机械的强迫命令的办法。这一动员开展的时候，模范营的数量和质量立即能大大提高起来，也就解决了“党员军事化”的任务。③

针对苏区战争动员中“左”的乐观空谈，比如有些同志往往拿“不要

① 张闻天选集编辑组．张闻天文集（一）[M]．北京：中共党史出版社，1990：428.
② 完成赤少队突击运动前面的重要问题 [N]．红色中华，1934-04-10.
③ 关于建立模范营中党的工作 [N]．红色中华，1934-04-19.

紧，我们总会胜利”的空洞的乐观的宿命论来代替广大群众的宣传动员，但是等到敌人真的到来，则不顾一切向后逃跑，党提出应对方法为：冷静地估计敌人对于我们进攻的形势，有计划有准备地来布置自己的工作，来动员广大群众同敌人作战。在战争宣传动员中，把敌人占领某处苏区的危险告诉广大工农群众，正是为了要动员他们坚决地保卫苏维埃的每寸领土，保卫群众自己的土地、生命与财产。①

针对苏区宣传动员工作中写长篇累牍宣传大纲的问题，党中央指出应该用5分钟的报告，利用最通俗的言语，向每个党团员和广大群众进行清楚明白的解释。“主要的就是我们能利用每一个具体的事实来提高群众中热烈的动员情绪，直接造成加入红军的潮流。”“鼓动的方法不只限于言语文字，不只拘束于呆板的会议方式。”应该抓住各种各样的短促的鼓动群众的机会，不论是在农村还是城市中，只要有几分钟时间，便可以利用圩日、纪念节来举行飞行集会。只要是有群众有赤少队在的地方，都可以组织晚会，散发标语、传单、书报宣传品。这里特别要加强各地政治文化机关如图书馆、学校、俱乐部、剧社的宣传工作，使每一个文化组织的细胞都一致参加5月扩大红军的突击任务。②

日本帝国主义占领东北后，亡国灭种的大祸刺激着民族革命战线大大地扩展，在这种形势之下，根据中共中央1936年1月25日决议精神，党的策略路线是发展团结和组织中国全民族一切革命力量，反对日本帝国主义和蒋介石及其统治的卖国行为，党的宣传动员工作也因此需要发生转变。紧接着27日《中央为转变目前宣传工作给各级党部的信》中明确指出：“目前宣传工作最中心最紧急的任务，就在于用一切的力量去暴露日本强盗的凶暴侵略行动，与蒋介石无耻的卖国政策及欺骗，去说明日本强盗与蒋介石是灭亡中国的当前最主要最凶恶的敌人，去煽动一切不愿当亡国奴的中国人联合起来，去开展民族革命战争，汇合土地革命与民族革命的两大巨潮，结合民族革命战争与国内阶级战争，去战胜日本强盗及汉奸

① 我们无论如何要胜利［N］．红色中华，1934-05-01.

② 把动员中的宣传鼓动工作实际地加强起来［N］．红色中华，1934-05-18.

卖国贼蒋介石，争取中国的独立与解放。”①

党中央还依据目前形势与党的策略路线检查过去宣传工作的诸多不足，比如没有迅速捕捉新的事变进行宣传鼓动工作、妨碍民族革命统一战线的口号不再适用、不区分对象层次的“平均主义”宣传工作依然存在、宣传品和报纸上宣传内容的僵化等。为适应和实现党的新策略路线，这些缺点必须迅速彻底地改正，“必须为适合于党的策略路线，适应于夺取更广大的群众，适应于民族革命统一战线而急剧地转变”②，展开宣传工作的自我革新。

党在自我批评的同时，还明确指出力求迅速改变宣传动员工作的方向。第一，宣传动员内容上，首先，要最广泛、最深入地暴露日本侵略的行为与蒋介石卖国的事实，必须运用最痛切、最警惕的宣传，让全国民众了解亡国灭种的灾祸已经来临，不愿当亡国奴的中国人都应联合起来，统一到民族革命战争战线，去战胜共同的主要敌人，而不应区分阶级、团体、队伍或者派别。其次，大力宣传抗日联军、抗日救国政府及其纲领，阐明只要不愿当亡国奴的中国人，无论什么身份，要自救并救国就只有联合在抗日救国政府与抗日联军中。最后，要给群众解释清楚，为了挽救国家危亡、团结最广泛的不愿当亡国奴的中国人火速投身抗日作战中，苏维埃工农共和国更名为苏维埃人民共和国，各项政策也做出调整，如中立富农，把选举权及被选举权赋予革命小资产阶级，优待抗日反蒋的军官及士兵、民族工商业资本家等，阐明苏维埃推动扩展抗日红军和抗日的区域，目的是为抗日建立巩固的根据地。第二，宣传动员方式上，要注意以群众觉悟高低来区分宣传对象，摒弃千人一面的均匀的宣传工作。同时要纠正过去夸夸其谈的宣传，使一切宣传通俗易懂、深入群众。抓住一切活动、一切机会，如各种会议、演剧等做宣传工作，宣传方式多采取口头的、挨户的和化装宣传。第三，宣传动员实施上，所有宣传部门和机关必须一致

---

① 中共中央宣传部办公厅，中央档案馆编研部．中国共产党宣传工作文献选编（1915—1937）［M］．北京：学习出版社，1996：1199.

② 中共中央宣传部办公厅，中央档案馆编研部．中国共产党宣传工作文献选编（1937—1949）［M］．北京：学习出版社，1996：1200.

为党的策略路线迅速动员起来，目前的宣传必须集中在采用一切可能的方法、集中深入到白区。此外，尤其要把宣传工作与组织上的团结密切联系，为了挽救民族危亡，重要的是适时从宣传鼓动中调动群众积极性和热情，团结群众完成党的任务。

随着抗战形势的发展，中国共产党宣传动员工作领域逐步扩大，而党的宣传机关也做了大量工作并取得了显著成绩。然而严格地讲，党的宣传动员工作仍落后于革命的发展与党组织的发展。各级宣传部门组织不充实及其工作制度不健全是党的宣传工作比较落后的重要原因之一，具体表现为存在重组织轻宣传的倾向，把宣传工作看得可有可无；党内还有许多同志对宣传部门工作的范围没有清晰的认识，对宣传政策缺乏注意和研究，因而宣传部门工作中表现出相当严重的片面性。中国共产党主动查找和揭示问题，1940 年 10 月 14 日中共中央宣传部针对此问题做出《关于充实和健全各级宣传部门的组织及工作的决定》，对如何充实和健全各级宣传部门的组织及工作做出决定，让党内同志了解宣传部门同组织部门的工作具有同等重要性，是党在政治上、理论上和思想上领导战斗的机关，彻底纠正轻视宣传工作的倾向。同时确定宣传部工作的范围，一方面指导和开展革命理论及革命政策的宣传，包括驳斥与批评错误的敌对理论和激进的敌对政策，也包括对不同阶层人员进行文化教育的各方面工作；另一方面指导和开展日常性质的群众鼓动工作，组织群众学习和调动群众的学习积极性，同时，也要让群众自觉加入宣传工作。针对各级宣传部门组织制度不健全的问题，要规定各地党组织建立宣传等组织的标准，以适应抗日战争的需要，各根据地中央局、分局、区党委或省委的宣传部须设宣传科、教育科、国民教育科和出版发行科，培养和提高宣传干部的工作能力和文化素养。此外，应设编审委员会及文化委员会，分别管理编审工作及文化活动，以提高党的宣传工作质量和效率。并且根据不同区域的实际，做出有针对性的规定，如对根据地地委、县委以及区委等不同级别的宣传部设科问题进行分别规定，对于秘密党组织的宣传部结构，以精干隐蔽政策为原则，八路军及新四军政治机关中宣传部门组织机构可以依据部队中具体需要决定。还考虑到是充实和健全各级宣传部门组织及其工作的中心问题之一，为了纠正干部中存在的问题，规定党的宣传部门的干部，须经过党的干部部门负责审查。党的各级党校应有计划地训练各方面的宣传鼓动工作的干部。

1941 年震惊中外的皖南事变爆发，日本侵略者又加大军事打击和思想攻势，中国共产党面临着异常紧张和尖锐的内外危机，而党的对外宣传并不适合形势的发展需要，如不迅速纠正，对党、对革命必有很大危害。中共中央于 1941 年 5 月 25 日做出《关于统一各根据地内对外宣传的指示》，对重大政治事件的宣传做出规范，并具体划归了宣传机构，强化了党对宣传工作的领导。具体规定任何对外宣传必须服从党的政策、遵照中央决定，与全国性意义的重要政治事变息息相关，未经中央指示，所有中央局、中央分局、省委、区委负责同志及任何军事首长，不得公开发言，以保障全党意见与步调的一致。同时，对宣传部领导一切对外宣传工作做出规定，对外宣传的重要机关是各地方报纸下的通讯社，而广播台及广播台作用的战报台应划归通讯社，并设立由宣传部领导的专门负责广播材料的广播委员会审查编辑，不断对其工作进行检查。由延安新华社直接负责地方广播、电台广播以及报纸通讯社的内容。

第三节　提升宣传动员贯彻机制的效能

抗日战争时期，中国共产党能不断应对接踵而来的困局、应对风险并化危为机，跟其强大的贯彻执行力分不开。党的理念与制定的方针政策能有效实施，推进各项政策实施的宣传动员贯彻机制发挥着重要作用。党的干部能正确理解和准确传达宣传动员内容、宣传动员方式机动灵活以及宣传工作和组织工作紧密结合等，共同推进宣传动员贯彻到位、落到实处。

一、贯彻者对宣传动员内容的正确理解和有效传达

中国共产党宣传动员的贯彻过程本质上是中国共产党和宣传动员对象之间不断形成理解、达成共识的过程，宣传动员工作者只有正确转译动员

内容，宣传动员工作才能有效展开。对此，中国共产党十分重视在各种危机风险中，宣传动员不同的对象了解党的主张、参与党的事业，其宣传内容即信息是连接宣传动员者和对象的中心环节。宣传内容既包括说什么，也包括怎么说，这是一体两面的问题。

（一）正确理解

宣传动员工作的贯彻首先是说什么的问题，应对危机困境，中国共产党制定方针政策以及据此做出的各项指示成为重要的宣传内容。1941 年《中央宣传部关于党的宣传鼓动工作提纲》中规定了宣传鼓动的基本原则，首要一条就是“必须掌握党的路线与党的政策。这是决定宣传鼓动工作成败的中心关键”①。宣传鼓动工作如果不依据党的政策，不仅要出乱子，而且一定是收不到效果的。如何把中央和上级指示准确传达下去，宣传动员的实施者和组织者对政策的正确理解至关重要。针对此意义的认识，中央特于 1939 年 5 月 17 日发出《关于宣传教育工作的指示》，决定成立地方党的宣传部，在宣传部下设宣传委员会，对宣传教育工作的内容与方法进行经常性的讨论和检查，对中央和上级党部的决定和指示做出正确解释，并对当时、当地的重要情况进行及时说明。

党员干部承担着重要的宣传动员上传下达的任务，对党的方针与策略的把握和认识相当重要，为此《中共中央关于目前形势与党的政策的决定》中着重强调加紧全党策略教育的重要性，并专门制定《中央宣传部关于加强干部策略教育的指示》（1940 年 8 月 13 日），规定必须把党的策略教育贯穿到全党的在职干部教育、党校和训练班以及各类干部学校中，并且纳入正式教育计划、作为成绩考查标准。同时，还对策略教育的具体内容做出规定：一是党中央的宣言、决议、决定及其他关于策略的指示；二是中央领导同志的讲演、报告和论文；三是党报及其“文摘”中关于党的政策的重要文章；四是中共中央宣传部将要发布的政治情报；五是当地高级党部关于策略的指示及策略经验的总结。

除此以外，还具体详细地指导在不同场合和环境下如何贯彻。比如在

① 中共中央宣传部办公厅，中央档案馆编研部．中国共产党宣传工作文献选编（1937—1949）［M］．北京：学习出版社，1996：253.

公开环境中，党的领导同志或党的领导机关在集体研究上述材料后（党的正式文件须在领导机关即党的委员会研究），须分别召集负责干部会议和普通干部会议做报告，在他们研究之后，经过他们传达于党员中去。凡属有非党干部在一起工作的机关或学习的学校，同样要针对非党干部开展公开的、一般的策略教育。一般的讲演，可集合党员同非党员一起进行。这些地区的在职党员支部要把干部和党员策略教育当作支部主要工作构成，在领导干部的领导和协作下有计划地组织开展。

而在秘密的环境中，亦须利用个人研究的方法，有直接工作关系的干部之间集体研究的方法，如委员会内部、机关内部、党的小组内部，来加强对干部的策略教育。当地高级的领导机关须负责选择材料，并将他们综合起来使之便于传达给干部，便于研究。研究中的疑问，上级党的领导机关须设法给以解答。在“中国革命史”及“中国革命基本问题”“联共（布）党史”及“马列主义”“党的建设”等课程的教授、研究和学习中，须尽可能充实策略的部分。在各类干部学校中，除策略教育课程贯穿外，教员及其他教育干部的策略知识水平尤为重要。针对此，党的领导机关必须重视提高教育干部策略知识，一方面，通过做策略经验和策略知识方面的报告，另一方面，供给策略教育材料（在保密原则允许范围内）。①

1940 年 8 月 13 日《对八路军政治工作的几点意见》中也指出：“军队政治机关与军队各级干部，尤其是军政干部，必须了解与掌握党的政策与策略。”② 因此，必须加强干部中策略教育，使其成为干部教育中最重要的一项。

（二）有效传达

正确转译宣传内容仅仅是一个方面，还要注意有效传达，即怎么说的问题。因而，中国共产党在整个抗日战争时期都十分重视培养掌握马列主义而又富于实际工作经验的宣传干部，并将其视为党的一个严重的和长期

---

① 中共中央宣传部办公厅，中央档案馆编研部．中国共产党宣传工作文献选编（1937—1949）[M]．北京：学习出版社，1996：151-152.

② 中共中央宣传部办公厅，中央档案馆编研部．中国共产党宣传工作文献选编（1937—1949）[M]．北京：学习出版社，1996：154.

的任务。1941年《中央宣传部关于党的宣传鼓动工作提纲》中专门对宣传鼓动干部的培养做出要求：党应当经常地注意到从知识分子党员和知识分子工人中培养出党的宣传家。各级党的组织中需要有相当数量的宣传与鼓动员，对其展开系统教育、提升其素养，以适应党的宣传工作业已扩大的范围需求，以提高他们的质量。除此之外，有必要在高级党校内设立专门科系培养宣传鼓动工作者、报纸编辑及新闻记者，经常开展培训。

宣传动员者自身品质与素养对于宣传内容的有效传达同样起关键作用，因为一个人的品质与素养直接影响其价值观念、工作态度和领悟觉察能力，甚至是否能掌握宣传动员技巧等。因而中共中央宣传部专门对宣传家与鼓动家的品质素养要求做出详细规定，其中，对于宣传家，首先要求忠诚于无产阶级事业，掌握马列主义理论，并全面熟悉党的路线政策；其次要求有政治眼光和革命警觉性，以及自我学习精神；最后要求解说马列主义要有创新性，而不是死板教条式的。相对而言，成为鼓动家则要求首先要了解党的路线政策，这是先决条件。其次要有鼓动技能和艺术，理解群众生活与心声，能与群众建立密切联系。①

二、宣传动员方式适应局势变动而调整

从局部抗战到全面抗战，国际形势、国内矛盾斗争局势复杂，危机频发，中国共产党总是根据不断变化的形势，做出政策调整，并根据政策变化展开宣传动员工作，其方式也随宣传动员的任务变化而调整，使得宣传动员工作保障中心任务完成，应对了各种危机挑战。

1937年8月1日，总政治部做出的《总政治部关于新阶段部队政治工作的决定》明确要求，在工作方式和方法上应适合于新形势的改变，估计到战时的环境，工作条件和工作任务更加复杂，会出现一些具有突击性的工作。这不仅要求发扬下级高度的自动性，提高战员的作战技术和文化水平，还要保证他们在上级的意图之下，能够认真完成每一个工作上和战斗

① 中共中央宣传部办公厅，中央档案馆编研部．中国共产党宣传工作文献选编（1937—1949）［M］．北京：学习出版社，1996：259.

上的任务，杜绝敷衍。因此，在领导上要事项具体，分工到位，但不可处事形式呆板和包揽下级的工作，要灵活运用各种新的工作方式和方法，合理发扬各级的自动性和积极性。此外，应该在现有的基础上，把政治工作的经常性保持与巩固起来。战时的工作，固然需要有更多的突击性，但是必须反对用突击来代替经常工作的方式，这里的关键是如何把工作的经常性与突击性很好地配合起来，并经常依靠群众基础来进行某一工作的突击，“正由于新环境的复杂工作条件的不同，要求我们创造许多新的工作方式和方法，来适应新的工作的需要”①。

1943 年是中国共产党领导的抗日根据地抗战十分艰苦的一年，共产国际解散的消息传开后，国民党又趁机发动宣传攻势，否定中国共产党存在的合法性。在应对国民党的“反共”宣传战之外，中国共产党还把形势教育提上了重要的日程，并且根据形势的新变化，做出转换教育内容和方式的具体规定。如 1943 年 10 月 21 日，中共中央宣传部发布《关于进行阶级教育问题的通知》，具体指明了阶级教育针对不同的对象，教育具体内容有所区别，教育方式也不同。比如针对群众和干部教育宣传内容就有所不同。在群众中间，“团结则存、分裂则亡”的口号已不再适用，要继续进行坚决反对内战的宣传。一旦发生内战，中国人民在毛泽东、共产党、八路军、新四军领导下，必定能赢得抗战与革命的胜利，覆灭的只能是反动派。而针对干部教育，则主要侧重国际国内局势分析，阐述前途的无限光明。表明与大革命与内战时期完全不同，目前的形势对我党空前有利。一方面在于不同的世界形势，即反法西斯革命在全世界范围内高涨、无比强大的苏联并不孤立；另一方面在于不同的国内形势，即民族敌人深入国土，对日战争持续，同盟国反对中国内战并对国民党的腐化不悦。国民党陷入与敌伪、友帮、中共、人民及其自身内部的五大矛盾中，将在多重困境中被削弱。与此相反，共产党依托武装力量与多块根据地，积累了大革命、内战与抗战三个历史时期的宝贵经验，尤其是毛泽东同志的正确领导。

---

① 中共中央宣传部办公厅，中央档案馆编研部．中国共产党宣传工作文献选编（1937—1949）［M］．北京：学习出版社，1996：6.

为了有效展开阶级教育，同时对具体宣传动员方式做出规定，特别强调应根据对象分别采取不同方法。对于干部，应与整风与审查干部工作相结合，用号召思想坦白，揭露错误思想，粉碎反动思想武装的方法；针对民众，则应与减租斗争和防奸斗争相配合；同时，应抓住一切时机将宣传与宣传品传播到伪军与顽军中去。各地宣传机关，应运用十月革命节纪念，增强干部群众对革命前途和命运的信心。具体用报纸、标语、传单、音乐、图画、戏剧及干部会议、群众大会、民兵、群众游行、自卫军检阅等方式，庆贺红军的伟大胜利、法西斯主义的溃败，庆祝世界与中国的光明前途，宣传人民大众和中国共产党的力量是不可战胜的。①

三、宣传动员工作与组织工作相互结合

中国共产党的宣传动员是一种有组织的行为，宣传内容也和现实政治有更紧密的联系。正因为如此，党的影响力和动员力更为深刻和有效。

中国共产党一贯的动员方式和工作方针就是将群众组织起来，党运用各种可行的组织形式推动宣传动员工作的开展，实现民众对党的各项事业的参与。中国共产党人以马克思主义为宣传工作的指导，特别是列宁于1901年为《火星报》写的社论《从何着手?》中提出的“报纸不仅是集体的宣传员和集体的鼓动员，而且是集体的组织者”论断，自20世纪20年代末传入中国后始终是党宣传动员工作的重要指导思想。

中国共产党在面临各种危机时，适时提出相应的政策方针和具体工作措施，在落实时总强调把宣传和组织工作结合起来，形成组织工作的发挥以宣传作用为前提，反过来又扩大宣传的影响和效果，使宣传更加深刻和广泛，最终促成对党的主张在思想价值层面的统一，使得党提出的具体任务能够上下联通，确保战胜危机挑战。比如，作为重要宣传武器的党报同时也是群众的组织者。

在时刻面临国民党“围剿”威胁的时刻，1931年中共中央政治局就要

---

① 中共中央宣传部办公厅，中央档案馆编研部．中国共产党宣传工作文献选编（1915—1937）［M］．北京：学习出版社，1996：541-542.

求“党报必须成为党的工作及群众工作的领导者，成为扩大党在群众中影响的有力的工具，成为群众的组织者”①，而作为中国共产党机关刊物的《红色中华》更要成为“党和苏维埃的政策口号的宣传者和组织者！成为党和苏维埃动员群众组织群众领导革命战争的有力助手”。

日本发动全面侵华战争，民族危亡之际，中国共产党致力于积极调动全民的伟大力量，把宣传工作与组织工作密切配合，发挥动员群众的威力。毛泽东在 1939 年曾明确强调：“把群众的力量组织起来，这是一种方针。”② 随着党的宣传动员工作走向成熟，1941 年《中央宣传部关于党的宣传鼓动工作提纲》中，更对宣传鼓动工作与组织工作的关系进行深入阐述，党的宣传鼓动工作是为党的组织工作开辟道路，组织工作为宣传鼓动工作巩固地盘，反之，组织工作为宣传鼓动工作扩大地盘，宣传鼓动工作又为组织工作巩固阵地。二者都是不可或缺的，没有宣传鼓动也就没有组织工作，没有组织工作也就不能把宣传鼓动工作变为物质的力量。其实，宣传鼓动工作本身也带有组织工作，组织工作本身也带有宣传鼓动工作。并把它们比作党的整个工作的“鸟之两翼”“车之两轮”，两者缺一不可、同等重要，强调“正确地了解宣传鼓动工作与组织工作的相互关系与有机联系，是使我们党的整个工作相互配合的必要条件”③。当然，必须要求全党正确了解二者相互关系，摒弃和纠正忽视宣传鼓动工作的观点。《解放日报》在 1942 年 4 月 1 日围绕“报纸到底如何才能成为集体宣传者集体鼓动者集体组织者”进行改版，更好地发挥党报与各种风险挑战做斗争的宣传组织作用。

在实际工作中，面对抗日战争时期不同阶段的不同危机困境，把广大基层民众尤其是农民组织起来，让他们走出传统，走出家庭圈子，参与党的宣传动员工作，可以说是中国共产党的一大创造。有组织地宣传动员使新政策、新理念和新知识得以传播和扩展，在应对危机挑战中，为党开展

---

① 中国社会科学院新闻研究所．中国共产党新闻工作文件汇编：下卷［M］．北京：新华出版社，1980：71-72.

② 毛泽东．毛泽东选集：第 3 卷［M］．北京：人民出版社，1991：930.

③ 中共中央宣传部办公厅，中央档案馆编研部．中国共产党宣传工作文献选编（1937—1949）［M］．北京：学习出版社，1996：258.

各项工作的宣传动员提供了组织保障。

其他群体的宣传动员亦是如此，如青年，1936 年 11 月 1 日《中央关于青年工作的决定》对不同区域青年宣传动员的组织形式做出区别对待，针对国民党区域内，在青年群众各种需要与要求的基础上，创立各种各样工人、农民、学生、妇女、文化、教育以及体育与军事的青年群众组织。而针对苏区与红军中的青年团，必须把教育训练青年作为自己的基本任务，使全苏区的青年成为全中国广大青年群众的模范。青年团的组织必须全部改造以适合于这一任务，使之成为全苏区青年的各种文化、教育、体育、军事等团体的联合组织。

关于白区工作同样如此，为了能够公开活动，应在各种公开组织中进行工作，“各种文化教育团体（如教育会、学生会、体育会、戏剧团体等）、青年会、童子军、各地同乡会等。只要是有群众的团体，我们就应该进去工作”①。

由此，中国共产党进行组织化的宣传动员实践，譬如战动总会（1937 年 9 月 20 日在晋察绥的战地成立的总动员委员会的组织简称）。战动总会协助中共地方党委，协同牺盟会组织，带头在各县、区、村建立了农民救国会、青年救国会、妇女救国会、工人救国会、抗日儿童团等群众组织，开展群众运动，宣传党的政策主张，提高他们的政治觉悟，反对封建势力和旧的思想习俗。同时，还动员粮食、布匹等钱财物资捐赠，动员妇女做军鞋等，支援八路军和游击队。

第四节　依靠群众参与提高宣传动员成效

中国共产党在抗日战争的实践中坚持和发展了群众路线，相信群众、依靠群众是党的优良传统和政治优势，也是党能够战胜各种危机挑战的重要因素。同样，在党的宣传动员工作中也贯彻群众路线的方针，以得到群

① 张闻天选集编辑组 . 张闻天文集（二）［M］. 北京：中共党史出版社，1993：171.

众的支持与配合，依靠群众的智慧和力量，调动群众的积极性、主动性，才能真正取得宣传动员效果，从而把人民群众的思想和行动统一到党的中心工作上来。实践证明，人民群众的参与越是深入，宣传动员的效果也就越好。群众参与既是宣传动员实施的先决条件，亦是宣传动员要达到的目的，无论是宣传动员目的的实现、过程的展开，还是方法的实施都离不开群众参与。

一、实现宣传动员目的离不开群众广泛参与

宣传动员是一项有目的的活动，目的性反映了宣传动员的重要特性。宣传动员目的是指宣传动员的目标指向或价值取向，它不仅关系活动的实践走向，还是宣传动员活动区别于其他活动的本质内核。宣传动员的根本目的是提高人们认识世界与改造世界的能力，在改造客观世界的同时改造主观世界，它反映了宣传动员最基础、最本质的愿望和要求。同时，宣传动员的培养目标是达成思想认同。无论是根本目的还是最终的培养目标都是通过各个阶段、各项宣传动员的具体目标来实现的，而各项具体目标的实现都离不开群众的广泛参与。那是因为群众是宣传动员目的的承担者和结果的体现者，他们通过参与实现宣传动员内容的内化与外化的统一，最终实现宣传动员的目的。从具体的目的实现机制来剖析，群众认知参与、情感参与和实践参与起着关键性的作用。

（一）认知参与

认识是行动的先导，对党的方针政策的认知是形成人的认同和行动的基础，没有正确的认知，就难以形成健康的思想政治品德、情感和良好的行为习惯。宣传动员目的要通过宣传内容的灌输才能实现，而群众接受宣传内容，要经过一个整合新旧知识体系的过程。由于群众有其固有的知识结构和经验体系，在接触教育内容时必然会以已有的知识和经验去衡量、对照，进而选择接受或排斥宣传内容，通过对新旧知识体系的不断调整，最终才能形成统一的认知。

（二）情感参与

情感参与是群众对宣传动员者及其实践活动、对宣传内容等产生相应

的情感体验的活动。情感是思想认同形成的催化剂，是认知转化为行为的桥梁，对人的行为有着巨大的调节作用。这种情感上的参与包括对宣传动员者情感上的接近、尊重、信任，对宣传内容及其所表达的宣传动员目的的认同、接纳与强烈的追求、实践欲望，因而情感参与是实现宣传动员目的的关键环节。

（三）实践参与

群众的实践活动是对宣传动员内容由知到信、由知到行转化的必由途径，是群众认知参与、情感参与的形式体现，是构成整个宣传动员活动的必备环节，因而也是实现宣传动员目的的必然要求。

只有群众投入认知及情感的参与，形成科学的认知，产生强烈的情感，才会对党的宣传动员要求产生认同、实现同化，最终通过实践反映到行动上来，使宣传动员目的顺利实现。

抗日战争时期，必须发动最广大的人民群众参战才能赢得这场战争的胜利。结合当时的形势和党的任务，党强调："不放松一刻工夫一个机会去宣传群众，组织群众，武装群众，只要真能组织千百万群众进入抗日民族统一战线，抗日战争的胜利是无疑义的。"① 广大民众成为这一时期宣传动员的主要参与力量，包括沦陷区、国统区的工人、农民、广大青年学生、妇女及民主人士、文艺界、实业界代表、地方势力派、国民党内的民主派等社会各界，都成为中国共产党注重宣传、争取的对象，口说、传单、布告、报纸书册、戏剧电影、学校、民众团体等都成为调动群众参与宣传动员工作的载体，运用多种形式进行广泛的思想和政治动员，为抗日战争的胜利奠定了广泛的群众基础，为掀起全民族抗日的浪潮做出了巨大贡献。

在抗日战争不同的阶段，根据不同阶段危机变动和群众特点，中国共产党适时转变宣传动员政策和方式，不断探索调动群众积极参与宣传动员活动以增强宣传动员的有效性。

---

① 中国人民解放军总政治部办公厅编研室．军队政治工作历史资料：第 4 册［M］．北京：战士出版社，1982：20.

二、展开宣传动员过程要以群众参与为前提

宣传动员过程是实施者与对象共同参与双向交往互动的实践活动过程，它在本质上可以看作一种以参与为前提的实践活动过程。一方面，宣传动员过程是实施者和对象共同参与、相互作用的过程。实施者和对象是宣传动员过程的两个主要因素，无论离开了哪一个因素，宣传动员过程都不能成为完整的过程。在宣传动员过程中要激发对象对于宣传动员内容认同的形成，这是一个需要对象的理智、思维和实践参与的过程，是对象借助自身的智慧努力探索、不断建构，从而达到自主、自觉的过程。群众作为重要的教育对象，只有其积极主动地参与自身认识、自我建构、自我养成和自我完善，而不是在一种外在压力的强迫下的假性自觉，才能真正发挥群众主体性，在宣传动员引导下自觉地做出判断、选择，自主地调节自我行为。

另一方面，宣传动员过程还是一种活动过程，是宣传动员活动的展开、运行、发展的流程。而参与是活动的前提，它决定着活动的始发，也决定着活动的质量。参与之所以是活动的前提性行为，是因为从活动的发生机制来看，应该是“主体—参与—活动”。参与作为主体与活动之间的一个中项，是活动产生的前提，正是人的主体参与才使活动成为活动，成为人借以展示自己、发展自己的重要途径。宣传动员过程所要实现的是主体参与基础上的活动，以及活动基础上的思想政治素养建构和发展，因而宣传动员过程应完成“双机制”，即参与是达成活动的机制，活动是实现发展的机制。只有当两个机制都充分发挥作用时，宣传动员才能实现群众的自我完善和自我发展。主体参与强调群众对活动的投入性和主动性，它表征着群众对宣传动员活动的态度与方式。主体参与是对活动的创造、运演，它决定着活动的方向、性质以及结果，使活动具有较强的建构性。我们只有突出强调群众的主体参与，才能使宣传动员活动成为群众自己的活动和发展自己的活动。由此，在宣传动员过程中要关注群众对宣传动员活动的真正参与，使其成为自觉地促进群众思想认同、价值观念形成和发展的宣传动员实践。

抗日战争时期，中国共产党作为非执政党，要带领人民完成反帝反封建的任务，取得革命的胜利，必须激发广大群众的革命热情和斗志。正如毛泽东指出的："要打倒帝国主义和封建主义，只有把占全国人口百分之九十的工农大众动员起来，组织起来，才有可能。"① 而在当时的历史条件下，广大工农大众长期受封建统治影响，思想观念落后、知识水平普遍低下，因而党在这一时期特别注重运用动员的手段调动群众参与政治宣传教育，向其灌输马克思主义理论及阶级意识等，以宣传鼓动为核心，动员和激发群众的革命热情、启发其军事型的思想道德素质，比如理想、热情、英雄主义、牺牲和集体主义等。充分运用社会教育的启发动员、精英人物的示范动员、群众团体的组织动员、报刊、口号、戏剧、壁画、板报等多种形式形象宣传动员，极大地提高了广大群众的觉悟，获得了其对革命的支持和参与，形成强大的合力，为应对各种危机挑战提供了强有力的思想保证。

三、实施宣传动员方法的关键在于群众参与

宣传动员方法是实施者运用一定的内容以影响受实施者，使之达到预期目的的中介性工具，因而方法与作为教育对象的群众之间存在着一种内在的必然联系。整个宣传动员活动的关键环节是方法的实施，通过方法的实施，宣传动员在实践中得以开展。而确立宣传动员方法的依据和原则是由宣传动员的目的和任务，以及人们思想形成发展规律和宣传动员规律所决定的。因此，宣传动员方法的有效实施，要以与受动员者的心理特征、思想意识、发展规律等的适应为前提。群众的态度与受教育状况直接影响着方法的实施效果，方法作为实施者选择并使用来影响群众的中介，对于群众来说是一种外在的、对立的因素，只有群众参与其中，方法才能发挥正常的功能、产生应有的效果。

"从组织上动员群众"② 是一种强有力的群众参与形式。各种民众团体

① 毛泽东．毛泽东选集：第2卷［M］．北京：人民出版社，1991：564.
② 毛泽东．毛泽东选集：第1卷［M］．北京：人民出版社，1991：124.

组织对于发动工人、农民、青年、妇女群众的积极性，宣传新思想、新政策，都曾经起了相当重要的作用。党组织通过他们与群众打成一片，融为一体，吸收各种职业、性别、年龄、信仰、地区的群众参与，有利于对群众实施各项政策的宣传。早在党的四大决议案中就已经提出“要使我们宣传能达到青年工人，我们就必须组织俱乐部，学校等机关以与青年工人接触而得从事宣传”①。中国共产党在大革命时期，就通过全国各地济难会，包括省总会、市总会，以至各工厂、学校、商店及各地方分会的会员，向群众做宣传，还组织家庭分会，深入群众。在抗日战争时期应对各种危机的宣传动员中，运用组织形式扩大群众参与是宣传动员得以落实的重要经验之一。如扫盲运动中，以变工队、运盐队、妇纺组、合作社等生产组织为中心建立据点，由乡干部或变工队队长、劳动英雄负责领导，组织村教员、学生、政府干部或识字农民当教员、识字读报或组织识字小组，使民众参与其中，在识字的过程中灌输新政策和政治信息。

文艺。在抗日战争时期，充分运用戏剧、歌曲、诗歌等群众喜爱的文艺形式，以其浓厚的感染力动员群众参与其中。对民间秧歌队、皮影班子、社火队等进行了改造，使戏剧的内容符合党在抗战时的政策，弘扬民族主义，以引导群众趋向于合乎中国共产党意识形态的价值取向。许多剧团不断到敌后各地去，编演了大量剧目，如“保卫卢沟桥”“最后胜利”等，在各村子巡回演出。戏剧演出的火种把抗日救亡的烈火传向四面八方。同时，代表群众抗日心理和情感需求的抗日救亡歌曲，成为激励军民英勇战斗的武器，如著名的《松花江上》《义勇军进行曲》《游击队之歌》等，还创作了适合各个根据地特点的快板书和其他曲艺形式。此外，具有群众性和战斗性的街头诗、朗诵诗和传单诗等诗歌形式易懂易记、容易流传，起了积极的动员效果。

口号。口号是时代的音符，也是群众需求在话语上的体现与抽象，这种简便易行的方式便于理解和在群众中言传普及，这种传播过程本身就是一种宣传动员的参与，尤其是在旧中国工农大众的文化知识水平低下，文

---

① 中共中央宣传部办公厅，中央档案馆编研部．中国共产党宣传文献选编（1915—1937）［M］．北京：学习出版社，1996：615.

盲、半文盲众多的条件下，把深奥的政治理论和任务目标化为言简意赅、朗朗上口的口号，使群众更易于接受和理解，形成一种具有强烈感染力的社会舆论，从而引导群众参与其中，构建广泛认同。因此，中国共产党十分注重把口号作为宣传鼓动手段，在党的每一历史时期都结合时代需要和群众特征提出不同的口号，以号召、聚集和组织群众。毛泽东曾指出，“无产阶级怎样经过它的政党实现对于全国各革命阶级的政治领导呢？首先，是根据历史发展行程提出基本的政治口号，和为了实现这种口号而提出关于每一发展阶段和每一重大事变中的动员口号”①。为此党在不同时期围绕中心任务提出了各种各样的口号，譬如“打土豪，分田地”“枪杆子里面出政权”“工农武装割据”“一切权力归农会”“打倒国民党政府”。长征途中，当中华民族面临着亡国灭种的危机时，党又及时提出了“停止内战，一致对外”“建立抗日民族统一战线”等标语口号。全面抗战时期，为动员群众积极抗战，党又提出许多诸如“把日本人赶出中国去”“不当亡国奴！决不当汉奸！”等标语口号。这些形象生动的标语口号体现了党的施政目标、政治主张和利益诉求，反映了党的基本方针并折射出党的价值导向，体现了无产阶级意志。这种旗帜鲜明的政治主张、阶级立场，本身就成为一种政治指引和思想动员，在实践中产生了巨大影响，宣传动员效果十分明显。一句“打土豪，分田地”“减租减息”的口号，使党的施政方针、思想意识深入人心。正如毛泽东所说：“打倒帝国主义，打倒军阀，打倒贪官污吏，打倒土豪劣绅，这几个政治口号，真是不翼而飞，飞到无数乡村的青年壮年老头子小孩子妇女们的面前，一直钻进他们的脑子里去，又从他们的脑子里流到了他们的嘴上。”②

① 毛泽东．毛泽东选集：第1卷［M］．北京：人民出版社，1991：262.
② 毛泽东．毛泽东选集：第1卷［M］．北京：人民出版社，1991：34.

结语

中国共产党调动广大民众参与党的各项工作和活动，支持党的事业，包括党的宣传动员工作。中国共产党在应对各种危机的实践中，把人民视为化解一切危机的力量源泉，这是一条最为宝贵的经验。它需要人民群众的积极响应和热情参与，积极主动参与所释放的能量和发挥的作用是无穷和持久的。中国共产党展开各项工作，都明确将深入的宣传动员与之结合、相互配合。

宣传动员为党的中心任务和中心工作服务是党的优良传统和一贯主张。在不同的历史阶段，随着党和人民面临的危机转换，党的战略任务和中心工作也随之调整，宣传动员任务、内容和方式都发生了相应的转变。这是中国共产党战胜危机挑战的一条重要经验。

从历史中获得经验、吸取教训，以推动新时代宣传思想工作的有效实现。在获得历史启迪的过程中，要正确评价抗日战争时期宣传动员工作，要注意将其放在特定的历史背景中做具体的分析。在借鉴历史经验时，要运用唯物辩证法，展开具体分析和综合运用。

目前，中国全面建设社会主义现代化国家已经成功进入新征程，同时向“第二个百年奋斗目标”努力。在新的历史之始，我国必须立足新发展阶段，贯彻新发展理念，建构新发展格局，实现高质量发展目标。然而，国际环境变得越来越复杂，不稳定性和不确定性明显增强，经济全球化发生逆流，世界也进入动荡变革时期，单边主义、保护主义、霸权主义对世界和平与发展构成威胁。我国发展依然存在发展不平衡不充分的问题，重点领域、关键环节改革任务依然艰巨。可见，当前比任何时期都更加需要汇聚强大精神力量应对新时代各种风险挑战，需要宣传思想工作发挥强大的凝心聚力作用。回应现实需要应从历史中寻求经验借鉴，抗战时期党的宣传动员实践提供了多方面有益启示。

第一，坚定党的领导。习近平总书记强调："面对复杂形势和艰巨任务，我们要全面把握世界百年未有之大变局和中华民族伟大复兴战略全局，有力应对重大挑战、抵御重大风险、克服重大阻力、化解重大矛盾，进行具有许多新的历史特点的伟大斗争，实现中华民族伟大复兴，最根本的保证还是党的领导。"① 并多次告诫全党全国人民要增强忧患意识、风险意识，提示党员干部和人民群众要做好应对各种风险挑战的准备。

抗战时期党的宣传动员工作取得成效的关键，就是坚持党的领导。新时代宣传思想工作应坚持党的领导须臾不可放松，应从三个方面深化认识：其一，从风险与机遇来看，中国共产党能克服抗战时期的重重危机，很重要的一条就是不断提高应对危机、迎接挑战、化险为夷的能力水平。坚持党的领导，可以保证以马克思主义基本原理为基础分析把握历史大势，提出相应的战略策略。研究新时代发展的新情况，适应新变化，把握新的经济政治形势，应对全世界动荡变革的新挑战，完成新时代任务，需要我们辩证全面地运用马克思主义基本原理与中国的具体实际相结合，尤其是以习近平新时代中国特色社会主义思想武装全党、教育人民、推动时代发展。我国不仅要做好党的宣传思想工作，还要教育引导党员干部和人民群众学会全面、辩证地运用马克思主义的立场、观点、方法，不断探索和研究时代发展提出的新课题，把党中央确定的宏伟目标当作前进方向共同努力。其二，从国内外背景来看，当代中国处于复杂多变的国际国内环境中，各种思潮涌动、多种文化交融交锋，宣传思想工作必须坚守中国精神才能在世界多元文化中保有独特性而立足，才能团结各方面力量。宣传思想工作弘扬中国精神应始终坚持党的领导，不仅在各种纷繁关系中确保社会主义方向和以人民为中心，也为宣传思想工作功能的发挥创造良好的生态环境。其三，从宣传思想工作本质功能来看，宣传思想工作承担着举

---

① 习近平．在中央政治局第二十一次集体学习时的讲话［N］．人民日报，2020-07-01.

旗帜、聚民心、育新人、兴文化、展形象的任务使命，传递正确的价值判断与是非取向。反映时代风貌的优秀作品可以凝聚力量、激励人们进取，空洞无力的宣传思想工作则会使负面影响扩大。由此，宣传思想工作的精神引领必须坚持正确的领导，以确保其发挥正向作用。

第二，聚焦时代任务。在时代更替与社会变迁中，新现象、新走向需要敏锐地判定，新任务、新局面需要及时地阐释，才能抵御各种风险挑战。宣传思想工作具有独特的优势，凭借其形象直觉往往直击新事物的本质与触碰时代精神的内核。抗战时期，中国共产党作为宣传动员工作先行的倡导者和领导者，有意识地根据对危机的判断把宣传动员内容渗透和融入宣传动员实践中。当前，中华民族已迈上伟大复兴的新征程，满足人民日益增长的美好生活需要成为我们的奋斗目标。宣传思想工作应致力于满足人民精神需要、审美需要；运用宣传思想工作将民族意识具体化、民族品格活跃化，弘扬中国精神；运用宣传思想工作的前瞻性，有力回应新困惑、阐释新现象等，在宣传思想工作中聚焦时代任务、承担时代使命。

第三，创新实施方式。抗战时期宣传动员成为发动民众动员的重要武器，并取得巨大成功，与改造旧形式、突出大众喜闻乐见密不可分。而今，我国处于新的历史时期，人们所处的社会瞬息万变、面临的信息海量庞杂，宣传思想工作引领人们的思想、熔铸精神可能比以往任何历史时期都更加艰难，创新表现形式成为宣传思想工作的必然选择。一是要以引发人民群众共鸣为基点，根植群众思想情感与现实需求，突破旧有逻辑与叙事局限，创造直抵人心、反映内心关切、符合审美需求的宣传思想工作载体与表现形式，才能实现宣传思想工作的有效落实。二是要发时代之先声。当前火热的变革时代各种宣传思想工作形式纷呈、宣传思想工作主题丰富，应把握时代脉搏，选择站立时代潮头、引领时代风尚的各种宣传思想工作形式，紧随时代步伐以实现思想引领。

第四，因时因地制宜。抗战时期国际国内形势瞬息万变、各种矛盾交织发展，中国共产党应地、应时、应事而变，进行调整优化，使宣传动员工作得以有效实施。进入新时代，宣传思想工作一是要强化时效意识，体现因时制宜。面对新矛盾与新风险，宣传思想工作承载的信息、发挥的具体功能、宣传思想工作的表现形式都要随时代变化而不断更新。二是要凸显地域差异，体现因地制宜。宣传思想工作要结合不同地域文化传统，关照不同地域人们的社会心理。同时，因时因地制宜要基于时代变革中维持不变的东西即规律性的认识，遵循规律。无论时代如何变迁，宣传思想工作价值的实现最终都要指向人民的认同与接受，宣传思想工作者与人民既相对独立又同构互动，始终以人民情感与真切体验为导向为宣传思想工作作用的发挥提供持久的动力。

参考文献

[1] 中央档案馆．中共中央文件选集［M］．北京：中共中央党校出版社，1991.

[2] 中共中央宣传部办公厅，中央档案馆编研部．中国共产党宣传工作文献选编（1915—1937）［M］．北京：学习出版社，1996.

[3] 中共中央宣传部办公厅，中央档案馆编研部．中国共产党宣传工作文献选编（1937—1949）［M］．北京：学习出版社，1996.

[4] 中国人民解放军历史资料丛书编审委员会．红军长征回忆史料（1）［M］．北京：解放军出版社，1990.

[5] 中国人民解放军历史资料丛书编审委员会．红军长征回忆史料（2）［M］．北京：解放军出版社，1990.

[6] 中国人民解放军历史资料丛书编审委员会．红军长征·文献［M］．北京：解放军出版社，1995.

[7] 中国人民解放军文艺史料编辑部．中国人民解放军文艺史料选编：抗日战争时期　第1—4册［M］．北京：解放军出版社，1988.

[8]《延安文艺丛书》编委会．文艺史料卷［M］．长沙：湖南文艺出版社，1987.

[9] 毛泽东．毛泽东论文艺［M］．增订本．北京：人民文学出版社，1992.

[10] 毛泽东．毛泽东选集：第2卷［M］．北京：人民出版社，1991.

[11] 毛泽东．毛泽东选集：第3卷［M］．北京：人民出版社，1991.

[12] 中共中央文献研究室．毛泽东年谱（1893—1949）［M］．北京：中

央文献出版社，2002.
[13] 周恩来．周恩来选集：上卷［M］．北京：人民出版社，1980.
[14] 中共中央文献研究室．周恩来年谱（1989—1949）［M］．北京：中央文献出版社，1991.
[15] 朱德．朱德选集［M］．北京：人民出版社，1983.
[16] 张闻天．张闻天选集［M］．北京：人民出版社，1985.
[17]《陆定一文集》编辑组．陆定一文集［M］．北京：人民出版社，1992.
[18] 中国社会科学院近代史研究所翻译室．共产国际有关中国革命的文献资料：第2辑［M］．北京：中国社会科学出版社，1982.
[19] 中国社会科学院近代史研究所翻译室．共产国际有关中国革命的文献资料：第3辑［M］．北京：中国社会科学出版社，1990.
[20] 中共中央党校资料征集委员会，中央档案馆．遵义会议文献［M］．北京：人民出版社，1985.
[21] 文天行．国统区抗战文艺运动大事记［M］．成都：四川省社会科学院出版社，1985.
[22] 贵州省档案馆．红军转战贵州——旧政权档案史料选编［M］．贵阳：贵州人民出版社，1984.
[23] 四川省档案馆．国民党追堵红军长征档案史料选编：四川部分［M］．北京：中国档案出版社，1986.
[24] 中国井冈山干部学院，中央档案馆．《红色中华》全编［M］．南昌：江西人民出版社，2016.
[25] 新华日报：第1—15册［M］．上海：上海书店出版社，1987.
[26] 陈伯钧．陈伯钧日记（1933—1937）［M］．上海：上海人民出版社，1987.
[27] 吴玉章．吴玉章回忆录［M］．北京：中国青年出版社，1978.
[28] 薄一波．若干重大决策与事件的回顾［M］．北京：中共中央党校出版社，1991.
[29] 金冲及．二十世纪中国史纲［M］．北京：社会科学文献出版社，2019.

[30] 唐明勇，孙晓辉．危难与应对：新中国视野下的危机事件与社会动员个案研究［M］．北京：中共党史出版社，2010．
[31] 刘增杰，赵明，王文金，等．抗日战争时期延安及各抗日民主根据地文学运动资料［M］．太原：山西人民出版社，1983.
[32] 徐彬．抗日战争时期中国共产党政治动员研究［M］．北京：中国社会科学出版社，2013.
[33] 周江平，刘素娜．敌后教育与动员：抗日战争时期的冬学运动——纪念抗日战争胜利七十周年［M］．西安：西南交通大学出版社，2015.
[34] 杜俊华．抗战时期中国共产党应对危机的国际统战经验研究［M］．北京：中国社会科学出版社，2016.
[35] 吴永．困境与危局：延安时期中国共产党应对危机研究［M］．北京：人民出版社，2014.
[36] 柳建辉，王晓朝．百炼成钢——中国共产党应对重大困难与风险的历史经验［M］．北京：人民出版社，2017.
[37] 钟日兴．红旗下的乡村：中央苏区政权建设与乡村社会动员［M］．北京：中国社会科学出版社，2009.
[38] 赵鼎新．社会与政治运动讲义［M］．北京：社会科学出版社，2012.
[39] 王立胜，钱跃．逆转——中国共产党百年重大危机处理［M］．北京：中共中央党校出版社，2021.
[40] 殷晓元．中国共产党政治传播研究［M］．长沙：湖南人民出版社，2012.
[41] 林尚立．当代中国政治形态研究［M］．天津：天津人民出版社，2000.
[42] 陈枫．皖南事变始末［M］．长沙：湖南人民出版社，1978.
[43] 张宏卿．农民性格与中共的乡村动员模式［M］．北京：中国社会科学出版社，2012.
[45] 王宏伟．应急管理导论［M］．北京：中国人民大学出版社，2011.

[46] 珍妮·德格拉斯．共产国际文件（1929—1943）［M］．北京：东方出版社，1986.
[47] 田中仁．20 世纪 30 年代的中国政治史：中国共产党的危机与再生［M］．天津：天津社会科学院出版社，2007.
[48] 詹姆斯·汤森，布兰特利·沃马克．中国政治［M］．南京：江苏人民出版社，2004.
[49] 埃德加·斯诺．红色中国杂记［M］．北京：群众出版社，1983.
[50] 柯林伍德．历史的观念［M］．北京：光明日报出版社，2007.
[51] 费正清．剑桥中华民国史［M］．上海：上海人民出版社，1992.